SEAN CONNERY

GIOVANNA GRASSI

SEAN CONNERY

Übersetzung aus dem Italienischen:
Isabel Leppla
Martina Mitsch
Linda Toffolo

GREMESE

Kinoreihe
Filmbücher für Schule und Universität

Originaltitel:
Il mito di Sean Connery

Überarbeitung:
Linda Toffolo, Harald Kuchler

Grafikdesign:
apostoli & maggi – Rom

Bildnachweise:
Pathé Entertainment Inc. (S. 6, 135), Motion Picture (S. 7), Centro Studi Cinematografici (S. 9, 13 unten, 16 oben, 28 unten, 31, 33, 40, 41, 44, 45, 49, 53 oben, 60, 62, 63, 64, 71, 76, 77, 81, 82, 103, 104, 122, 139, 150), C.D Rizzoli (S. 10, 15 oben, 18, 20 oben, 101), British Film Institute (S. 11 kleine Fotos, 176), B.B.C. Television (S. 11 großes Foto, 20 oben, 21, 26 links), Warner Bros. (S. 12, 16 unten, 27, 50, 51, 52, 105, 106, 107, 108, 109, 110, 111, 138, 145, 146, 158, 180, 185), United Artists (S. 13 oben, 39, 53 unten, 57, 59, 65, 69, 88, 112, 113, 116, 173), Columbia Pictures (S. 14, 15 unten, 46, 72, 73, 76, 90, 91, 98, 100, 117, 140, 141, 142, 143, 144, 159 [Demmie Todd], 160 [Arthur Grace], 161-164 [George Kraychyk], 165 [Demmie Todd], 178), Universal Int. (S. 19, 67), Paramount Pictures (S. 22, 28 oben, 94 [Zade Rosenthal], 126, 128 [Ralph Nelson], 182, 183), Walt Disney prod. (S. 23, 170), Zodiac (S. 24, 25), Danjaq, LLC and United Artists Corporation (Umschlag, S. 36, 37, 38, 42, 54, 55, 56), Twentieth Century Fox (S. 48 [Sidney Balwin], 78, 79, 118, 119, 136-137 [Sidney Baldwin], 151 [David Appleby], 181, 186), Neue Constantin Film Produktion (S. 92-93 [Mario Tursi]), Filmauro (S. 120, 121), Tri-Star (S. 124, 125), Lucasfilm (S. 129-130 [Murray Close]), Bruce McBroom (S. 134), Hollywood Pictures Company (S. 147), Medusa (S. 148, 149, 152, 153, 156), Intermedia (S. 187).
Der Herausgeber hat sich bemüht, soweit es möglich war, die Urheber aller in diesem Band veröffentlichten Fotos ausfindig zu machen, um sie pflichtgemäß aufzuführen. Leider waren die Recherchen nicht immer erfolgreich, weshalb sich der Herausgeber für eventuelle Fehler, Lücken und Auslassungen entschuldigen möchte und sich bereit erklärt, diese, unter Anerkennung der Urheberrechte nach Art. 70 des Gesetzes Nr. 633 von 1941, bei eventuellen Neuauflagen zu korrigieren.

Fotokomposition:
Graphic Art 6 s.r.l. – Rom

Druck:
Grafedit – Bergamo

ISBN 3-89472-370-X

INHALT

DER SCHAUSPIELER UND DER MENSCH

Thomas Connery wurde am 25. August 1930 in Edinburgh geboren. NEBENAN eine Großaufnahme aus *Das Russland-Haus*

»Fast alle Schauspieler sind einfache, aber komplizierte Menschen. Sean Connery ist nicht kompliziert, aber er ist auch nicht einfach«, behauptete Terence Young, der in Shanghai geborene, englische Regisseur, der im September 1994 verstorben ist und der Sean nicht nur in den ersten drei Folgen der Legende über den skrupellosen, verführerischen und ironischen James Bond als Regisseur anleitete, sondern auch ein sehr guter Freund dieses eigenbrötlerischen Schotten war, der eine Vorliebe für das Golfspiel hat, das er als »eine Zen-Dis-

»Am Anfang meiner Karriere... schien es allen, dass ich 'zu sehr' sei: zu schottisch, zu groß, zu exotisch, zu charakteristisch und massiv«.

ziplin, eine Definition der Einsamkeit« betrachtet.

Steven Spielberg hat einmal über Sean gesagt: »Er ist der majestätischste Star mit dem größten Sexappeal seiner Generation«. Einer Generation, zu der, nicht nur aufgrund ihres Jahrganges, Peter O'Toole, Albert Finney, Richard Burton, Tom Courtenay, Richard Harris, Michael Caine, Dirk Bogarde, Peter Finch, Alan Bates und andere gehören oder gehört haben. Sean hat einmal Oriana Fallaci gegenüber erklärt: »Die Schauspieler meiner Generation sind in einer Art künstlerischer, englischer Renaissance herangereift, die man mit derjenigen vergleichen kann, die während und nach dem Zweiten Weltkrieg in Italien ausbrach, als Schauspieler und Regisseure wie Anna Magnani, Vittorio De Sica, Roberto Rossellini und, warum nicht, Gina Lollobrigida ihren Durchbruch hatten«.

Sean ist der Künstlername, den Thomas Connery nicht nur wegen seiner gälischen Abstammung wählte – der Vater des Schauspielers, Joseph, ist halb Schotte, halb Ire und katholisch – sondern auch weil er als Junge (der zu Hause von allen Tommy genannt wurde, während seine Freunde ihn mit dem Spitznamen »Big Tam« riefen) eine Vorliebe für Westernfilme hatte. Im Jahre 1954 kam in Großbritannien *Mein großer Freund Shane* (*Shane*, 1953) von George Stevens mit Alan Ladd heraus, der ihm, auch in Bezug auf Titel und Hauptdarsteller, sehr imponiert und Tommy somit zu seiner zukünftigen Filmidentität inspiriert hatte. Eine vielseitige Identität, die ihn an einem gewissen Punkt dazu veranlasste, sich nicht hinter einer Figur zu verstecken und mit Regisseuren wie Sidney Lumet, John Huston, Richard Lester und Fred Zinnemann zu arbeiten, auf der Suche nach der Vollkommenheit des Ausdrucks, die ihn zu der Erklärung veranlasste: »Die Professionalität eines Schauspielers lässt sich nicht an den Erfolgen oder Misserfolgen seiner Filme messen«.

Und unter all den Filmcharakteren Seans, die bereits in die Filmgeschichte eingegangen sind, gibt es einen, wenngleich nicht so berühmten, der ihm vielleicht mehr als die anderen ähnelt, weil er in einer Art Science-Fiction-Remake an den Sheriff Will Kane-Gary Cooper aus *Zwölf Uhr mittags* (*High Noon*, 1952) von Fred Zinnemann erinnert: Nämlich der des faszinierenden und komplizierten William T. O'Niel, des Weltraum-Bezirkssheriffs aus *Outland – Planet der Verdammten* (*Outland*) aus dem Jahr 1981 von Peter Hyams, den der Regisseur so beschreibt: »Ein eigensinniger, ehrlicher, starker und auch verletzlicher Mensch«.

In fast allen Filmcharakteren, die der reifere Connery ab seinem 45. Lebensjahr dargestellt hat – ein Alter, das ihm die interessanteren Rollen einbrachte – existiert eine Komponente unvoreingenommener Aufrichtigkeit. Es scheint, dass der Schauspieler in den von ihm gewählten Drehbüchern, ganz gleich ob es sich um Charaktere von Verlierern oder Rastlosen dreht, stets das Vorbild von unparteiischer Würde sucht, das sich mit Themen ideologischer Auseinandersetzungen befasst. Über den Film *Im Sumpf des Verbrechens* (*Just Cause*, 1995) von Arne Glimcher, in dem er unbedingt spielen wollte und bei dem er auch der Produzent war, sagte er zum Beispiel: »Mich hat diese Hauptfigur überzeugt, ein Mann, der eine feststehende Meinung zum Thema Todesstrafe hat und der sich dann in einer Situation befindet, in der er jemanden töten muss. Man darf nicht

vergessen, dass in den Vereinigten Staaten in den letzten Jahren dreiundzwanzig unschuldige Menschen auf dem elektrischen Stuhl hingerichtet wurden und dass die Anzahl von Farbigen, die zum Tode verurteilt wurden, weil sie einen Weißen getötet haben, sieben Mal höher ist, als die der Weißen, die zum Tode verurteilt wurden, weil sie einen Schwarzen umgebracht haben«.

Während sich die Auswahlkriterien Connerys heute an Qualität oder Publikumswirksamkeit und kommerziellem Erfolg ausrichten, waren sie in der ersten Zeit seiner Kinokarriere, nach langen Erfahrungen am Theater und im Fernsehen, eher vom Zufall gezeichnet. Bei einem Treffen, das die 20th Century Fox anlässlich der Präsentation von *Die Wiege der Sonne* (*Rising Sun*) in London organisiert hatte, sagte Sean: »Am Anfang meiner Karriere passte ich niemandem als Schauspieler. Allen schien es, dass ich 'zu sehr' sei: zu schottisch, zu groß, zu exotisch,

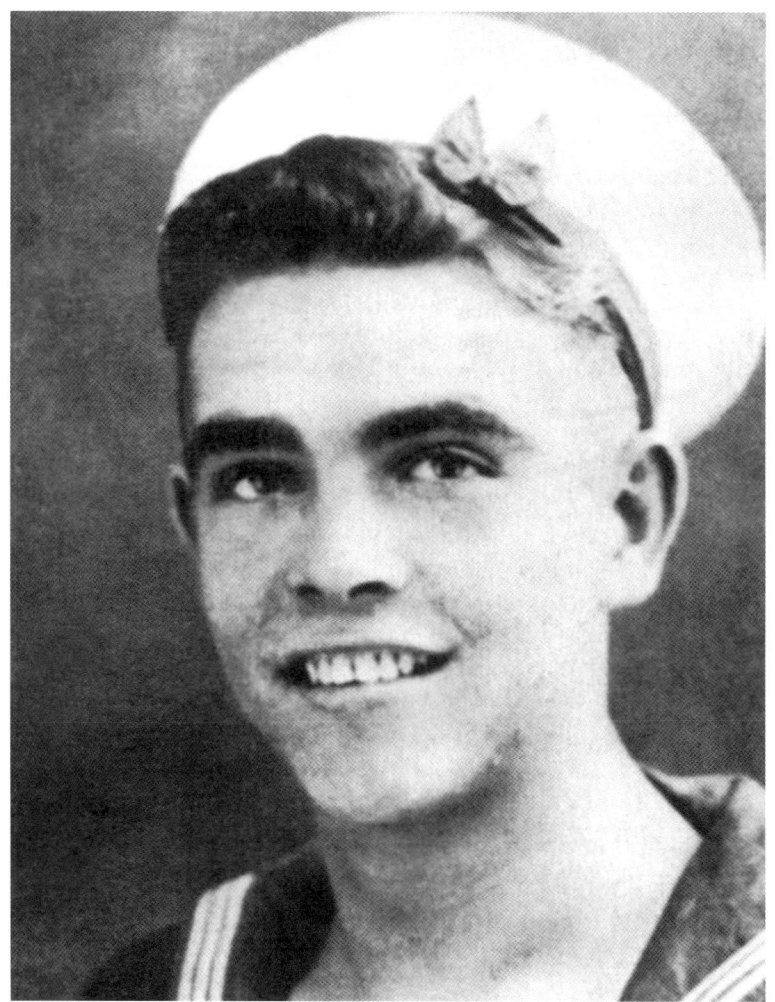

Von seinen Freunden 'Big Tam' genannt meldete sich der zukünftige Sean Connery mit 17 Jahren bei der Marine. Zuvor hatte er verschiedenste Arbeiten gehabt: Milchjunge, Pferdeaufseher, Tischler und sogar Sargpolierer.

Connery als Daniel Dravot in *Der Mann, der König sein wollte*, nach einem Roman von Rudyard Kipling. Er spielt einen ehemaligen Offizier der Britischen Armee, der zu einem tragischen Ende verurteilt ist.

zu charakteristisch und massiv. Jahrelang wurden mir nur zweitrangige Rollen angeboten, Rollen von Arabern, Griechen, Südländern, von ein paar Gangstern oder Arbeitern. Meine erste Rolle als Amerikaner war die eines Boxers auf dem Abstieg, Mountain McClintoch, in dem Fernsehfilm *Die Faust im Gesicht* von Rod Serling. Diese Arbeit brachte mir den ersten Vertrag mit einer der großen Filmgesellschaften, der 20th Century Fox, ein und bedeutete den wahren professionellen Beginn meiner Laufbahn«.

Viele Gerüchte ranken sich um die Anfänge der Karriere Seans, die der Schauspieler jedoch nüchtern und knapp erzählt. Weil dieser Mann – »der den Fußball und somit auch die Italiener und ihren weniger brutalen Fußball liebt« –, der sich als Autodidakt eine Kultur angeeignet hat, indem er ganze Tage in den öffentlichen Bibliotheken Londons verbracht hat, und der Gedichte schreibt – »weil ich ein Romantiker bin,

Im Gegensatz zu anderen englischen Schauspielern seiner Generation hat sich Connery nie länger als unbedingt notwendig in Hollywood aufgehalten.

oder besser, ein melancholischer Optimist und auch ein in vielen Dingen reservierter Mensch« – nie seine Abstammung versteckt oder verschleiert hat.

Er gibt ganz schlicht zu, dass er sich noch heute, wenn er sehr gebildete Menschen trifft, eingeschüchtert fühlt und von ihnen fasziniert ist. Er, der mit dreizehn Jahren von der Schule abgegangen ist, und dessen erster 'Meister' für Kultur Robert Handerson war, der Regisseur des Musicals *South Pacific*, für das er »zufällig« 1953 engagiert wurde. Sean blieb eineinhalb Jahre bei dieser Truppe, und Handerson brachte ihn dazu, obwohl er in Manchester, wo er sechs Wochen blieb, vor allem Fußball spielte – »damals war *Manchester United* einer der besten Fußballclubs Europas« – ein Tonbandgerät zu kaufen, um seine Stimme auszubilden, außerdem zehn Bücher und er gab ihm eine Liste von Schriftstellern, die er lesen sollte. »Außerdem sagte er mir: 'Willst du

in Kostümfilmen einsetzt – vom Vater des Indiana Jones bis zum König Artus in *Der erste Ritter* – war der Mönch William von Baskerville aus *Der Name der Rose* eine Eroberung und eine persönliche, intellektuelle Herausforderung, so wie es auch, aber auf andere Weise, die Rolle des Ehemanns der psychopathischen Tippi Hedren in *Marnie* (1964) von Sir Alfred Hitchcock war. Nicht zufällig ist der Detektiv des Geistes aus dem Roman Umberto Ecos »von den Ideen und der Leidenschaft für die Logik besessen. Im tiefsten Mittelalter hat er Sinn für die Vernunft. Er analysiert mit Distanz. Wie einen echten Detektiv lässt ihn das Blut, das um ihn herum fließt, kalt. Er stellt seine Untersuchungen an und bei seiner rationalen Suche bleibt er der Macht fern«.

Auch Connery hält Abstand zu Macht und ständiger Präsenz, und Terence Young hat immer und ganz richtig behauptet: »Er hat sich nie an den Ruhm geklammert«. »Das hoffe ich auch«, erwiderte er allen, die ihn an diesen Ausspruch erinnerten.

Andererseits gehört dieselbe Ironie, die er dem 007 verleiht, zu seinem Charakter. So wie William von Baskerville die Welt und die Intrigen beobachtet, ohne sich darin verwickeln zu lassen, so gibt der Darsteller par excellence des 007 den Verlockungen seiner eigenen Popularität und der Rolle als Star nicht nach. Im Gegensatz zu anderen englischen Schauspielern seiner Generation wie Michael Caine oder der nachfolgenden, wie zum Beispiel Anthony Hopkins, hat sich Connery nie länger als unbedingt notwendig in Hollywood aufgehalten. Als junger Mann und auch später, als er Verträge mit der Fox, mit Disney, der MGM und seiner bevorzugten, der Paramount unterschrieben hatte, blieb er stets dem Glamour und dem Treibsand des Filmmekkas fern. Berühmt ist der Satz von John Huston: »Es gibt zwei Schauspieler, denen der Ruhm gleichgültig ist: den Hund Lassie und Connery«.

Als Mensch und als professioneller Schauspieler fasst er dies in einer Erklärung an den Schriftsteller und Regisseur Michael Crichton zusammen, der 1978 bei dem Film *Der große Eisenbahnraub* (*The Great Train Robbery*) Regie geführt hat und die er in dem Aufsatz über Sean in *Close Up – The Movie Star Book* getreu wiedergeben wollte: »Ich habe nie geglaubt, ein Schauspieler zu

Der Schauspieler mit 19 Jahren, als er regelmäßig Bodybuilding betrieb. 1952 nahm Connery an der Wahl zum Mister Universum teil.

Fußballspieler werden? Wie lange arbeitet ein Fußballer? Zehn Jahre? Fünfzehn? Und dann?'«. Und dann?

In seinem in der Sonne und dem Grün Neu-Andalusiens eingebetteten Haus in Porto José in der Nähe von Marbella, wo er, wenn er nicht gearbeitet hat, zwanzig Jahre mit seiner zweiten Frau Micheline de Roquebrune gelebt hat – die er in Marokko kennen gelernt und im Dezember 1975 in Paris geheiratet hat, eine gute Portraitmalerin und Golfspielerin wie ihr Mann –, hatte Sean viele antike Bücher gesammelt. Eine Leidenschaft, die ihm aus den Jahren geblieben ist, in denen er die Bibliotheken besuchte und ein bisschen von allem las, »um mich zu bilden«.

Und für diesen Mann, den das Kino in den letzten Jahren auch als herausragenden Charakterdarsteller in 'Cameo'-Rollen oft auch

Um sich an vieles zu erinnern, hat Connery seine Produktionsgesellschaft Fountainbridge Films genannt, so wie die bescheidene Straße, in der er geboren wurde.

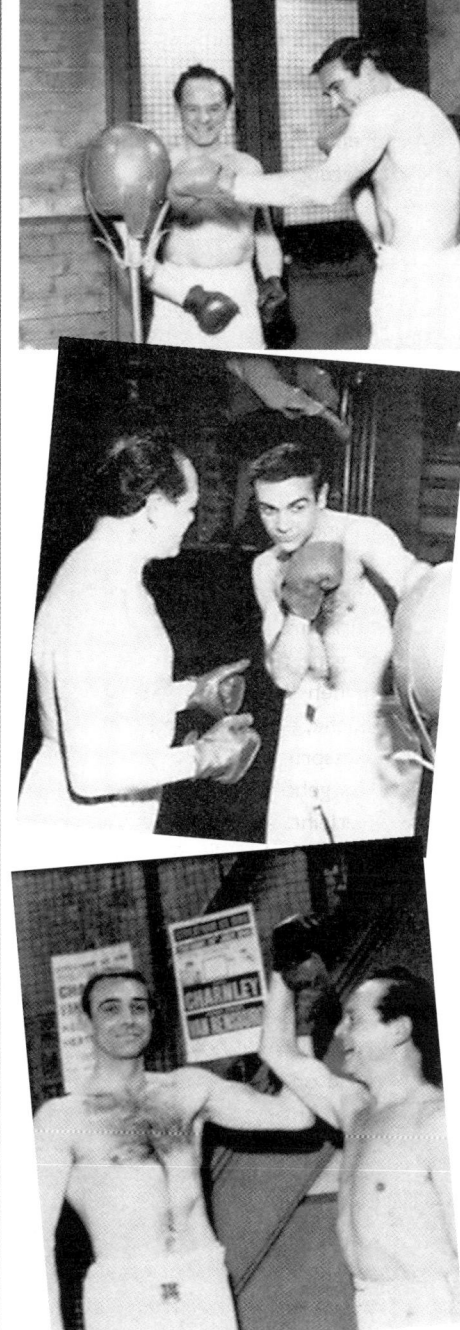

AUF DEN FOTOS NEBENAN Connery als Boxer – die Szene erforderte es – in _Die Peitsche_. UNTEN mit seiner Frau Diane Cilento, die er 1957 kennen lernte und 1962 heiratete.

Welches sind also die Wurzeln, die Obsessionen, die Methoden und die Interessen dieses Schauspielers, der nichts über sein Privatleben erzählt? Und warum hat er vor ein paar Jahren beschlossen, obwohl er immer wieder beteuert, dass er »das ruhige Leben liebt«, Produzent zu werden und persönlich an der Verfilmung von, zum Beispiel, _Die letzten Tage von Eden_ (_Medicine Man_) zu arbeiten?

Sean Connery kommt aus einer weder reichen noch armen Familie. Seine englischen Biografen haben mit ihm zusammen die Zweizimmerwohnung mit Etagenklo in Edinburgh, Nr. 176 Fountainbridge, aufgesucht, in der Sean aufgewachsen ist und wo er mit seinem Bruder Neil auf einem Feldbett in der Küche geschlafen hat. Aus diesen Jahren im Schatten des Krieges, die er damit verbrachte, ein paar Pfund als Metzger zu verdienen oder dadurch, dass er Milch in die Häuser lieferte, um seiner Mutter zu helfen, die bei anderen Leuten den Haushalt führte, während der Vater mal als Lastwa-

sein. Ich befand mich in London inmitten des Körperkults und des Konkurrenzkampfes um die Wahl des Mister Universum und sah mich nach einer Arbeit um. Ich war zweiundzwanzig Jahre und schon zu alt, um im Team von Manchester United Football mitzuspielen. Irgendjemand sagte mir, dass Leute für den Chor von _South Pacific_ gesucht wurden. Ich erkundigte mich, wo die Anhörung stattfand, bekam die Arbeit, und das war's. _I got a job, and that was that_«.

genfahrer, mal als Arbeiter in einer Gummifabrik arbeitete, ist Sean der Wert des Geldes eingeprägt geblieben. Und sicher auch, um sich an vieles zu erinnern, hat er seine Produktionsgesellschaft »Fountainbridge Films« genannt, so wie die bescheidene Straße, in der er geboren wurde.

Der Schauspieler hat jahrelang irgendwelche Produzenten oder Agenten verfolgt, die ihm, seiner Meinung nach, Geld gestohlen hatten. Und auch wenn er irgendeinen Werbevertrag unterzeichnet – der letzte war

SEAN CONNERY
DER SCHAUSPIELER UND DER MENSCH

für eine japanische Automarke, für den er eine Woche im Sommer 1995 in Cinecittà beschäftigt war – nimmt er äußerst genau die Finanzklauseln unter die Lupe. Einer seiner Lieblingssprüche ist: »Der Unterschied zwischen viel verdienen und reich sein liegt bei einem guten Rechtsanwalt«.

Äußerst großzügig gegenüber dem Scottish International Education Trust, den er gemeinsam mit dem Rennfahrer-Champion Jackie Stewart gegründet hat, um mittellosen und, wie er, schottischen Jugendlichen eine Ausbildung zu ermöglichen, verzeiht Sean, der den Kult der Professionalität pflegt und die Neugier des Autodidakten an sich hat, niemandem, der sein Vertrauen missbraucht. Persönlich handelt er jeden seiner Verträge aus. Er sagt: »Ich bin Schotte und will immer wissen, wie ich mein Geld ausgebe«. Und er fügt hinzu: »Schotten sind Schotten und Schluss«.

Dass er mit Stolz Schotte ist – (er wurde am 25. August 1930 im Edinburgh's Royal Maternity Hospital als Sohn von Euphamia, liebevoll Effie genannt, einer reinen Schottin protestantischen Glaubens und von Joe Connery geboren) – beweisen eine Tätowierung auf seinem rechten Unterarm (*Scotland Forever*) und sein heutiges Engagement für die schottische Nationalpartei. Außerdem gibt es eine idealistische und entschlossene, aber vor allem introspektive Komponente im Charakter Seans, die für Schotten typisch ist. Abgesehen von dem potentiellen Erfolg auf dem Papier der von ihm bevorzugten Rollen wurde Sean bei der Wahl oft von seinem Temperament geleitet. Über *Die letzten Tage von Eden* von John McTiernan sagt er zum Beispiel: »Ich war auf der Suche nach einer mehr viktorianischen und romantischen Rolle, nach Art dieser ehemaligen Entdeckungsreisenden aus Berufung wie Mungo Park – (1771-1806), schottischer Forscher in Afrika –, die zu langen Reisen aufbrachen und monatelang verschwanden«. Und was *Zardoz* von John Boorman betrifft, ein Film, den Sean sehr liebt, erklärt er: »Mich faszinieren heldenhafte Themen. Ich bin überzeugt davon, dass jeder Einzelne große Möglichkeiten besitzt, die Welt zu verändern: Auch in *Das Russland-Haus* (*The Russia House*) ist Blair, die von mir dargestellte Person, kein Held, aber er wird im Verlauf der Story zu einem solchen«.

Ein James Bond für alle Jahreszeiten: NEBENAN in *Sag niemals nie*, der letzten Vorstellung des Geheimagenten mit der Lizenz zum Töten...

der zu entdecken, die in diesen Orten leben und die ihre Zeit zwischen Geschichte, Ideologie, Philosophie, Logik, Glauben und auch Mystik einteilen. Ich bin ein Einzelgänger bei der Ausarbeitung 'meiner Männer', aber das, was ich sicherlich immer verfolge, ist der Rhythmus der Rolle, die ich vom Anfang bis zum Ende begleite«.

Diese Kontinuität, die auch einen ethischen Bezug zum Leben und zu den Mitmenschen bezeugt, spiegelt sich im Privatleben und in der Arbeit Connerys wider.

Er hatte zwei Frauen, Diane Cilento und Micheline de Roquebrune. Mit der Ersten, die er 1957 während der Dreharbeiten zu dem Fernsehfilm *Anna Christie* nach einem Text

...und in zwei "Eckpfeilern" der ganzen Serie: Seinem Debüt in *James Bond jagt Dr. No* mit Ursula Andress (OBEN) und in *James Bond 007 – Man lebt nur zweimal* zusammen mit Mie Hama (UNTEN).

Auch die Schauspieler, die mit ihm am Anfang seiner Karriere gearbeitet haben, erinnern sich an ihn als entschlossen, idealistisch und eigensinnig in seiner defensiven Professionalität. Claire Bloom, zum Beispiel, trug zu Seans erstem Fernseherfolg bei, als sie mit ihm, der den Grafen Vronsky verkörperte, in *Anna Karenina* (1961) für die BBC spielte. In Cinecittà, bei den Dreharbeiten zu *Daylight* mit Silvester Stallone, hat die Schauspielerin spontan erklärt: »Hinter jeder beruflichen Entscheidung Connerys steckt sein Charakter, eine Mischung aus Sicherheit und Zerbrechlichkeit, und der immer nach dem sucht, was er 'die Laune der Dinge' nennt. Bei jeder seiner Filmrollen verfolgt Sean den inneren Fluss und die dramatische Bewegung der Szene. Es ist wahr, dass Connery gerade wegen *Anna Karenina* für den James Bond ausgewählt wurde. Es war Terence Young, der den Produzenten Harry Saltzman und Albert Broccoli und auch Ian Fleming vorschlug, unsere Fernseharbeit anzusehen. Auch war die Kombination aus Charisma und Sexappeal bei Sean schon immer stark ausgeprägt und in *Anna Karenina* trat auch schon seine ironische Ader sehr deutlich zu Tage«.

Sean erklärt bestätigend: »Ich bereite eine Rolle sicher nicht wie ein Besessener vor, aber einige Recherchen sind für mich grundlegend. Für den William von Baskerville bin ich in ein Kloster gegangen: Mich interessierte, den Rhythmus der Ordensbrü-

(1921) von Eugene O'Neill kennen gelernt hatte, die er 1962 heiratete und die die Mutter seines einzigen Sohnes Jason ist, blieb er bis 1972 zusammen. 1973 wurde die Ehe geschieden. Nach der Trennung lernte Sean in Marokko, während eines Golfturniers, seine zweite Frau kennen, die er 1975 heiratete. Die Rolle, die Micheline sowohl im Privatleben als auch bei den beruflichen Entscheidungen Seans spielt, war in den letzten Jahren ausschlaggebend. Seine Frau hat ihn nie während der Filmaufnahmen allein gelassen, vor allem nicht, als er an Stimmbandpolypen erkrankte, was ihn zu einer Ruhepause zwang und zu Rehabilitationskursen für die Stimme in Kalifornien. Und Micheline zuliebe ließ sich der introvertierte und zur Isolierung neigende Schotte in letzter Zeit sogar häufig von der Presse in Marbella zwischen den Bildern und seinen von Micheline mit Kohle oder Öl gemalten Portraits fotografieren. Diese vitale und extrovertierte Frau hat, wie Sean sagt, »in den Jahren, in denen ich entschlossen war, als Single zu leben und keine Bin-

dung mehr einzugehen, was eigentlich nicht zu meinem Temperament passt, mein Leben neu konzipiert«.

Seine Beziehungen zu Frauen waren immer ernsthaft, konstruktiv und dauerhaft. Dasselbe gilt auch für seine Beziehungen zu den Regisseuren: Mit Terence Young, der ihn 1957 für eine kleine Rolle in dem Film *Operation Tiger* (*Action of the Tiger*) auswählte, blieb er bis zu dessen Tod dick befreundet; mit Sidney Lumet hat er oft gearbeitet und er schätzt ihn als »Lieblingsregisseur, mit dem ich am meisten übereinstimme«; mit Fred Zinnemann verband ihn, bis zu dessen Tod, eine enge Freundschaft, die ihn häufig veranlasst hat, nach London zu reisen, um den Regisseur einer seiner Lieblingsfilme, *Am Rande des Abgrunds* (*Five Days One Summer*, 1981), zu besuchen; zwischen ihm und Richard Lester, der ihm mit *Robin und Marian* (1975) und *Explosion in Cuba* (1978) zwei wenig erfolgreiche Filme beschert hat, herrscht heute noch eine sehr herzliche Kameradschaft, die er auch für seinen Freund Michael Caine hegt. »Wir haben zu-

Der Connery der letzten Jahren mit unverändertem Charme. Der Schauspieler, der alte Bücher sammelt und Gedichte schreibt, die er nie veröffentlichen wollte, ist auch Koproduzent seiner Filme geworden und arbeitet gewöhnlich an der Fassung der Dialoge seiner Figuren mit.

hervorgebracht, die mir nicht gefallen haben und die ihre Lizenz zum Töten mit extremer Leichtfertigkeit anwandten, so wie in gewissen Comic-Heftchen.

Hätte ich zuvor einen grandiosen, tiefgehenden und mitreißenden Film wie *Ran* von Kurosawa gesehen, hätte ich vielleicht gezögert, aber in jenen Jahren orientierte sich Bond immer mehr hin zu Auswüchsen verblüffender und oft alberner technologischer Erfindungen. Die Welt war von Maschinengewehren à la Rambo überflutet. Es war bestimmt nicht meine Absicht, ein schottischer Schauspieler mit Schwarzeneggermuskeln zu sein«.

Mit *Sag niemals nie* versuchte Connery, dem Kino die Leichtigkeit und die Harmonie des Bondfilmes zurückzugeben, den er am meisten mag (*Liebesgrüße aus Moskau*), wo sein Held aus dem Wasser auftauchte und unter dem Tauchanzug einen tadellosen Smoking trug.

Dieses wirklich erfinderische Bild Connerys im Film von Terence Young lässt einen an die Kategorien männlicher Starallüren denken,

> **»Bei jeder seiner Filmrollen verfolgt Sean den inneren Fluss und die dramatische Bewegung der Szene«.**
>
> CLAIRE BLOOM

OBEN, der Schauspieler während einer Drehpause von *James Bond jagt Dr. No*. UNTEN, zusammen mit der wundervollen Audrey Hepburn, die mit ihm eine der Hauptrollen in *Robin und Marian* spielt, unter der Regie von Richard Lester, 1976.

sammen angefangen«, sagt Caine, »Connery spielte am Theater und um heimzufahren, nahm er den Autobus. In dieser Zeit ertrug Sean keinerlei Einschränkungen seiner Freiheit, aber wenn du sein Freund wurdest, dann spürtest du, dass das für immer war. Und so war es auch«.

Wenn man seinen Charakter kennt, kann man auch seine Entscheidung voll verstehen, sich nicht zu lange hinter einer Figur zu verstecken, wie die des 007, für die er von Anfang an keinen Vertrag für fünf Filme unterschreiben wollte. Und als er sich viele Jahre später dazu entschlossen hatte, nochmals in die Rolle des Geheimagenten Seiner Britischen Majestät in *Sag niemals nie* (*Never Say Never Again*, 1983) zu schlüpfen, geschah das aus folgenden Gründen: »Eine Wahl, die etwas mit persönlichem Training zu tun hatte. Ich wollte wieder einmal eine sehr physische Rolle versuchen und vor allem meinen reifen Bond mit den Filmen konfrontieren, die nur auf dem künstlichen Blut von Spezialeffekten basieren. Bond hat viele Stiefbrüder

in die man Sean jedoch schwerlich einordnen kann. Denn Connery ist gleichzeitig ein Entertainer à la Gene Kelly; ein Darsteller von großer szenischer Präsenz wie John Barrymore; eine Kombination aus der nüchternen Miene des Edward G. Robinson und der männlichen Sanftheit des Richard Burton; ein Sexsymbol, wie es zu verschiedenen Zeiten Douglas Fairbanks, der romantische Akrobat, Clark Gable, der König von Hollywood, der charmante Franzose Charles

SEAN CONNERY
DER SCHAUSPIELER UND DER MENSCH

Boyer und natürlich der ironische Abenteurer Errol Flynn waren. Aber dank des 007 ist der Schauspieler auch zu einer Kultfigur geworden, so wie es Montgomery Clift und James Dean durch ihren frühzeitigen Tod geworden sind. Das wird Connery auch immer bleiben, gerade wegen der Verbindung zwischen filmischer Fiktion und den sowohl menschlichen als auch divenhaften Charakterzügen, wie sie Humphrey Bogart, oder bei den Frauen, Greta Garbo zu eigen waren. Auch in seinen oft sehr unterschiedlichen Rollen ist Connery nie in irgendeiner Form von Narzissmus erstarrt und als wandelbarer Schauspieler ist er nie durch seinen athletischen Körperbau behindert worden, er hat nie nur Karriere machen wollen. Charakterdarsteller, königlicher Musketier oder selbst König, Schauspieler und Star, Gentleman und brutaler Mensch, Institution und Profi im Dienst des Drehbuches, es wird immer schwieriger, ihm ein Etikett aufzudrücken.

Außerdem hat seine enorme Popularität, die er durch die Bondfilme erlangt hat und fast nie durch andere Filme, in denen er die Hauptrolle spielte, oft seine schauspielerischen oder ironischen Qualitäten in den Hintergrund treten lassen.

Unter vielen Gesichtspunkten hat das Bild des 007, auch wenn der Vergleich gewagt klingen mag, ihn auf die Ebene von Schauspielern gebracht, die sich selbst maskieren, wie, der Name ist nicht zufällig gewählt, Bruce Lee. Aber Connery scheint, auch bei der Wahl seiner Nebenrollen, immer das zu verfolgen, was die ideale Rolle des Schauspielers in einer idealen Gesellschaft sein sollte, das heißt, diejenige eines spezialisierten 'Intellektuellen', der über das Drehbuch die Realität frei interpretiert.

Obwohl er wie viele Film- und Theaterschauspieler aus einer Arbeiter- oder Kleinbürgerschicht kommt, hat er sowohl als Mensch als auch als Schauspieler nie auf infantile Weise einen auffälligen sozialen Aufstieg gesucht, hat nie unsinnige und exhibitionistische sexuelle Eroberungen gemacht, nie die Macht des erworbenen Geldes zur Schau gestellt. Kurz und gut, Sean hat sich immer geweigert, diejenigen Modelle der heutigen Gesellschaft widerzugeben, in denen man die Verarmung der Realität praktiziert. Als Schauspieler ist es ihm gelungen, eine funktionelle und spektakuläre Spielwei-

Nochmals in *James Bond jagt Dr. No* (OBEN), ein vorzügliches Sprungbrett für den Schotten aus Fountainbridge. UNTEN, ein Beispiel für den Katastrophenfilm der späten Siebziger: Connery kämpft in *Meteor* gegen die Bedrohung aus dem All.

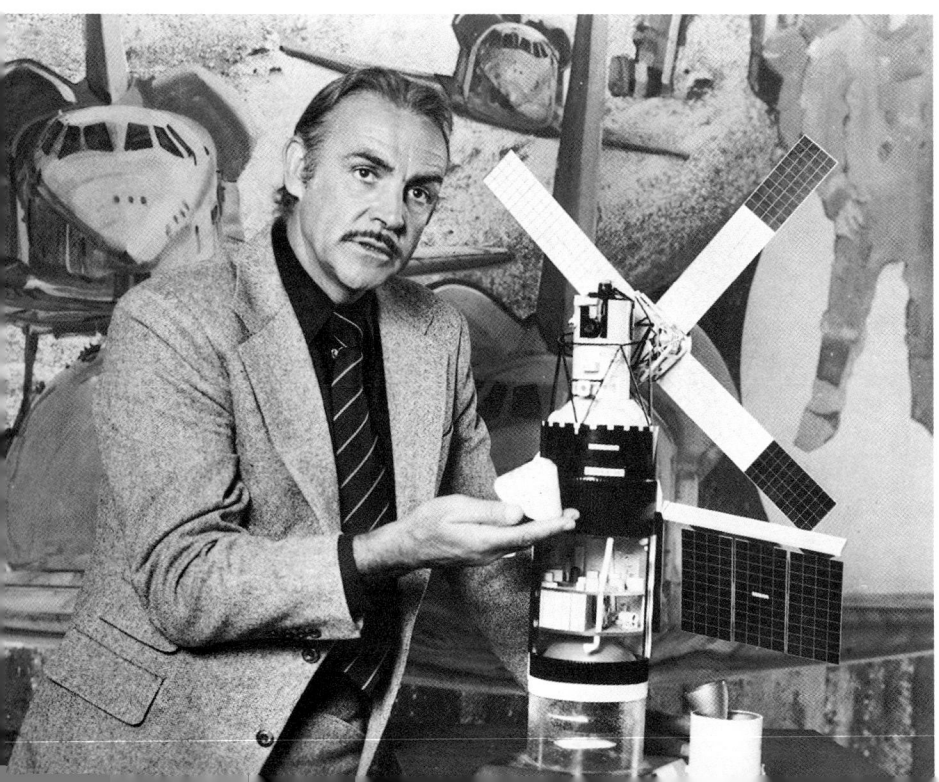

se mit Ästhetik zu verschmelzen. Gerade weil er auf ganz unterschiedliche Weise einen gewissen 'formalen' Sinn des Publikums befriedigt hat, wobei er jedoch die Funktionalität des Schauspiels benützt hat, ist sein Charme als Schauspieler fast immer unangetastet geblieben, selbst bei Filmen, die ein vernichtender Flop waren. Man denke nur an den Film *Der letzte Held von Afrika (A Good Man in Africa,* 1995) von Bruce Beresford, in dem er wieder einmal eine edle Gestalt darstellt, quasi einen gealterten Manuel aus dem gleichnamigen Film, die zwar nicht in den Nebeln der Nordsee, sondern im gepeinigtsten Afrika ihre Einsamkeit und ihr Bedürfnis nach Aufrichtigkeit mit Träumen ausfüllt, in dieser unserer Gesellschaft, die nicht auf den Menschen zugeschnitten ist.

Wenn man andererseits eine zeitliche und moralische Parallele zwischen den von Connery verkörperten Gestalten und der Gesellschaft ziehen wollte, ist man völlig auf dem Holzweg. Denn, auch wenn Sean, als Starkult und Wohlstand auf dem Höhepunkt waren, mit seinem 007 perfekt die Maxime verkörperte, die Edgar Morin als Einleitung für sein Buch *Les stars* wählte, oder auch die Worte Bernard Shaws: »Der Wilde vergöttert Idole aus Holz und Stein; der zivilisierte Mensch vergöttert Idole aus Fleisch und Blut«, so war die Karriere des Schauspielers, nachdem er sich immer mehr von seiner Rolle als idealisierter Star losgelöst hatte, nicht geradlinig.

Seine kommerziellen Erfolge hingen fast nie vom Publikum ab, das nicht mehr in Massen herbeiströmte, um seine Rolle als Star aufrecht zu erhalten. Es sei denn, es handelte sich um kurze Auftritte in Filmen wie *Indiana Jones und der letzte Kreuzzug (Indiana Jones and the Last Crusade,* 1988). Um die Risse in seiner Karriere aufzuzeigen, die jedoch einem logischen, wenn auch ab und zu abgerissenen Faden zu folgen scheinen, muss man nur den Fall *Camelot – Der Fluch des goldenen Schwertes* heranziehen, der bestätigt, wie, abgesehen von der Sympathie für den Menschen und die Maske des Schauspielers, sein filmisches Gewicht zu einem feststehenden Mythos geworden ist, auch wenn das nicht immer unter einem kritischen Gesichtspunkt geschah. Wer die James-Bond-Filme gesehen hat, muss nicht unbedingt *Marnie* oder *Am Rande des Ab-*

grunds kennen und hat fast mit Sicherheit nicht Filme wie *Der letzte Held von Afrika* gesehen.

Gleich nach *Sag niemals nie,* den Connery aus Gründen gewählt hatte, die er selbst erklärte, beschloss der Schauspieler, einen Film zu drehen, der das Siegel der Cannon von Menahem Golan und Yoram Globus trägt, zwei Produzenten, die von vielen als Abenteurer des Zelluloids betrachtet werden. Und doch ging dieses eigenartige Märchen *Camelot – Der Fluch des goldenen Schwertes* (1982) unter der Regie von Stephen Weeks seiner Entscheidung voraus, nur drei Jahre später in *Highlander* zu spielen. Ganz offensichtlich begann Connery in der Rolle des Grünen Ritters aus *Camelot – Der Fluch des goldenen Schwertes* eine neue Art und Weise zu suchen, um edle und sagenumwobene Charaktere darzustellen.

Jenseits aller richtigen oder falschen Entscheidungen ist es ihm jedoch immer gelungen, im Verlauf seiner Karriere, die oft verschlungene Wege ging und ihm vor 007 kaum Interessantes bot, eine stilistische Einheit zu finden. Da er außerdem Europäer ist und noch dazu Schotte – »Bond ist Engländer, ich nicht«, liebt er zu wiederholen – ist es nicht möglich, wie es stets bei amerikanischen Schauspielern geschieht, ihn als Persönlichkeit und als Mensch aufgrund einer kulturellen Einheit von sozialen Bewegungen, Tendenzen, Konterrevolutionen oder Lebensstil der amerikanischen *middle* oder *upper class* zuzuordnen.

So wie Clark Gable in den Dreißiger Jahren der 'neue Mann' war, so wie Gary Cooper in den Fünfzigern der moderne, umherirrende Ritter war, der jedem Amerikaner das »Bild Lincolns« lieferte, wie behauptet wurde, als ihm der Oscar für *Seargent York* verliehen wurde, und so wie in den letzten Jahren Sylvester Stallone, Bruce Willis und Arnold Schwarzenegger die starken Männer einer schwachen Epoche geworden sind, so ist und bleibt Sean Connery immer er selbst, im Gleichgewicht zwischen Europa und Amerika und jenseits von allem. So hat er seinem filmischen, ikonographischen oder kritischen Bild Qualität und Stoff seiner komplexen Persönlichkeit verliehen und wird dies auch weiterhin tun und entflieht auch auf diese Weise jeder Anpassung an das Fernsehen.

Seans Vater starb im Alter von siebenundsechzig Jahren. Über seinen Großvater sagt Sean: »Er war Pferdehändler. Pferde waren sein Leben. Von dieser Leidenschaft ist mir etwas geblieben: Ich liebe Rennbahnen!«. Der Urgroßvater Seans starb mit über hundert Jahren. Sean kann sich noch gut an ihn erinnern: »Er verbrachte seine Tage im Bett, seine Hand hielt den Hirtenstab fest umklammert. Ich ging in sein Zimmer, um ihn zu beobachten. Er hatte die Augen geschlossen und schien unbeweglich: Aber wenn ich mich seinem Bett näherte, um ihn besser zu sehen, gab mir der Alte einen Stockhieb, wach wie ein Fink, auf der Hut wie ein Löwe. Er hatte alles im Blick!«.

Etwas von dem Charakter dieses Urgroßvaters ist in der Persönlichkeit Seans vorhanden, wie auch Tonino Delli Colli, Kameramann aus *Der Name der Rose*, erzählt: »Auf dem Set scheint er ein bisschen distanziert von den anderen, in seiner eigenen Welt eingeschlossen. Aber wenn du dich ihm näherst, ihn beobachtest, fängst du seinen Blick auf, der alle deine Bewegungen genau verfolgt. Er ist auch witzig. Sicherlich hat er einen sehr komplizierten Charakter, was er auf sein schottisches und zum Teil irisches Blut zurückführt. Wenn er bei den Dreharbeiten guter Laune ist, lässt er sich zum Erzählen von Anekdoten und zu unerwarteten Herzlichkeiten hinreißen. Aber er ist immer auf dem Quivive, immer auf der Hut. Jedoch nie besiegt. Er wiederholt gerne, dass ein betrunkener Schotte dir sogar die Kehle durchschneiden könnte, während ein betrunkener Ire zu weinen anfängt und sich über seine Zukunft Gedanken macht. Der sowohl emotionale als auch kämpferische Sean hat sich stets unter Kontrolle. Ich habe

Alfred Hitchcock gibt Connery Anweisungen für eine Szene von *Marnie*. Der Regisseur hatte ihn auch wegen seiner körperlichen Stattlichkeit gewählt. Diese sollte auf der Leinwand das Bild der labilen, von Tippi Hedren gespielten, Blondine dominieren, die von einem Kindheitstrauma gezeichnet war.

DIE ANFÄNGE

nie gehört, dass er schlecht über Kollegen gesprochen hat, aber oft habe ich ihn über zwei Dinge schimpfen gehört: Über die Diebstähle, die ihm von Filmproduzenten zugefügt worden waren und über die Jahre in der Marine«.

Das, was Connery aus den zwei Jahren und ein paar Monaten in der Marine geblieben ist, als er sich als knapp Siebzehnjähriger in der Royal Navy für sieben Jahre verpflichtet

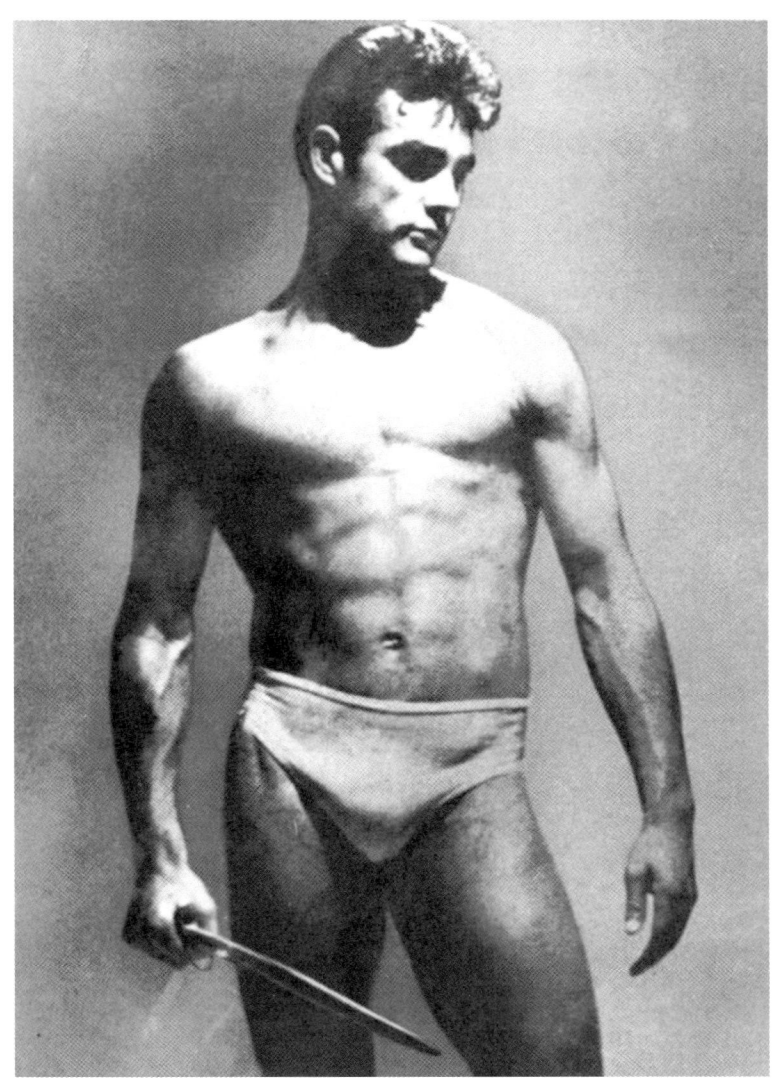

während der Dreharbeiten der James-Bond-Serie zu erzählen, dass er sich auf das Polieren von Särgen spezialisiert hatte. Aber während des Ausbildungsprogramms der Navy hatte er auch andere Berufe erlernt, wie zum Beispiel den der Küstenwache, des Mechanikers und des Schreiners.

In jenen Jahren hatte er sich auch entschlossen, sich in einen Sportverein einzuschreiben und einen Abendkurs für Bodybuilding zu besuchen, wobei er sich auf Gewichtheben spezialisierte. Und ebenfalls in jenen Jahren begann Sean sowohl in Edinburgh als auch in London, für Werbeaufnahmen und für die Studenten der Kunstakademie Modell zu stehen, wobei er meist als griechischer Athlet oder römischer Krieger posierte. Und gerade dieser Gelegenheitsjob veranlasste ihn, regelmäßig Bodybuilding zu betreiben, um seinen Körper fit zu machen, und schließlich 1950 in London an einem Mister-Universum-Wettbewerb teilzunehmen. Mit einer Körpergröße von 1,88 m und einem Gewicht von 91 kg bekam er in der Endausscheidung jedoch nur eine Bronzemedaille.

»In London war ich allein«, hat er immer mit einer Mischung aus Stolz und entwaffnender Ehrlichkeit erzählt, »niemand von meiner Familie konnte mir Geld schicken. Ich habe ganz am unteren Ende der Leiter angefangen, meine Selbständigkeit zu erobern, und darauf bin ich immer stolz gewe-

hatte, sind die Tätowierungen *Scotland Forever* mit einem Herz, das von einem Messer durchbohrt wird, und *Mum & Dad.* Nachdem er aufgrund eines Zwölffingerdarmgeschwürs entlassen wurde und — »weil ich die militärischen Regeln nicht ertrug. Ich habe die blöde Disziplin des Militärs gehasst« — blieb der neunzehnjährige Sean mit unsicheren Zukunftsaussichten in London, und verrichtete, wie schon in seiner Kindheit, verschiedene kleine Arbeiten, wobei er vor allem Möbel polierte.

Außer dass er sich etwas Geld als Kohlenhändler, Zementmischer, Baggerführer, Drucker und Bademeister verdiente, hatte Sean sich an einer Berufsschule in Glasgow eingeschrieben, um die französische Methode des Möbelpolierens zu lernen, und hatte eine Arbeit bei einem Beerdigungsinstitut gefunden. Es hat ihm immer Spaß gemacht,

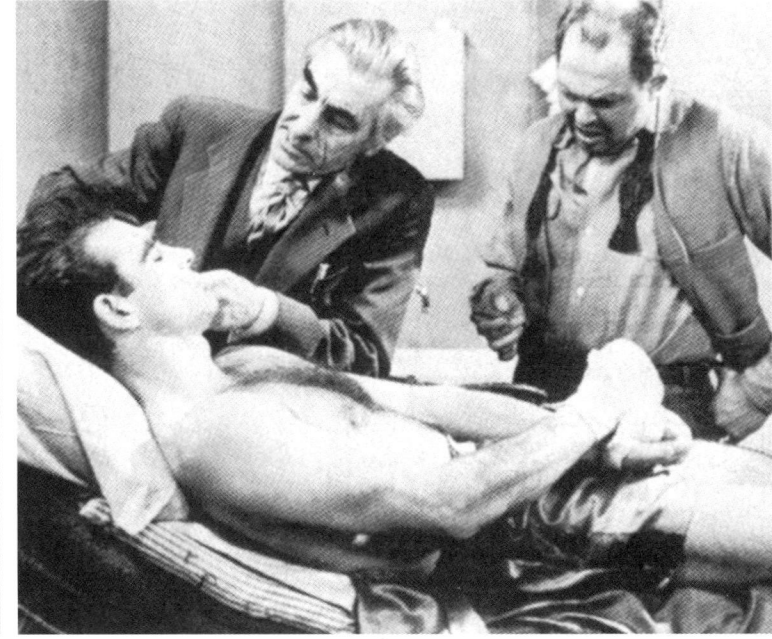

OBEN: Sean arbeitete auch als Modell für die Kunststudenten in Edinburgh und London, wo er meist als griechischer Athlet oder römischer Krieger posierte. NEBENAN, Connery in einer seiner ersten anspruchsvollen Arbeiten, *Die Faust im Gesicht,* 1957 für die **BBC** gespielt.

sen. Ich war zwanzig, verdiente sehr wenig und begann mit dem Gedanken zu spielen, Schauspieler zu werden. Die einzige Erfahrung, die ich bis dato in diesem Bereich hatte, war die eines Komparsen in dem Musical *The Glourious Years*, das im Empire Theatre von Edinburgh aufgeführt worden war, in dem Anna Neagle die Hauptrolle spielte.

(Die Schauspielerin war eine First Lady des englischen Films und Theaters. Sie war eine berühmte Tänzerin und Tanzlehrerin gewesen und heiratete später den Regisseur Herbert Wilcox, der bei *Lilacs in the Spring* Regie geführt hat, dem ersten Film, in dem Sean auftrat. A.d.R.). In London jedoch hatte ich mir angewöhnt, abends, wenn ich nicht arbeiten musste, Aufführungen im West End zu besuchen und tagsüber in Bibliotheken

Der junge Connery und der Fußball. OBEN, dritter von rechts in der zweiten Reihe mit seinen Mitspielern von den Edinburghs Fet-Lors. Damals hatte er auch ein Angebot von Manchester United bekommen.

Connery ist es jedoch immer gelungen, im Verlauf seiner Karriere, die oft verschlungene Wege ging und ihm vor 007 kaum Interessantes bot, eine stilistische Einheit zu finden.

zu gehen, und ich wartete nur auf die richtige Gelegenheit, mich in der Schauspielergewerkschaft einzuschreiben«.

Die Gelegenheit bot sich, als er für das Musical *South Pacific* von Rodgers und Hammerstein engagiert wurde, wofür er jedoch Tanz- und Gesangsunterricht nehmen musste.

Er arbeitete sechzehn Monate am Coliseum in London, wo er Lieder wie *There is Nothing Like a Dame* sang, aber erst als die Truppe auf Tournee ging, gelang es ihm, die Rolle des Leutnant Buzz Adams zu bekommen.

Dieser Mann, der immer nur wenig von sich preisgibt, der den Fußball auch deswegen liebt, weil er ihn als Mittel betrachtet, sein schottisches Nationalgefühl herauszulassen, und der zugibt, »ich bin ein Einzelgänger«, erinnert sich aus mehreren Gründen sehr gerne an diese Jahre. Er bedauerte es sehr, vorzeitig von der Schule abgegangen zu sein und nicht einmal das geringste Allgemeinwissen zu besitzen, und deswegen begann Sean in diesen Jahren, mit einem Tonbandgerät von Grundig (»einem wahren Möbelstück!«) seine Stimme auszubilden, um seinen zu ausgeprägten schottischen Akzent zu verlieren. Und ebenfalls in diesen Jahren schlug er das Angebot des Trainers Matt Busby von Manchester United aus, in seinem Verein mitzuspielen.

Connery verbrachte seine Tage damit, mit dem Aufnahmegerät in der Hand laut die Bücher zu lesen, die ihm Robert Henderson, der Regisseur von *South Pacific* empfohlen hatte.

21

»Ich las Romain Rolland und vor allem Shakespeare. Mir gefielen die Bücher von Thomas Wolfe, und als ich *In Swanns Welt* von Marcel Proust zu lesen anfing, hatte ich das Gefühl, in vielen konzentrischen Kreisen gefangen zu sein, die mich dazu zwangen, den Gedankengängen des kleinen und mittelmäßigen Volks zu folgen. Sowohl heute als auch damals interessierten mich diese Gestalten nicht. Damals las ich wie ein tapferer, kleiner Soldat, heute ist die Entdeckung eines guten Buches eine wahre Freude für mich. Ich gerate in Aufregung, wenn ich einen Schriftsteller lese, der meine Gefühle berührt: All das enthüllt meine irische Seite«.

Man war in den fünfziger Jahren und Sean blieb ab 1953 eineinhalb Jahre bei der Truppe von *South Pacific*, wobei er mit seinem Motorrad der Tournee folgte. Anschließend kam er zum dramatischen Theater mit kleinen Schauspielensembles.

Später war er nur noch selten auf der Bühne zu sehen, bisweilen bei Benefizveranstaltungen, aber er gesteht, dass er gerne bei ein paar Stücken Regie führen würde, vor allem bei *Macbeth*, das er schon gespielt hat und das zu seinen Lieblingswerken gehört.

Im Gegensatz zu Schauspielern wie Albert Finney oder Alan Bates und zu den großen Shakespeare-Darstellern John Gielgud und Ralph Richardson, nicht zu vergessen die jungen Schauspieler der letzten Generation

SEAN CONNERY
DIE ANFÄNGE

»In London war ich allein, niemand von meiner Familie konnte mir Geld schicken. Ich habe ganz am unteren Ende der Leiter angefangen, meine Selbständigkeit zu erobern, und darauf bin ich immer stolz gewesen«.

wie Kenneth Branagh, hat Connery nur in seiner Jugend Beziehungen zum Theater gehabt. Mehrmals hat er zum Beispiel im Januar 1987 bei einem langen Interview mit der französischen Zeitschrift »Express« erklärt: »Die Erfahrungen am Theater gehören meiner Vergangenheit an. Ich habe erst kürzlich abgelehnt, in Kanada bei *The Secret of the World* von Ted Allen Regie zu führen«.

Mehr als vom Theater scheint Connery vom Schreiben angezogen zu sein, und tatsächlich schreibt er, wie damals in seiner Jugendzeit, als er ganze Tage in den Bibliotheken verbrachte und sich Notizen machte, weiterhin Gedichte, führt regelmäßig eine Art Tagebuch und hat stets einen kleinen Notizblock bei sich, auf dem er seine Gedanken festhält. Außerdem, und das ist überraschend, schreibt er, der vom Tanz begeistert ist, in Erinnerung an die Jahre, in denen er die wichtigsten Schritte erlernt hatte, Ballette.

Nur ein enger Freund und Verehrer von ihm, George Balanchine – genialer Choreograph, Schüler der Kaiserlichen Schule von Sankt Petersburg und Mitglied der 'Ballets Russes', bevor er den akademischen westlichen Tanzstil revolutioniert hat – kennt diesen persönlichen Aspekt Connerys. Auf die Frage über die Arbeiten Seans erzählt er ohne zu zögern: »Sie sind außerordentlich wie seine Gedichte. Die Emotionen und die nicht eingestandene Angst vor einem kritischen Urteil verbieten es Sean wahrscheinlich, sie zu veröffentlichen«. Bei der Schauspielerei dagegen hat Connery durch Technik die gefühlsmäßigen Komponenten seines Charakters besiegt, wodurch er peinlich genau jede lächerliche Situation vermeidet. Außerdem hat er schon von Anfang an immer vermieden, Gestalten darzustellen, die auf irgendeine Weise peinlich sind. In einer seiner Aussagen erklärt er sehr deutlich diese Art des Schamgefühls, das er sowohl als Schauspieler als auch als Mensch empfindet: »Ich glaube, dass jeder Schauspieler sich stets der Welt öffnen muss und dadurch ständig seinen Horizont erweitert. Aber ich glaube auch, dass man an einem bestimmten Punkt eine Wende einschlagen, eine Kurve machen und aufhören muss, ein Schauspieler zu sein. Ein Schauspieler praktiziert eine Form der Disziplin, die ihn dazu veranlasst, bestimmte Gefühle zu selektionieren, zu be-

Eine schmachtend romantische Aufnahme zusammen mit der blonden Lana Turner für eine Szene von *Herz ohne Hoffnung*, unter der Regie von Lewis Allen.

herrschen, zu analysieren, abzuändern, auszudehnen oder einzuschränken. Es kommt ein Moment, in dem diesen Bemühungen Grenzen gesetzt sind. Hier ein Beispiel: Dirk Bogarde, ein exzellenter Schauspieler, hat ein paar Jahre vor seinem Tod seinen Beruf aufgegeben, um Schriftsteller zu werden. Als Begründung erzählte er folgende Szene: Eines Tages, als er *Der Nachtportier* von Liliana Cavani drehte, lag er als Nazi verkleidet und mit offenem Hosenschlitz vor Charlotte Rampling auf dem Boden. Er war ungefähr dreiundfünfzig und fragte sich: 'Aber was mache ich da eigentlich? Ich bin ein reifer, erwachsener Mensch und ein guter Schauspieler und werde in dieser Pose als *guignol* aufgenommen'. In diesem Moment beschloss er, etwas anderes zu machen. Ich verstehe ihn vollkommen«.

Im Jahr 1954 spielte Sean zum ersten Mal im Fernsehen, während seine Kinokarriere im Jahre 1957 begann.

Als er 1954 seine Tournee mit *South Pacific* beendet hatte, mietete Sean ein Appartement in Chelsea in der Shalcomb Street Nr. 12. Es waren harte Zeiten für ihn, in denen er nochmals ein paar Statistenrollen im Theater übernahm, wie zum Beispiel im »Q«, im Krimi *Zeugin der Anklage* von Agatha Christie und in den populären Komödien *Point of Departure* und *A Witch in Time*. Eine Zeit lang spielte er Shakespeare und verkörperte den Hotspur in *Heinrich IV* im Nottingham Playhouse, eine Rolle, die er später in einer Fernsehserie nochmals darstellte. Er arbeitete auch an der Seite von Jill Bennett in dem Drama *Anna Christie* von Eugene O'Neill. In ein paar Filmen nahm Sean Statistenrollen an, wie zum Beispiel in dem bereits erwähnten *Lilacs in the Spring* mit Anna Neagle.

Der zukünftige Filmvater des Indiana Jones lebte damals von der Arbeitslosenunterstützung und teilte seine Mahlzeiten und seine Suche nach irgendeiner Arbeit mit Michael Caine. »Sean«, erzählt Caine »war ein besonderer Mensch, unerbittlich sich selbst und den anderen gegenüber, ganz darauf konzentriert, sich zu verbessern. Er hatte einen perfekten Körper und arbeitete Tag und Nacht an seiner Sprechtechnik, ohne den Sportverein zu vernachlässigen. Die Teilnahme an verschiedenen Fernsehproduktionen rettete uns vor dem Hunger und wir

Neben Janet Munro auf dem Set von Das Geheimnis der verwunschenen Höhle.

mussten nicht zu lange auf die Arbeitslosenunterstützung von sechs Pfund in der Woche zurückgreifen. Unsere Schwierigkeiten teilte auch Ian Bannen, der jedoch häufiger am Theater engagiert wurde.

Wir liefen immer in schwarzer Kleidung herum, weil wir uns nicht leisten konnten, unsere Jacken oder Hemden reinigen zu lassen. Sean bat niemanden um Hilfe: Weder damals noch später lag es in seinem Charakter, irgendjemanden um irgendetwas zu bitten. Keiner von uns kam aus einer großen Schauspielerfamilie und deshalb war alles sehr kompliziert und sehr schwierig«.

Die englischen Zeitungen aus dieser Zeit berichten, dass Sean als Schauspieler am Old Vic von Michael Bentall abgelehnt worden war, weil seine Sprechweise als unange-

messen beurteilt wurde. Aber im Jahr 1956 sollte auch für ihn die erste große Chance auftauchen.

Der amerikanische Star Jack Palance war vom englischen Fernsehen für den Film *Die Faust im Gesicht* von Rod Serling engagiert worden, der von dem Abstieg eines Boxers handelte. Produzent dieses Stückes für die BBC war der Kanadier Alvin Rakoff, der Sean zuvor für eine andere Fernsehproduktion, *The Condemned*, engagiert hatte. Als der Agent von Palance bekannt gab, dass der Schauspieler wegen einer Verzögerung der Dreharbeiten zu einem Film festgehalten wurde und Hollywood nicht verlassen konnte, begann Rakoff, sich nach einem Ersatz umzusehen. Der Name Connery wurde ihm von seiner Verlobten und späteren Frau, der Schauspielerin Jacqueline Hill, suggeriert, die für eine tragende Rolle engagiert worden war. Sean, der schon früher einmal einen Boxer in dem Fernsehfilm *The Square Ring* verkörpert hatte, bekam die Rolle, und seine Interpretation des absteigenden Boxers Mountain McClintoch, die er in nur zwei Wochen vorbereitet hatte, brachte ihm ausgezeichnete Kritiken ein und zog die Aufmerksamkeit von Film- und Theateragenten auf sich.

Am 31. März 1957 wurde *Die Faust im Gesicht* ausgestrahlt, und eine Woche später

»Ich gerate in Aufregung, wenn ich einen Schriftsteller lese, der meine Gefühle berührt: All das enthüllt meine irische Seite«.

hielt Sean, der Richard Hatton zu seinem Agenten gewählt hatte, mehrere Verträge von der 20th Century Fox und der BBC in Händen.

Von diesem Moment an begann die wahre Karriere Connerys. Der Schauspieler konnte natürlich nicht wissen, dass weit von London entfernt, in Jamaika, Ian Fleming gerade in jenem Jahr *Agent 007 – Liebesgrüße aus Moskau* zu Ende geschrieben hatte.

Abgesehen von seinem Auftritt in *Lilacs in the Spring*, der 1954 von Herbert Wilcox gedreht wurde und bei dem Errol Flynn, Anna Neagle, David Farrar und Peter Graves mitspielten, war *Die blinde Spinne* (*No Road Back*) von 1956 der erste Film, in dem Connerys Name im Abspann auftauchte.

In dem Film, in dem Skip Homeier, Paul Carpenter und Patricia Dainton die Hauptrollen spielten und der unter der Leitung von Montgomery Tully gedreht worden war, einem sehr kultivierten Regisseur irischer Abstammung, der später Schriftsteller wurde, verkörperte Sean einen Gangster namens Spike. Die Handlung dreht sich um einen jungen Mann, der nach vielen Jahren nach London zurückkehrt und entdeckt, dass seine blinde und taube Mutter die Anführerin einer Gangsterbande ist, von der sie erpresst wurde und von deren Drohungen sie sich nicht befreien kann. Der ganze Film wurde in den Pinewood-Studios gedreht, zu denen Sean mit dem Motorrad fuhr, da ihm die Produktion keinen Wagen zur Verfügung gestellt hatte.

Der Regisseur erzählte: »Sean erwarb sich den Ruf, ein Frauenheld zu sein und zog sich in den Drehpausen mit irgendwelchen jungen Schauspielerinnen oder mit der hübschen Produktionsassistentin in ein Zimmerchen zurück. Er kam wie ein Wolf und ging wie ein Wolf. Er sprach sehr wenig mit den Schauspielern und war mit vielen kleinen Arbeiten im Fernsehen und am Theater beschäftigt«.

Es folgte *Duell am Steuer* (*Hell Drivers*) von Cy Endfield, bei dem die Hauptfiguren Stanley Baker, ein ehemaliger Sträfling, der als Lastwagenfahrer zu arbeiten beginnt, und Herbert Lom, der Gangsterboss, der die krummen Geschäfte leitet, sind. Die Figur Seans (mit wenigen Auftritten) heißt Johnny und ist in die Kämpfe und Rivalitäten zwischen Baker und Lom verwickelt. Der Re-

Die Peitsche (HIER eine Szene mit Yvonne Romain) spielt in einem düsteren und nebeligen London, wo sich der von Connery gespielte Betrüger herumtreibt. NÄCHSTE SEITE, eine Großaufnahme des Schauspielers aus diesem Film und (OBEN) der Schauspieler mit seiner Frau Diane Cilento.

*Diane brachte
ihrem Mann
die Bedeutung
der Methode
Stanislavsky
bei, über den
Sean immer
gesagt hat:
»Das Actors'
Studio war für
mehrere
Generationen
sehr wichtig«.*

gisseur, der Amerikaner war, hatte sich als Stückeschreiber für das Radio einen Namen gemacht und begann dann in Hollywood, Kanada und Großbritannien zu arbeiten. Später schlug er Sean in Kanada mehreren Produzenten vor und vermittelte ihn an verschiedene Fernsehproduktionen.

Bei *12 Sekunden bis zur Ewigkeit* (*Time Lock*) führte Gerald Thomas Regie, der zuvor Cutter war und dann, als er zum Fernsehen überwechselte, großen Erfolg mit der Serie *Rob Roy* hatte. Die Geschichte handelt von einem kleinen Jungen, der sich zum Spaß in einem großen Safe versteckt und nicht mehr heraus kann, weil die Tür zuschnappt. Man muss die Tür auf irgendeine Weise öffnen, aber sie ist äußerst solide und widersteht jedem Schweißbrenner, und die Kombination ist sehr kompliziert. Ein Schlosser, zu dessen Angestellten auch Sean Connery gehört, wird den Jungen in extremis retten. Der Film wurde in den Studios von Beaconsfield gedreht und Sean war fünf Tage lang bei den Dreharbeiten beschäftigt.

Operation Tiger (*Action of the Tiger*), bei dem Terence Young Regie führte, ist der erste Film Seans mit sehr populären Schauspielern wie Martine Carol und Van Johnson, der sich sehr gut an Connery erinnert. »Er hatte einen ganz besonderen Gang«, erzählt er. »Er ging mit großen Schritten, während die Arme lässig an der Seite herunterhingen. Viele Jahre später habe ich dieselbe Gehweise in der Figur des Agenten 007 wiedergefunden. Er war schüchtern und gleichzeitig aggressiv. Das Drehbuch handelt von der Odyssee eines Mannes und eines Mädchens, die nach Albanien fahren, um etwas über ein paar entführte Kinder und den Bruder der von Martine verkörperten Figur in Erfahrung zu bringen. Beide erreichen ihr Ziel, aber sie werden auch eingesperrt und können mit Hilfe eines Agenten fliehen, der sich der Gruppe mit seinen Kindern anschließt«.

Dieser Thriller enthüllt die Vorliebe des Regisseurs für das Action-Kino mit spektakulär-politischen Tendenzen, was schließlich durch die James-Bond-Filme bestätigt wird. So ist der Bruder Van Johnsons ein Gefangener der albanischen Kommunisten, es wird auf den Kalten Krieg angespielt, und die Hauptpersonen müssen eine Reihe von Abenteuern bestehen, bevor sie nach Griechenland fliehen können.

Bei den Dreharbeiten zu diesem Film entstand die berufliche Beziehung zu Terence Young, und dank dieser ersten Filme erhielt Connery einen Vertrag mit der 20th Century Fox, die mit ihm jedoch, trotz einem Gehalt von hundertzwanzig Pfund in der Woche, keinen Film drehte, sondern ihn an andere Gesellschaften auslieh. *Operation Tiger* wurde zum Beispiel von der MGM vertrieben.

Der Vertrag mit der 20th Century Fox brachte Sean den Film *Herz ohne Hoffnung* (*Another Time, Another Place*) mit Lana Turner ein.

Dieser Film, bei dem der Engländer Lewis Allen Regie führte, ein Experte des Gangstergenres, der vom Schauspieler zum Regisseur von Filmen mit bekannten Stars wie Burt Lancaster, Alan Ladd, Edward G. Robinson und Ray Milland übergewechselt war, war sehr wichtig für Sean, da Lana Turner damals, aufgrund ihrer Beziehung zu Johnny Stompanato, nachdem ihre Ehe mit 'Tarzan' Lex Barker in die Brüche gegangen war, die Aufmerksamkeit aller Medien auf sich zog.

Herz ohne Hoffnung war der erste große Hollywood-Film Seans, obwohl er in den MGM-Studios von Borehamwood in London gedreht wurde. Durch ihn konnte er sich seine erste richtige Wohnung in Wavel Mews, im Norden von London, kaufen. Der Film von Stanley Mann, dessen Drehbuch auf einem Roman von Lenore Coffee basiert, zeichnet sich vor allem durch seine hervorragenden Schwarz-Weiß-Bilder von

In Hollywood hatte Sean positive Erfahrungen gemacht, er lernte Los Angeles kennen, in der unendlich großen Stadt Auto zu fahren und sich zwischen den Studios zu bewegen.

Jack Hildyard aus, einem der besten Kameramänner jener Zeit.

Die Handlung dreht sich um Sara Scott, eine amerikanische Journalistin, die für die BBC als Kriegskorrespondentin arbeitet. Nach dem Tod ihres Geliebten gerät sie in den Teufelskreis der Depression und beschließt, in die Heimat des Verstorbenen nach Cornwall in England zu reisen. Dort lernt sie die Witwe und die Tocher des Mannes kennen, und zwischen den beiden Frauen entsteht eine aufrichtige Freundschaft, obwohl sie ihr Verhältnis beichtet, das sie erst so glücklich und dann so unglücklich gemacht hatte. Connery verkörpert Mark, den Journalisten-Geliebten, der auf seiner Reise nach Rom getötet wird, wo er Artikel über die Kapitulation der Deutschen schreiben wollte.

Lana-Sara, die von ihrem ergebenen Freund und Arbeitgeber Barry Sullivan, der auch ihren Gesundheitszustand überwacht, nach Großbritannien begleitet wird, lernt zufällig Kay (Glynis Johns) kennen und entdeckt erst später, dass es sich um Marks Frau handelt. Connery taucht nur im ersten Teil, zwischen Kriegsreportagen, im Bett mit Lana auf. Die Kritik hob die gegenseitige Anziehungskraft der beiden Schauspieler hervor, was, wie die damaligen Klatschspalten berichteten und wie Kenneth Anger in seinem Buch *Hollywood Babylon* anführt, der Truppe einige Schwierigkeiten einbrachte, als Stompanato, der berüchtigte Verlobte Lanas nach London kam, und über den man erzählte, dass er mit der Mafia im Bunde stehe und in

Gangstergeschäfte verwickelt sei. In einer filmreifen Szene rief Stompanato Sean bei den Dreharbeiten zu, »sich von Lana fernzuhalten«.

Als sich die beiden Schauspieler viele Jahre später, im September 1981, auf dem amerikanischen Filmfestival von Deauville wieder trafen, wo die bereits an Krebs erkrankte Lana mit einer Retrospektive ihrer Filme geehrt wurde und Sean den Film *Outland-Planet der Verdammten* vorstellte, verbrachten sie schöne Augenblicke miteinander, in denen sie sich an ihre aufrichtige Freundschaft erinnerten, die sie miteinander verband und durch die Sean Lanas Tochter Cheryl näher kennen gelernt hatte.

Bei dieser Gelegenheit sprach Lana lange über den Schauspieler und erinnerte sich an die Bemühungen Seans, sich einen amerikanischen Akzent anzueignen. »Sean hatte ein markantes, sehr ausdrucksstarkes Gesicht und war faszinierend und aufrichtig. Er stand mir und Cheryl sehr nahe, und auch als seine Aufnahmen, die die erste halbe Stunde des Films ausmachten, beendet waren, kam er zu den Dreharbeiten. Er war mit Michael Caine und Ian Bannen befreundet, und wenn sie frei hatten, gingen sie alle drei ständig ins Theater. Wenn einer von ihnen nicht arbeiten musste, kochte er für die beiden anderen. Wenn einer eine Wohnung hatte und die anderen nicht, lieh er sie den Freunden, wenn er wegen Dreharbeiten verreisen musste. Auch meine Freundschaft mit Sean war sehr schön und hat sich nie im Sande verlaufen, denn Sean vergisst nie die Menschen, die er akzeptiert oder mit denen er sich angefreundet hat [...]. Für ihn war es wichtig zu beweisen, dass er den Rollen, die ihm angeboten wurden, immer gewachsen war. Er hatte kein Interesse daran, ein Supermann zu sein: Ich habe immer geglaubt, dass es für ihn anstrengend war, so lange den Agenten 007 zu spielen. Ihm gefielen dramatische und romantische Gestalten. Nicht zufällig erzählte er mir hier in Deauville, bei einem Abendessen mit seiner Frau, eine halbe Stunde lang von dem Film *Am Rande des Abgrunds*, wobei er erklärte, dass er ihn für Fred Zinnemann auch gratis gemacht hätte. Das ist nicht wenig, denn Sean hatte immer einen ausgeprägten Sinn für Geld. Ich erinnere mich, dass er, als wir in London zusammen drehten, alle seine Aus-

Höhnischer Blick, Smoking und Pistole in der Hand: der perfekte Agent im Dienste Ihrer Majestät (HIER in *Sag niemals nie*).

gaben, sowohl die kleinen als auch die großen, auf einem Notizblock festhielt, den er immer in der Tasche hatte«.

Wie dem auch sei, jene halbe Filmstunde in der Rolle als Journalist, bei der die leidenschaftliche Umarmung Lanas Stompanato dazu veranlasst hatte, seinen Revolver in den Studios zu ziehen, verhalf Sean zu einer weiteren Rolle, nachdem die Probeaufnahmen des Schauspielers zu *Die jungen Löwen* (*The Young Lions*) von Edward Dmytryk und zu *Der Knabe auf dem Delphin* (*Boy on a Dolphin*) von Jean Negulesco mit Alan Ladd und Sophia Loren gescheitert waren.

Herz ohne Hoffnung hatte in Amerika mehr Erfolg als in Großbritannien, wo er von der Kritik stark verrissen wurde. Im »Sunday Express« schrieb der Kritiker Derek Monsey zum Beispiel: »Ein furchtbar schlechtes Melodram mit einem unbekannten Schauspieler namens Sean Connery, der im Filmgeschäft sicher nicht alt wird«.

Aber die Produzenten interessierten sich trotzdem für den Partner der blonden Hauptdarstellerin aus *Glut unter der Asche* (*Peyton Place*), was wieder einmal bestätigt, wie wichtig es für ein neues Gesicht und für Hollywood ist, an der Seite eines Stars aufzutreten.

Die Fox beschloss, Connery wieder an eine große Filmgesellschaft auszuleihen, und zum ersten Mal ging der Schauspieler nach Hollywood, um dort mit der Walt Disney in den Valley-Studios von Burbank in dem Film *Das Geheimnis der verwunschenen Höhle* zu spielen, bei dem Robert Stevenson die Regie führte und der auf den bekannten Erzählungen von H.T. Kavanagh basierte. Das war ei-

ne große Chance für Sean, der sein Ansehen für einige anspruchsvolle Fernseharbeiten aufwerten wollte, und der dank der Studios hoffte, Verträge mit kanadischen Sendern zu erhalten. In Hollywood hatte Sean ein paar Freunde und Freundinnen, allen voran Shelley Winters, die auch heute dem Schauspieler noch nahe steht. Sie hatten sich in London im Hause des Journalisten und gemein-

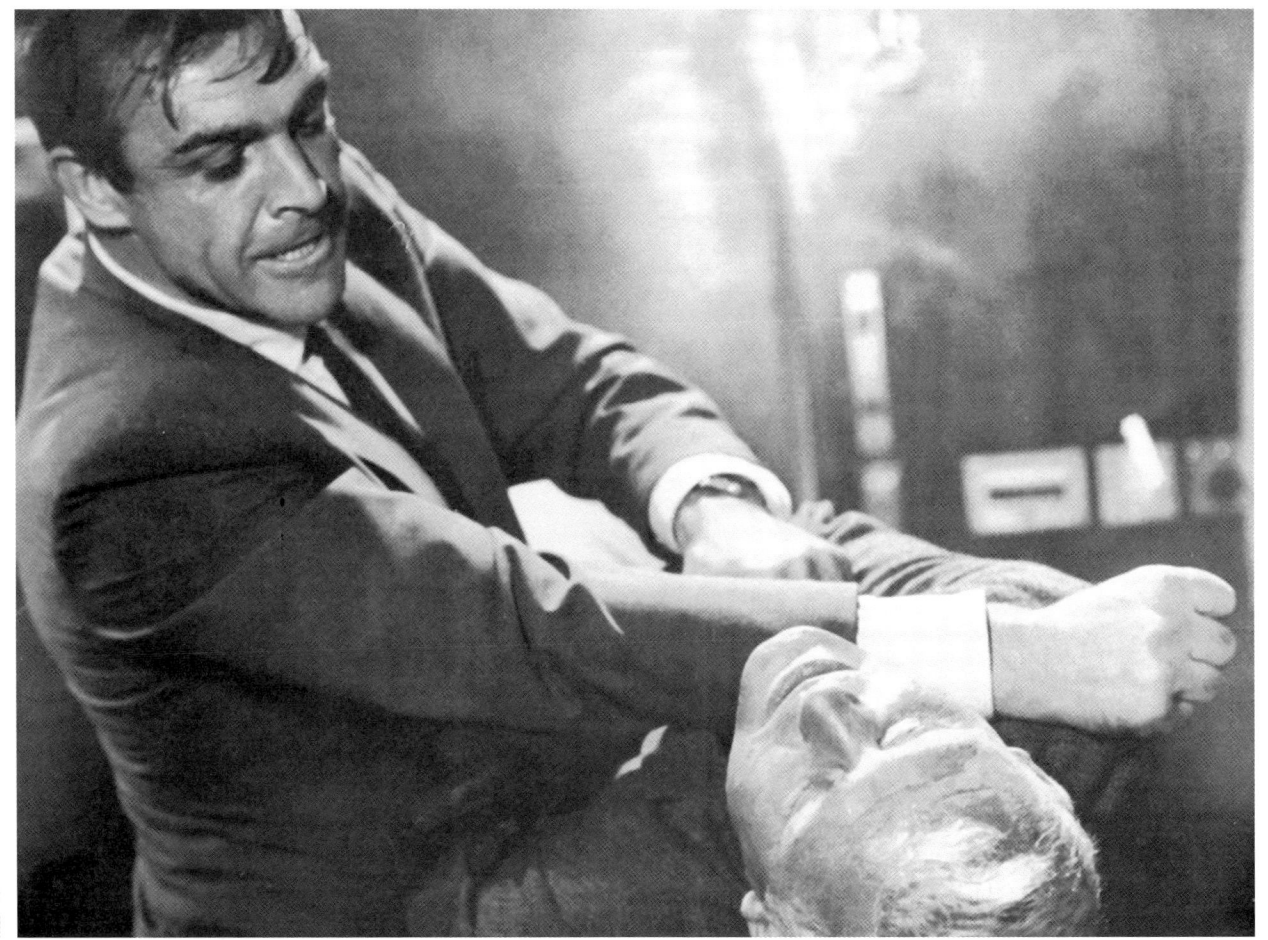

OBEN, noch eine Szene zu zweit (die Partnerin ist wieder Lana Turner) aus dem 'Liebesroman' von Lewis Allen: *Herz ohne Hoffnung*.
NEBEN: Connery kämpft gegen die verbrecherischen Pläne der Terrororganisation SPECTRE in *James Bond 007 – Liebesgrüße aus Moskau*.

samen Freundes Peter Noble kennen gelernt, der, bevor er sich als Film- und Theaterkritiker und –historiker einen Namen gemacht hat, auf englischen Bühnen gespielt und bei ein paar Filmen mitgewirkt hatte. Als Sean sich im Mai 1958 im Roosevelt Hotel einquartierte, stand ihm Shelley Winters sehr nahe. Genau während der Dreharbeiten zu dem Film rückte außerdem Lana Turner wieder ins Rampenlicht, da Stompanato von ihrer Tochter Cheryl umgebracht worden war, und die äußerst strengen amerikanischen Studios befahlen allen Schauspielern, die auf irgendeiner Weise mit Lana oder deren Tochter befreundet waren, sich aus der Sache herauszuhalten und für einige Zeit die Stadt zu verlassen. Gerade in jenen Tagen kam in Amerika der Film *Herz ohne Hoffnung* heraus.

Robert Stevenson, der Engländer war, aber schon seit vielen Jahren in Hollywood arbeitete, half Sean und vertraute ihm Michael O'Herlihy, dem bekannten Dialogschreiber, an. In dem Film verkörpert Sean Michael McBride, den Verlobten Katies (Janet Munro), die Tochter des Hauptdarstellers Darby O'Gill, der von Albert Sharpe gespielt wurde. In diesem Familienfilm singt Connery auch das Lied *Pretty Irish Girl* im Duett mit Janet Munro.

In Hollywood hatte Sean positive Erfahrungen gemacht, er lernte Los Angeles kennen, in der unendlich großen Stadt Auto zu fahren und sich zwischen den Studios zu bewegen.

An diesem Punkt ist es jedoch notwendig, einen kleinen Schritt zurück zu machen, denn Sean, der seine Arbeit im Fernsehen nicht vernachlässigte und seine Erfahrungen am Theater nicht vergaß, hatte in der Zwischenzeit an einem sehr erfolgreichen Fernsehfilm mitgewirkt: *Anna Christie*, bei dem er Diane Cilento kennen lernte, die er später heiratete.

Anna Christie, der mehrmals in Amerika ausgestrahlt wurde, und *Anna Karenina* trugen dazu bei, dass die Produzenten ihm einige Jahre später die Rolle des James Bond anvertrauten.

1957, vor seiner Abreise nach Hollywood, hatte Sean, nach seinem Erfolg mit *Die Faust im Gesicht*, einen Vertrag mit dem englischen Fernsehen für die Fernsehfassung von *Anna Christie* von Eugene O'Neill unterzeichnet.

>>*Im Grunde läuft immer alles auf die Größe des Talents hinaus. Es zu haben oder es nicht zu haben, ist die erste Voraussetzung, denn nur, wenn man Talent besitzt, kann man es verfeinern und bereichern*<<.

Nach dieser Arbeit folgten, zwischen '57 und '61, der bereits erwähnte Film *Anna Karenina* und *Age of the Kings*, eine Serie der BBC, die mehrmals in England ausgestrahlt wurde und in deren ersten Teil Connery den Hotspur in *Heinrich IV* darstellt, eine Gestalt, die der Schauspieler auch schon auf der Bühne gespielt hatte. Es waren drei große Erfolge, die Connery nicht nur ausgezeichnete Kritiken einbrachten, sondern ihn auch beim englischen und amerikanischen Publikum als Schauspieler bekannt machten. In *Anna Christie* verkörperte Sean Matt Burke, den aufrichtigen und einfachen Seemann, der um Annas Hand anhält und sie heiratet, obwohl sie ihm gestanden hat, als Prostituierte gearbeitet zu haben, und sich dann einschifft: Das Drama (von 1921) hatte einen enormen Erfolg auf der Bühne des englischen Oxford Playhouse und hatte zahlreiche Preise gewonnen. Die Figur der Prostituierten auf der Suche nach der Erlösung und das fatalistische Thema des Werkes erregten großes Aufsehen, und der Autor gewann damit den Pulitzer-Preis. Sean spielte an der Seite Diane Cilentos, einer blonden, für das Fernsehen relativ neuen Schauspielerin, die jedoch schon einige Bühnenerfahrung hatte. Diane war damals mit dem italienischen Schriftsteller Andrea Volpe verheiratet, von dem sie eine Tochter, Giovanna, bekam, die noch heute ein sehr inniges Verhältnis zu Sean hat.

Das Zusammentreffen mit der kultivierten Diane, die italienischer Abstammung war (ihr Vater war ein berühmter Arzt, der nach Australien ausgewandert war, ihre Mutter war eine Lady), war äußerst wichtig für Sean, nicht nur weil Diane, die aus gutem Hause war und aufgrund ihres aufsässigen Temperaments ihre Familie in Queensland verließ, um ein etwas zigeunerhaftes und künstlerisches Leben nach ihrem Stil zu führen, aus einer höheren sozialen Schicht kam, sondern auch, weil sich die Schauspielerin dieses noch etwas naiven Mannes annahm. Viele berufliche Entscheidungen Seans wurden in der Folge von dieser interessanten Schauspielerin beeinflusst oder unterstützt. Sean fühlte sich sofort von Diane herausgefordert, auch weil der Schauspieler, wie damals bei dem Star Lana Turner, zeigen wollte, was er konnte. Diane brachte ihm viele Dinge bei und überredete ihn, sich mit ihr

SEAN CONNERY
DIE ANFÄNGE

der Methode Stanislavsky bei, über den Sean immer gesagt hat: »Das Actors' Studio (das diese Methode teilweise und in überarbeiteter Form anwandte, A.d.S.) war für mehrere Generationen sehr wichtig. Ich finde seine Ausbildungsmethode etwas dogmatisch. Wenn ein Schauspieler intelligent ist, kann es ein ausgezeichnetes Instrument des Stils und der Vertiefung sein, ansonsten wird es eine schwierige Methode. Aber im Grunde läuft immer alles auf die Größe des Talents hinaus. Es zu haben oder es nicht zu haben, ist die erste Voraussetzung, denn nur, wenn man Talent besitzt, kann man es verfeinern und bereichern«.

Diane füllte sein Haus mit Büchern und Freunden, und als Sean den Film mit der Disney und die zeitweilige Übersiedlung nach Hollywood akzeptierte, drängte sie ihn gemeinsam mit dem Regisseur Robert Henderson zu dieser neuen Erfahrung.

Das war bestimmt kein falscher Schritt: Im Juni 1959 feierte die Erstaufführung in Dublin von *Das Geheimnis der verwunschenen Höhle*, dessen Thema sich um keltische Sagen und Kobolde dreht, Triumphe.

Die großen Studios begannen, sich um Sean zu streiten, der als Wächter der Burg, in den sich die Tochter des Besitzers verliebt, perfekt ist. Auch heute noch wird dieser Film immer wieder im amerikanischen Fernsehen ausgestrahlt, und auch Sean muss an ihm hängen, denn er hat ihn später oft zitiert und ähnlich sagenumwobene und mythische Gestalten gewählt. Irgendjemand schrieb auch nach *Das Geheimnis der verwunschenen Höhle*: »Sean Connery enthüllt einen sehr starken sexuellen Magnetismus, der nicht ganz für eine Erzählung für die ganze Familie geeignet ist«.

Bei seiner Rückkehr nach London trifft Sean auf Diane, die sich inzwischen von Volpe getrennt hat, auf seine Freunde Ian Bannen und Michael Caine und auf sein Haus voller Bücher, Drehbücher, Bodybuilding-Geräte und Jazzplatten. Vor allem entdeckt er seine Theaterkarriere wieder.

Der Vertrag mit der 20th Century Fox begann, ihn einzuengen, die Drehbücher, die ihm angeboten wurden, gefielen ihm nicht, und Connery spielte mit dem Gedanken, sich in erster Linie dem Theater zu widmen, und nur noch ab und zu Filme aus finanziellen Gründen zu drehen.

Eine Großaufnahme aus *Sag niemals nie*. **Der Film wurde gedreht, als die »Stafette« schon lange in den Händen von Roger Moore war (der zur gleichen Zeit** *Octopussy* **spielte).**

an der Yat Malmgeren's Movement School einzuschreiben, an der der ehemalige schwedische Tänzer Malmgeren, der Mitglied der Kurt Jooss Ballett Company gewesen ist, Köperbeherrschung lehrte.

Sean hat in den darauffolgenden Jahren immer zugegeben, dass die Mimiklektionen und die Harmonieübungen für seine James-Bond-Filme unentbehrlich waren. Und als er *Am Rande des Abgrunds* drehte, erzählte er in der Ballszene der ganzen Truppe, dass der Tanz ihn schon immer fasziniert hatte und dass Malmgeren ihn in die Technik des ungarischen Tänzers Rudolf von Laban eingeführt hatte, der eine enge Verbindung zwischen dem Konzept der Zeit, des Rhythmus', der Schritte und der Gefühle suchte.

Diane brachte ihrem Mann die Bedeutung

Aus dieser Zeit der intensiven Theaterarbeit, in der er unter anderem in Pirandellos *Die Nackten kleiden* in Oxford spielte, existieren nur zwei Filme: *Tarzans größtes Abenteuer* (*Tarzan's Greatest Adventure*) von John Guillermin und *Die Peitsche* (*The Frightened City*) von John Lemont.

Zwei kommerzielle Produkte, aber Sean eroberte inzwischen die Kritiker mit seiner Interpretation in der BBC von *The Crucible* von Arthur Miller mit Susanna York; in Oxford überzeugte er alle in der Rolle als Pentheus in den *Bacchanten* von Euripides, und die Wiederaufnahme von *Anna Christie* im Playhouse von Oxford war ein wahrer Triumph für ihn und für Diane Cilento, die sich, unter der Fürsorge von Sean, von einer Lungenentzündung erholt hatte, die sich beinahe zu eine Tuberkulose entwickelt hatte.

Es begannen die Sechziger Jahre. England hatte sich nach zehn Jahren von den Rationierungen erholt, die bis in die Fünfziger Jahre andauerten, und Sean konnte Geld nach Hause schicken, wo sein Bruder Neil scheinbar dieselbe Schauspielkarriere wie Sean einschlagen wollte (er hat aber nur einen Film gedreht und ist dann nach Edinburgh zurückgekehrt, wo er noch heute lebt). Die Welt schien auf Jahre des Wohlstandes, der Hoffnung und des Wiederauflebens zuzugehen. James Bond und der internationale Erfolg, der die Rollen zwischen Sean und Diane vertauschen würde, und die Karriere des Schauspielers begannen näher zu rücken.

Sean begann die Sechziger Jahre, in dem er, wie bereits erwähnt, in dem Film *Tarzans größtes Abenteuer* mitspielte. Die Hauptfigur Tarzan, die von Edgar Rice Burroughs erfunden worden war, wurde von Gordon Scott dargestellt, während Sean den O'Bannion verkörperte. Wie in den ersten Jahren seiner Karriere handelte es sich wieder einmal für Sean um eine Rolle als Schurke, der mit anderen Killern versucht, Tarzan umzubringen, der den Sabotageakt, eine Diamantenmine in die Luft zu sprengen, vereiteln will. Der Anführer der Bösewichte ist Anthony Quayle und Jane tritt nicht auf, aber eine gewisse Angie, die einem Flugzeugunglück entronnen ist und die von Sara Shane dargestellt wird, eine der ersten muskulösen und sportlichen Frauen auf der Leinwand, die

James Bond 007 – Goldfinger: Gruppenfoto mit Bösewicht (gespielt von Gert Fröbe, erster von links). Großer Erfolg auch für den Titelsong gesungen von Shirley Bassey.

Tarzan hilft, nachdem sie selbst gerettet worden war.

Der in England geborene Guillermin, der in Hollywood viel beschäftigt war, war Kriegspilot der Royal Air Force gewesen und bekannt als Handwerker auf den unterschiedlichsten Gebieten, der seinen Beruf stets mit sicherer Hand und einem Gespür fürs Spektakuläre ausübte. Der Film wurde ausschließlich in Spanien gedreht und hatte einen ganz guten kommerziellen Erfolg. Scilla Gabel, die die Toni, die Frau des Superbösen, darstellt, erinnert sich, dass die sehr anstrengende Arbeit von allen große körperliche Kräfte abverlangte und dass Sean Connery schweigsam war und immer abwesend wirkte, obwohl er superprofessionell war. Und sicher trug auch die Rolle dieses etwas trotteligen Banditen nicht dazu bei, die Begeisterung Seans für den Film anzuheben, weshalb er sich immer mehr dem Theater widmete, auch weil die 20th Century Fox ihm weiterhin wenig Aufmerksamkeit schenkte und sich darauf beschränkte, ihm ein Angestelltengehalt auszuzahlen.

Die Pflichten, die er am Theater und im Fernsehen übernommen hatte, hielten ihn eineinhalb Jahre vom Kino fern, und erst 1960 kehrte Connery auf den Set zu *Die*

31

Peitsche zurück, bei dem John Lemont Regie führte, ein englischer Regisseur, der einst Schauspieler gewesen war und schon einige gute Polizeifilme gedreht hatte und auch im Fernsehen mit Serien und Dokumentarfilmen eine solide Karriere gemacht hatte. Connery spielt in diesem Film wieder einmal einen Bösewicht, diesmal einen irischen, der die Besitzer von Restaurants, Cafés und Night-Clubs in London erpresst. In mancher Hinsicht ist *Die Peitsche* mit Herbert Lom in der Rolle des 'bösen' Waldo und John Gregson als Inspektor Sayers ein Vorläufer der Bond-Filme. Paddy Damion, die lakonische Gestalt, die von Sean verkörpert wird, ist sehr interessant, da sich hinter seinem Eifer als Eintreiber erpresster und illegaler Gelder tiefgründige Prinzipien verstecken. Es endet damit, dass er sich rehabilitiert, indem er den Boss Harry Foulcher (Alfred Marks) aus Notwehr tötet. Er wird verhaftet, und die letzte Aufnahme dieses Mannes, der in seiner eigenen Tragödie gefangen ist, der kaum mehr fähig ist zu sprechen, und dessen Bewegungen unartikuliert sind, werden Connery nach seiner Rolle in *Tarzans größtes Abenteuer* gerecht. Der Film, der in einem nebligen und vorstädtischen London angesiedelt ist, fand beim Publikum breite Zustimmung, und die von Sean verkörperte Gestalt, die in vieler Hinsicht Opfer und Gegenspieler Herbert Loms, des wahren Bösewichts der Geschichte, ist, überzeugte die Kritik.

Bis 1961, als Connery *On the Fiddle*, bekannter unter dem amerikanischen Titel *Operation Snafu*, akzeptierte, arbeitete Sean viel für das Fernsehen und hatte auch einen kurzen Auftritt am Theater im Londoner West End in dem Stück *Judith* von Jean Giraudoux (die Übersetzung aus dem Französischen war von Christopher Fray), in der Rolle des Holofernes, des assyrischen Generals von Nebukadnezar. Der Kritiker des »Manchester Guardian«, Philip Hope-Wallace, schrieb: »Holofernes wird von Sean Connery in einem goldfarbenen Lendenschurz gespielt und ähnelt einem Ringkämpfer, der dem Metropolitan Museum ausgeliehen wurde, als Statue von plastischer Schönheit. Wirklich ein Fest für die Einbildungskraft, aber mit unsicherem Ausgang«. Die Aufführung wurde ein spektakulärer Flop.

Die Kritiken sind sich in einem Punkt einig: »Ironie, Verletzbarkeit, Entschlossenheit und Würde sind die Elemente, die seine Karriere charakterisiert haben und die gemeinsam oder einzeln in allen seinen Filmen wiederkehren«.

Eine große Gelegenheit, durch die er beim ganzen Fernsehpublikum bekannt wurde und die seine Lust an der Schauspielerei wieder erweckte, war der bereits zuvor erwähnte Film *Anna Karenina*, der für die BBC unter der Regie von Rudolph Cartier gedreht wurde (mit dem Connery als Alexander der Große bereits in *Adventure Story* gearbeitet hatte) und bei dem Claire Bloom, Jack Watling, June Thorburn und Sean als der adlige Vronsky mitspielten.

Das war eine Aufgabe, die Connery wollte und die er verfolgt hatte, weshalb er viele andere Angebote ausschlug. Die Dreharbeiten begannen im Juni 1961 im Television Center und im November wurde der Film zum ersten Mal ausgestrahlt. Sean wusste damals noch nicht, dass Terence Young, der auf der Suche nach einem geeigneten James-Bond-Darsteller war, bereits ein Auge auf ihn geworfen hatte. Young hatte es nicht versäumt, Sean auf der Bühne Ihrer Majestät als biblische Gestalt im aufreizenden Höschen anzusehen, die außer ein paar wenigen Sätzen stumm blieb, aber einen perfekten Körper hatte, der aber nicht ausreichte, der Produktion des Stückes zu helfen, denn die Aufführungen wurden nach kurzer Zeit abgesetzt.

Noch zwei Filme und zwei Charaktere – keine Haupt- sondern Nebenrollen – sollten Sean von der Figur des 007 trennen: der bereits erwähnte *On the Fiddle* und *Der längste Tag* (The Longest Day). Der erste Film ist von Cyril Frankel, einem angelsächsischen Regisseur, der aus der Schule der Dokumentarfilmer kam und der vor allem im Genre des Polizeifilms einige gute und professionelle Produkte geliefert hatte (wie zum Beispiel *Vollmacht zum Mord* (Criminal International Agency) mit Dirk Bogarde, dem Geheimagenten und 'armen Verwandten' der Kolossalfilme mit Connery, und *Nemesis*, der trotz der beschränkten Mittel einige Neuigkeiten aufwies).

Connery spielt in dem Thriller von Cyril Frankel Pascoe eine Art Zigeuner, der von einer anderen Person, die von Alfred Lynch dargestellt wird, angeworben wurde, und der versucht, während des Krieges die Royal Air Force zu erreichen, um einen spekulativen Plan in die Tat umzusetzen. Mittels eines richtiggehenden Betruges, fast eines krummen Geschäftes unter Kollegen, müs-

Mit *Ein Haufen toller Hunde* versuchte sich Connery an neuen Ausdrucksformen, die ihn von der aufdringlichen Figur James Bonds befreiten (den er allerdings gleich danach in *James Bond 007 – Feuerball* nochmal spielte).

ste der Plan den beiden Verschwörern Geld einbringen. Nach einer Reihe von teilweise auch lustigen Begebenheiten (in dem Film spielen viele englische Komiker wie Alan King, Cecil Parker, Bill Owen und Alfred Lynch mit) gelangen die beiden Spießgesellen schließlich zu Heldenruhm.

Im zweiten Film, von Ken Annakin, dem Regisseur, der aus dem grauen England der Großen Depression dank beim Pferderennen gewonnener 150 Pfund geflüchtet war und sich in Neuseeland und Australien niedergelassen hatte, bevor er sich zur Royal Air Force gemeldet hatte und in der Filmmannschaft der Luftfahrt gelandet war, verkörpert Sean Connery den Veteranen Flanagan, einen irischen Soldaten. Die Rolle wurde Connery von der 20th Century Fox angeboten, die auf irgendeine Weise diesen gering geschätzten 'Gehaltsempfänger' einsetzen musste.

Produzent des Films ist Darryl F. Zanuck, der, wie einige Zeitschriften Hollywoods da-

mals behaupteten, bei ein paar Szenen Regie führte. Der Cast des Films ist der Joker dieses Kriegsepos', das 1961 eigenartigerweise in Schwarz-Weiß gedreht worden war, obwohl man schon lange mit Technicolor arbeitete. Alle Aufnahmen wurden jedoch an den Originalschauplätzen des Einmarsches der Alliierten Truppen in der Normandie am 6. Juni 1944 gedreht.

Der *D-Day* ist immer noch ein wichtiges Kapitel für eine ganze amerikanische Generation von Vätern und inzwischen Großvätern, und in der Tat gehört dieser Film, auch aufgrund der Namen seiner Darsteller, zu einem der am häufigsten in den Fernsehsendern und Privatkanälen Amerikas und Kanadas ausgestrahlten Filme. Die Dreharbeiten dauerten neun Monate, und Sean war einen Monat lang dabei beschäftigt. *Der längste Tag* spielt eine wichtige Rolle im künstlerischen Schaffen Seans, denn der Schauspieler sollte in Zukunft eine Vorliebe für Kriegsfilme zeigen, wobei er die Charakterisierung der

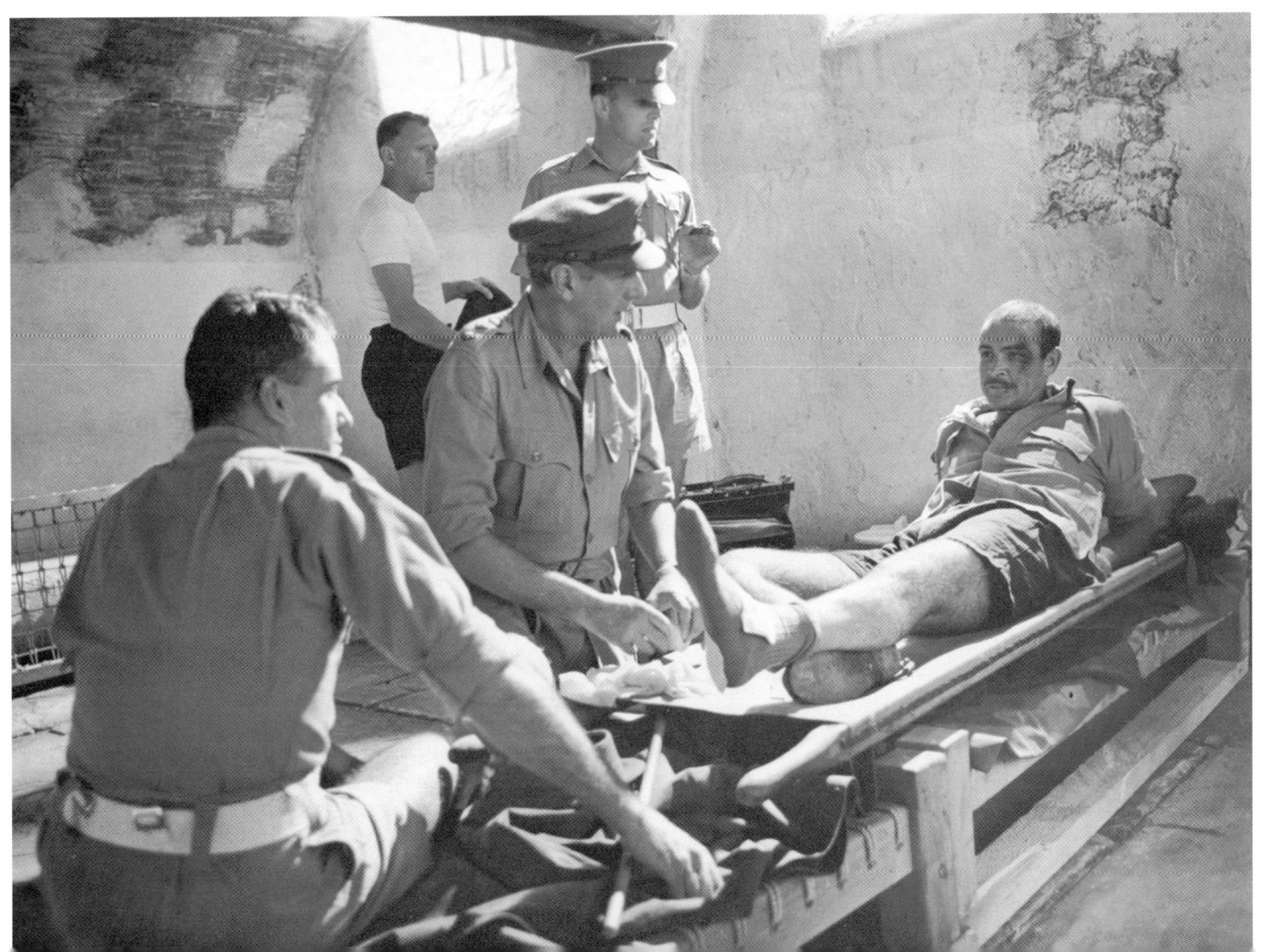

Gestalt aus diesem Film fortführte, die der Produktionsgesellschaft durch das Buch des Historikers Cornelius Ryan suggeriert worden war. Ryan hatte an der sogenannten Operation Overlord teilgenommen, die von General Ike Eisenhower koordiniert worden war. Connery strengte sich sehr für diese Rolle an, und noch heute erinnert er sich sehr gerne an diesen Film und an die Besichtigung des Felsens Pointe du Hock in der Normandie während der Dreharbeiten, bei denen ständig eine Horde von Beratern aller Nationen und sogar die Witwe des deutschen Feldmarschalls Rommel dabei waren. Sean erzählte, dass seine Rolle, die dann wie die der anderen reduziert wurde, viel länger war, als man auf der Leinwand sieht. Es wäre wirklich interessant, wenn man für eine Fernsehserie die ganzen sechsundsechzig Stunden gedrehtes Material wiederfinden würde, das dann auf 180 Minuten und in ein paar Ländern auf 160 Minuten gekürzt wurde. Später wurde der Film noch einmal zusammengeschnitten und auf 108 Minuten reduziert.

Mittels der Darstellung der verschiedenen Charaktere versucht die Erzählung, Geschichte zu dokumentieren. Hauptdarsteller dieses chorähnlichen Drehbuches sind John Wayne, der Oberstleutnant der 82. Fallschirmdivision, der seine Männer zur Eroberung von Ste Mère Eglise führt, dem ersten Ort, der von den Alliierten besetzt wurde, und in dem Jean-Louis Barrault als Pfarrer auftaucht, und Robert Mitchum in der Rolle des Generals, der als einer der ersten auf dem Strand von Omaha war.

Mit dabei war auch Curd Jürgens in der Rolle des Majors, der mit Hitler telefonisch in Verbindung steht: Jürgens war der Schauspieler, auf den die Fox und andere Filmgesellschaften viel mehr setzten als auf Sean, trotz ihres Altersunterschiedes, und außerdem war er ihm als Partner von Ingrid Bergman in *Die Herberge zur sechsten Glückseligkeit* von Mark Robson vorgezogen worden. *Der längste Tag* gefiel, aber er konnte die Rezensenten nicht erobern, und in der »New York Times« schrieb der damals am meisten geachtete und gelesene Kritiker Bosley Crowther: »Ein respektabler Film, aber ohne wirklich herausragende Rollen, die heldenhafter und bedeutender sind, als uns allen bekannt ist«.

»Cary Grant wäre ein perfekter Bond, … gewesen. …Er wurde in einem höllischen Rhythmus in einem Film nach dem anderen beschäftigt, und jedes Mal war Cary genial«.

Bevor er zum Agenten 007 wurde, hat Connery, wie wir gesehen haben, für die BBC in *Anna Karenina* gespielt, in dem Claire Bloom die Hauptrolle hatte, die gerade einen Erfolg mit *Blick zurück im Zorn* (*Look Back in Anger*) von Tony Richardson nach dem gleichnamigen Drama von John Osborne gehabt hatte. Der mehrteilige Fernsehfilm nach dem Theaterstück von Marcelle-Maurette, das sich an Tolstoj anlehnt und von Donald Bull bearbeitet worden war, wurde ab dem 23. Juni 1961 ausgestrahlt. Zum Cast gehörten auch Jack Watling und June Thorburn. Die Zuschauerzahlen waren sehr hoch und Connery erhielt einheitlich positive Kritiken, die ihm im abwechslungsreichen und unbefriedigenden ersten Teil seiner Karriere stets verwehrt worden waren, obwohl dieser reich an Charakteren war, auf die er später oft zurückgriff. Als Graf Vronsky, dem brillanten aber oberflächlichen Leutnant, der die Heldin Tolstojs in einen Teufelskreis der Leidenschaft einschließt und der dann aus den Salons von St. Petersburg verschwindet, um sich selbst zu finden, was eigentlich nicht zu ihm passt, und was ihn dazu veranlasst, auf seine Karriere zu verzichten und zu erkennen, in welchen Abgrund ihn das Zusammentreffen mit Anna hat stürzen lassen, ist Sean, den Rezensionen zufolge, ausgezeichnet. Der Kritiker der »Times« schrieb: »Die Ergebnisse sind unterschiedlich, aber das größte Lob gebührt Mr. Sean Connery, einem ungestümen und leidenschaftlichen Vronsky«. Die Gestalt Vronskys war, obwohl sie nur eine Fernsehrolle war, sehr wichtig für Sean, da er sie sehr viel später, in *Am Rande des Abgrunds* von Fred Zinnemann, in einer anderen, von ihm sehr geschätzten Rolle, wieder aufleben ließ: Nämlich in der des Mannes, der sich schuldig macht, aber auf irgendeine Weise seine moralische Askese sucht, wobei er sich allmählich seines innersten Unbehagens bewusst wird. Die dramatischen Gestalten, die Sean am besten gelungen sind, besitzen immer eine versteckte Würde, ein innerstes Bewusstsein, das Schuldgefühle verspürt.

Mitte November, als *Anna Karenina* noch ausgestrahlt wurde, anschließend gleich im englischen Fernsehen wiederholt und sofort von den amerikanischen Sendern gekauft wurde, hatte man beschlossen, dass Sean auf der Leinwand James Bond werden sollte.

DER MANN, DER NICHT UNSTERBLICH SEIN WOLLTE

Der Agent 007 war ein Mann ohne Herbst, er bleibt ein Mythos. Und richtig ist die Äußerung, die gemacht wurde, als Sean im März 1988 der Oskar für die beste Nebenrolle in *Die Unbestechlichen* (1987) überreicht wurde: »Für einige sollte der Schauspieler nur James Bond sein und bleiben. Ihm ist es gelungen, für alle Sean Connery zu sein«.

Lange waren auch für den Mann die Jahre, in denen er dazu berufen wurde, für ein imaginäres Weltkollektiv den Geheimagenten und Superspion zu personifizieren, der sich mit den magischen Worten vorstellte: »Mein Name ist Bond, James Bond«.

Sean hat nicht vergessen, dass, als der dritte Film, *Goldfinger* (1964), herauskam, der Kritiker des »New York Times Sunday Magazine« sarkastisch schrieb: »Voll *nouvelle vague*: Was für eine Veränderung!«. Denen, die ihm vorgeworfen haben, dass er oft erklärt habe, dass er Bond hasse, und dann 1983 die Figur in *Sag niemals nie* (*Never Say Never Again*) wieder aufgegriffen habe, antwortet der Schauspieler: »James Bond verdanke ich meine Popularität als Schauspieler und meine finanzielle Unabhängigkeit. Ich habe nie aus den Augen verloren, welche seiner Charakterzüge mich berühmt gemacht haben, und mir so die Gelegenheit boten, andere Rollen zu finden. Bei James Bond oder besser, bei den Filmen, in denen ich ihn verkörpert habe, tat es mir um die Zeit leid, die sie mir raubten. Wenn alles sich wie in einem Film von Sidney Lumet abgespielt hätte, und ich denke da an *Ein Haufen toller Hunde* (*The Hill*), der in sechs Wochen gedreht wurde, hätte ich nicht das Gefühl gehabt, so viel Zeit vertan zu haben. Aber obwohl die James-Bond-Filme unglaublich

Sean Connery bei der Oscar-Verleihung im März 1988, als er den Oscar für den besten Nebendarsteller in *Die Unbestechlichen* erhielt. Das Publikum applaudierte mit einer 'standing ovation', die der Anerkennung die Bedeutung eines Oscars für das Lebenswerk gab.

durchorganisiert waren mit einem unwahrscheinlichen Aufwand an Mitteln und Materialien, musste man immer gegen irgendwelche unvorhergesehenen Probleme ankämpfen. Nehmen wir zum Beispiel den Fall von Roger Moore, der die Rolle nach mir übernommen hatte. Roger ist ein entspannter Mensch, von Natur aus ruhig. Er war glücklich, einen Film pro Jahr zu drehen, und die anderen den Rest machen zu lassen.

Ich dagegen wollte ganz andere Dinge. Vergessen wir nicht, dass ich bereits dreißig war, als ich begann, den 007 zu spielen. Und ich wollte auf keinen Fall Zeit verlieren«.

Sean erklärte außerdem der Zeitschrift

SEAN CONNERY
DER MANN,
DER NICHT
UNSTERBLICH
SEIN
WOLLTE

»L'Express«: »Der augenblickliche Erfolg der Gestalt ist erklärbar. Damals sah man realistische Dramen der Armut, Melodramen über Familien ohne Geld, die in einer heruntergekommenen Küche, in einem düsteren Milieu gedreht wurden. Und auf einmal wurden die Leute, das Publikum, mit einem eleganten, reichen und unbefangenen Typen vertraut, der sich mit fantastischen Mädchen und Rennautos umgab«.

»Es ist wahr«, behauptet Connery, »dass ich überhaupt nichts mit Bond gemein hatte. Er war ein eleganter und raffinierter Snob. Ich war einfach nur Schotte. Eigentlich wäre Cary Grant ein perfekter Bond, ein außerordentlicher 007 gewesen. Er war der Held des Seils, ein Akrobat: Er wurde in einem höllischen Rhythmus in einem Film nach dem anderen beschäftigt, und jedes Mal war Cary genial. Bevor ich *Sag niemals nie* drehte, habe ich mir die anderen Filme wieder angesehen, vor allem *Feuerball* (*Thunderball*) und *Diamantenfieber* und ich habe festgestellt, dass sie eigenartiger Weise kaum gealtert und nicht ausgebleicht waren. Was jedoch meine Erfahrung als Schauspieler angeht, so kann ich sagen, dass ich alles beim zweiten Film, *Liebesgrüße aus Moskau*, der auch mein Lieblingsfilm ist, gelernt habe«.

Es stimmt auch, dass Sean, nachdem er fünf Bond-Filme gedreht hatte, die ersten Anzeichen zeigte, dass er genug von der Rolle hatte, und schon bald machte er seine Absichten deutlich, sie loszuwerden. Es gelang ihm jedoch nicht, und er akzeptierte den Film *Diamantenfieber* (*Diamonds Are Forever*, 1971), allerdings nur gegen ein sehr hohes Honorar, das er dem Internationalen Fond für das Bildungswesen in Schottland überwies, der folgende Ziele hat: »die Förderung der Ausbildung zu Gunsten der Bevölkerung und die Unterstützung von Einrichtungen zur Erholung, Bildung und zu anderen Aktivitäten«. Connery hat schon immer sein Engagement für schottische Kinder der Randgesellschaft, der Unterschicht und für Waisen zum Ausdruck gebracht und in die Tat umgesetzt, damit ihnen Mittel und eine schulische Ausbildung gewährt werden können, auf die er zum größten Teil verzichten musste.

Nach 007 und den Filmen, die Sean anschließend gewählt hat, reicht heute allein

Der berühmte Set am Strand umrahmt eine der bezauberndsten Szenen (vor allem wegen der Schönheit der damals noch sehr jungen Andress) aus *James Bond jagt Dr. No*. HIER gönnen sich die zwei Hauptdarsteller eine Ruhepause.

Derselbe Film: Bond trifft Quarrel (John Kitzmiller), einen falschen CIA-Agenten, der sich als ein ausgezeichneter Verbündeter entpuppt.

seine Präsenz auf der Leinwand aus, auch wenn es sich nur um kleine Rollen wie in *Time Bandits* (1980) oder um kurze Auftritte mit wenig Text wie in *Robin Hood – König der Diebe* (*Robin Hood Prince of Thieves*, 1990) handelt, um jedem Drehbuch einen klaren Charakter zu verleihen. Die Kritiken, auch die unerbittlichsten, sind sich in einem Punkt einig: »Ironie, Verletzbarkeit, Entschlossenheit und Würde sind die Elemente, die seine Karriere charakterisiert haben und die gemeinsam oder einzeln in allen seinen Filmen wiederkehren«. Sicherlich war das noch nicht so, als er für die Rolle des Agenten Seiner Britischen Majestät ausgewählt wurde, und man sollte dazu einige Betrachtungen anstellen.

Es ist zum Beispiel eigenartig, dass Connery nie von einem Regisseur des Free Cinema engagiert worden war (außer, aber einige Jahre später, von dem Amerikaner Richard Lester, der sich freiwillig ins Exil nach London begeben hatte), das heißt einer englischen Kinobewegung, die am Anfang der

»Auf einmal wurden die Leute, das Publikum, mit einem eleganten, reichen und unbefangenen Typen vertraut, der sich mit fantastichen Mädchen und Rennautos umgab«.

Sechziger Jahre 'das andere Gesicht' eines Englands aufzeigte, das es sich scheinbar im Schatten des Slogans von Harold McMillan: »Euch ist es noch nie so gut gegangen – You've never been so good« bequem gemacht hatte.

Man schrieb das Jahr 1959, als an der Spitze der Regierung, nach dem missglückten Unternehmen von Suez (1956), der Politiker, der die progressiven Torys unterstützte, Leader und Premierminister nach den gewonnenen Wahlen von 1959, sich mit der europäischen Wirtschaftskrise und der Beziehung zwischen Großbritannien und dem Gemeinsamen Markt auseinandersetzen musste. Die ganze Wahlkampagne McMillans basierte auf dem verbesserten Lebensstandard der Engländer in der zweiten Hälfte der Fünfziger Jahre, als in den Wohnungen Zentralheizungen installiert wurden, Telefone und Fernsehgeräte auftauchten und moderne Kühlschränke die uralten Eisschränke ersetzten.

Das Free Cinema erzählte von der Kehrseite der Medaille in düsteren Slums, die von unzufriedenen Arbeitern aus der *middle lower class* bewohnt wurden und die in ihrer Einsamkeit gefangen waren, während die Jugendlichen sich gegen die Macht auflehnten und ihrer Wut mit Ironie Luft machten, mit den friedfertigen Waffen der Grimassen und vor allem mit Fantasie. Es war die *New Left*, die eine originelle Suche nach dem Sozialismus einleitete. Als 1956 diese Filmströmung offiziell aus der Taufe gehoben wurde, die mehr als ein Jahrzehnt frischen Wind in das englische Kino und die englische Szene bringen sollte, hatte Sean Connery wirklich die passende Gestalt und das geeignete Gesicht, aber keiner der bekannten Regisseure der 'neuen Welle', von Lindsay Anderson bis Karel Reisz, von Tony Richardson bis John Schlesinger und Lorenza Mazzetti schenkte diesem Theaterschauspieler und Hauptdarsteller in Action- und Abenteuerfilmen Aufmerksamkeit.

Connery hatte in seiner Jugend erlebt, wie sich die »großen und progressiven Geschicke« des *Welfare State*, das heißt des Wohlfahrtsstaates der Labour Partei, in Luft auflösten, und in London hatte er, bei seinen tausend persönlichen Schwierigkeiten, der Ausdehnung der Konsumgesellschaft beiwohnen können, die sich aus dem scheinbaren Wohlstand entwickelte, aber auch, wie man hinter dieser Fassade über einen konservativen Revanchismus zur Klassendiskriminierung zurückkehrte. Schauspieler zu sein und berühmt zu werden ohne seine Leidenschaft für den Beruf in Frage stellen zu wollen, hatten ihn im Grunde auch erlaubt, eine Position und eine Identität jenseits der Klassenunterschiede zu finden. Und trotzdem nahm diese Kinobewegung, die das England des McMillan'schen Wohlstands ohrfeigte, keine Notiz von ihm. Vielleicht deshalb, weil Connery bereits ein amerikanisiertes Image hatte, während jene Filmströmung sich bemühte, auch wenn sie dabei Einschränkungen unterworfen war, den amerikanischen Produkten Konkurrenz zu machen. Der Dollar schlug das Pfund und die neo-realistische Wahl schloss Sean von all diesen Filmen aus. Welche Ironie jedoch, dass gerade Connery etwas später in den Sechziger Jahren mit der *Grandeur* des James Bond, der durch die Spezialeffekte seiner Filme amerikanisiert wurde, dazu

SEAN CONNERY
DER MANN, DER NICHT UNSTERBLICH SEIN WOLLTE

In kurzer Zeit wurde Sean, nach Richard Burton, Peter O'Toole und Albert Finney die Nummer Vier der englischen Schauspieler.

beitrug, den englischen Film und die ihm eigene Sensibilität zu untergraben. Sicher hat auch der Erfolg der Figur Bonds, der zwar Engländer war, aber mit amerikanischem Geld produziert wurde, in den Reihen der angelsächsischen Autoren zum beständigen Anstieg des Dollars und des amerikanischen Kapitals beigetragen. Es war kein Zufall, dass die enorme Popularität Bonds mit dem Ende des Free Cinemas und dessen sozialistischem Humanismus zusammenfiel.

Ganze Generationen und eine Produktion, die später eine Kolonie Hollywoods und der tausend Leben der überseeischen Industrie werden sollte, entdeckten aufs Neue die Zerstreuung durch das kommerzielle Kino, das sich auf gewisse versteckte und kollektive Überzeugungen stützte, die anschließend vom Fernsehen übernommen wurden.

Die Bond-Filme gehören bereits zur 'packenden' Fernsehära und zu einer Welt, die auf dem Weg der technischen Entwicklung war und gerade im Agenten 007 einen Vorkämpfer und Beschützer fand. Und doch ist es Connery mit seinem Bond und seinem Image als Mann und Schauspieler perfekt gelungen, die englische Arbeiterklasse mit der Aristokratie, den Künstlern und Intellektuellen in Einklang zu bringen.

James Bond 007-Liebesgrüße aus Moskau ist dran. In diesem Film bevorzugt Bond-Connery entschieden die Ironie und würzt die Beziehung zu seinem türkischen Freund Kerim Bey (Pedro Almendariz).

Und so wie das Free Cinema Connery nie beachtet hatte, so hatte auch die sogenannte British Film Renaissance, zu der Autoren wie Peter Greenaway, David Hare, Terence Davies, Bill Forsyth, Pat O'Connor, Stephen Frears, Mike Newell, Mike Leigh und Michael Radford gehören, Connery nie engagiert. Und doch gibt es gerade in Schottland, der geliebten Heimat Connerys, eine neue patriotische Filmrichtung mit präzisen nationalistischen Forderungen, die mit den Ideen Connerys übereinstimmen.

Als nicht nachtragendes Waisenkind eines Kinos, das ihn nicht wollte, unterzeichnete Connery den Vertrag für die dreiste Figur des Geheimagenten 007, der 1954 von Ian Fleming geschaffen wurde, wobei ihn auch Diane Cilento unterstützte, die nach der Trennung von Andrea Volpe seine Frau geworden war.

Aber nur er ganz allein traf 1971 die Entscheidung, nach *Diamantenfieber*, die Rolle aufzugeben, und es war Micheline, seine zweite Frau, die ihn davon überzeugte, sie mit *Sag niemals nie* im Jahre 1983 wieder aufzunehmen. Sean hat immer wieder be-

SEAN CONNERY
DER MANN, DER NICHT UNSTERBLICH SEIN WOLLTE

hauptet, ohne sich je zu widerrufen: »Ich habe den Bond aufgegeben, als ich merkte, dass die Spezialeffekte sehr viel wichtiger wurden als die menschliche Komponente meiner Rolle. Einige Tricks begannen, albern zu wirken, und mir wurde klar, dass das Kino in diese Richtung ging und an Kreativität einbüßte. Das war eine Wahl, die später zu Filmen wie *Rambo* führen sollte. Das, was mich nicht mehr überzeugte, war vor allem, dass die Filme immer mehr einem Comic-Strip zu ähneln begannen, der sich auf Abwegen die Infantilität des Publikums zu Nutzen machte, wobei jedoch das Kino seiner Menschlichkeit beraubt wurde. Ich bin mit *Sag niemals nie* zur Figur des 007 zurückgekehrt, weil ich mich irgendwie an sie gewöhnt hatte. An einem gewissen Punkt habe ich gemerkt, dass ich diese Herausforderung annehmen wollte und vor allem wollte ich versuchen, etwas zu machen, das dem Film *Liebesgrüße aus Moskau* ähnelte, einem Film, der meiner Meinung nach mehr hat, als alle anderen Bond-Filme«.

Es ist eigenartig, dass Sean Connery, der ursprünglich aus der Arbeiterklasse stammt,

Die Blickfang-Rolle des Bond-Girl in *James Bond 007 – Liebesgrüße aus Moskau* **wird von Daniela Bianchi gespielt.**

sich bei den wichtigsten Entscheidungen eher an der Kultur der großen romantisch-bürgerlichen Epoche orientierte statt an politischen Themen mit populärem oder sozialistischem Hintergrund. Die Bond-Filme gehören ja in gewisser Hinsicht zu einer Art intellektueller Entwaffnung und Verbreitung der kapitalistischen Wirtschaft.

Für Sean spielte der Agent Seiner Britischen Majestät auch eine entscheidende Rolle, da er an einem gewissen Punkt zu sehr mit seinen Idealen und seinem Lebensstil in Konflikt geraten war. Und so wie der Schauspieler seine Rollen mit Umsicht und ohne sich zu überlasten gewählt hatte, so dass man, wenn man seine Biografie überfliegt, nie den Eindruck eines Schauspieler-Roboters bekommt, so hat er sich als Mensch nur sehr selten der Neugier ausgeliefert.

Nach dem Erfolg der ersten Bondfilme merkte man jedoch bereits eine gewisse Ermüdung Connerys in Bezug auf die Stereotypen der Serie. Das wird auch durch seine Entscheidung deutlich, nach *Liebesgrüße aus Moskau* in *Die Strohpuppe* (*Woman of Straw*, 1964) und im selben Jahr in *Marnie* von Sir Alfred Hitchcock mitzuwirken.

Bei den Dreharbeiten in Rom zu *Der Name der Rose* hatte Sean erklärt: »Nur wenn man eine Rolle wie die des James Bond aufgibt, wird es einem bewusst, wie stark der Druck und die Einschränkungen sind, denen man durch die Popularität einer solchen Figur ausgesetzt ist. In den Jahren des enormen Erfolgs, die fast gleich nach dem ersten Film einsetzten, wurde ich von der Presse überall verfolgt. Es gab Journalisten, die in mein Hotelzimmer eindrangen, denen es gelang, meine Telefonnummern herauszubringen und die mich Tag und Nacht anriefen. Meine freie Zeit gehörte mir nur mehr, wenn ich große Mühe und Tricks anwendete. So begriff ich, dass mir nur eine Lösung blieb, um dem zu entkommen: das Golfspiel. Was auch bedeutete, dass ich von niemanden gestört wurde. Und genau damals habe ich begriffen, dass das Golfspiel auch eine Definition der Einsamkeit ist«.

In diesen Erklärungen ist das ganze berufliche und persönliche Abenteuer Sean Connerys und des James Bond enthalten, Sinnbild der Sechziger Jahre, starker Mann und höhnischer Macho, bei dessen Aufgabe Sean

SEAN CONNERY
DER MANN, DER NICHT UNSTERBLICH SEIN WOLLTE

»Mein Leben hat nichts mit dem luxuriösen Starkult einiger Stars von gestern und heute zu tun«.

jedoch eine starke, umfassende und einzigartige Wandlung nicht nur seiner selbst an den Tag legte, sondern auch seiner Art zu spielen und seiner Einstellung gegenüber dem Kino, nicht nur als Abenteuer und Spiel verstanden. Bei den letzten James-Bond-Filmen, die Connery spielte, ist die Figur von anderen, oft gegensätzlichen Charakterzügen durchsetzt. Die Filmografie Bonds muss jedoch noch einige weitere Titel umfassen, auch weil so, auf indirekte Weise, die Entscheidungen des Mannes, die Veränderungen in seinem Privatleben und auch seine Krisen aufgezeigt werden.

Nach *Die Strohpuppe* und *Marnie* spielte Connery bis 1971 und bis zum (zunächst) letzten Film der James-Bond-Serie *Diamantenfieber* weiterhin den Spion von Ian Fleming.

Aber er wählte auch Filme wie *Ein Haufen toller Hunde* von Sidney Lumet im Jahr 1964, *Simson ist nicht zu schlagen* (*A Fine Madness*) von Irvin Kershner 1966, *Man nennt mich Shalako* von Edward Dmytryk im Jahr 1968, *Verflucht bis zum jüngsten Tag* (*The Molly Maguires*) von Martin Ritt, ebenfalls im Jahr 1968, *Das rote Zelt* (*The Red Tent*) 1969 und *Der Anderson-Clan* (*The Anderson Tapes*) von Sidney Lumet im Jahr 1970.

Wenn man die starke Bindung, die sich zwischen Sean und Sidney Lumet entwickelt

Zusammen mit Honor Blackman in *James Bond 007-Goldfinger*...

hatte, näher untersucht, entdeckt man, dass die Beziehung zu diesem gebildeten und dialektischen Autor – ein amerikanischer Profi, der selbst Schauspieler war und der stets eine gewisse Unabhängigkeit beibehielt, auch wenn er mit den großen Studios arbeitete – einen großen Einfluss auf die Entscheidung Seans gehabt haben muss, die Bond-Filme aufzugeben. Und in der Tat hat Connery vor und nach *Diamantenfieber* in zwei Filmen Lumets gespielt, und zwar in *Der Anderson-Clan* und in *Sein Leben in meiner Gewalt* (*The Offence*, 1972). Man sollte auch nicht vergessen, dass sich während des langen Zeitraums des Aufstieges und des Erfolges James Bonds auch in Connerys Privatleben ein wichtiges Kapitel abspielte, nämlich 1963 die Geburt seines und Diane Cilentos Sohnes Jason und das Ende ihrer Ehe, die 1973 geschieden wurde.

Es war schon einmal ein Versuch unternommen worden, James Bond auf die Leinwand zu bringen, und zwar von dem millionenschweren Unternehmer Ivan Bryce, der eine Filmgesellschaft namens Xanadu gegründet hatte, von Fleming selbst und von Kevin McClory, der gemeinsam mit dem berühmten englischen Drehbuchschreiber Jack Whittingham ein Drehbuch zu *James Bond 007-Feuerball* entworfen hatte. Ian Fleming hatte sich mit Anthony Asquit und Alfred Hitchcock als mögliche Regisseure in Verbindung gesetzt, aber nach deren Absage wurde auf das Projekt verzichtet.

Die Realisierung des ersten Films war langwierig, kompliziert und schwierig, wie die Prozesse und die unendlichen Rechtsstreitigkeiten um die Bücherrechte bestätigen. Die Rechte an den Büchern waren nämlich an mehrere Personen verkauft worden, was erklärt, weshalb in den folgenden Jahren einige Filme auch von anderen Produzenten realisiert werden konnten. Schließlich war es Harry Saltzman – ein Mann, der 1915 in Quebec geboren worden war und eine sehr interessante Karriere zwischen Europa und Nordamerika hatte – der die Option auf sieben Romane von Fleming bekam und dem der Autor sein volles Vertrauen schenkte.

Saltzman lernte über den Schriftsteller Wolf Mankovitz den New Yorker Produzenten Broccoli kennen, der ein eingefleischter Fan

... und mit Tippi Hedren in *Marnie*.

SEAN CONNERY
DER MANN,
DER NICHT
UNSTERBLICH
SEIN
WOLLTE

Nach dem Erfolg der ersten Bondfilme merkte man bereits eine gewisse Ermüdung Connerys in Bezug auf die Stereotypen der Serie.

von Bond war. Broccoli, genannt Cubby, Jahrgang 1909, war mit Leib und Seele Produzent, der Bücher verschlang und ein Diplom in Landwirtschaft hatte, die er jedoch wegen seiner Leidenschaft für den Film aufgegeben hatte. Er war auch Assistent bei Howard Hawks gewesen und war nach dem Krieg von Hollywood nach London übergesiedelt, wo er mit dem Regisseur Irwing Allen an Fernsehproduktionen arbeitete.

Weitere Rechtsstreitigkeiten verbergen sich hinter dem Beginn der Dreharbeiten zu *James Bond jagt Dr. No*, dem ersten Film der Serie. Saltzman und Broccoli gründeten die Gesellschaft Eon Film, und nach der Ablehnung der Columbia Pictures, die zu wenig Geld für das Budget des ersten Films anbot, akzeptierte die United Artists den Deal. Connery unterzeichnete den Vertrag für fünfzehntausend Pfund.

Später erzählte der Schauspieler, der jahrelang von einer Gruppe von ausgezeichneten britischen Rechtsanwälten aus der berühmten Kanzlei 'Sullivan & Finger' betreut wurde: »Ich war den Produzenten gegenüber immer irgendwie misstrauisch und dafür gibt es einen einfachen Grund. Die Produzenten kassieren einen Großteil der Ein-

nahmen vor und nach dem Vertrieb und der Nutzung des Films. Sie stellen ihre Rechnungen auf und wenden dabei eine 'Kosmetik' der Einnahmebilanz an, wie ich es nenne, und jedes Mal erzählen sie dir, dass es keinen Gewinn gibt, da die Differenz zwischen den Filmkosten und den Einnahmen minimal ist. Die Prozesse, die man führen muss, um das Gegenteil zu beweisen, dauern oft ewig, und während dieser Zeit muss man horrende Summen aufwenden, um die Rechtsanwälte zu bezahlen«.

»Bei den James-Bond-Filmen«, erklärte er dem »Express« ausführlich, »war ich an dem Gewinn durch die Einnahmen beteiligt, aber wie gewöhnlich änderten die Produzenten die Höhe des Gewinns ab und reduzierten ihn auf die Summe der Produktions- und Werbekosten. Auch wenn der Film vierzig Millionen Dollar einspielte, versuchten die Produzenten zu beweisen, dass es keinen Gewinn gab: Die Wahrheit ist, dass die Welt der Finanzen faulig und verdorben ist«.

Sean Connery, der rigorose Mann, super-professionelle Schauspieler und »Ehemann einer einzigen Frau« – wie seine Freundin Ursula Andress stets behauptet, die als blonde Schönheit und Symbol des exotischen Abenteuers in weißem Bikini und durchnässtem Hemd für die Rolle der Honey Rider in *James Bond jagt Dr. No* ausgewählt wurde – begann die Dreharbeiten zu seinem ersten Film Arm in Arm mit dem Agenten 007 in Jamaika am Dienstag, dem 16. Januar 1962.

Zwei Tage später kam die Andress, die damals mit dem Regisseur John Derek verheiratet war, mit ihrem Mann auf den Set. Sie sollte, wie Sean Connery immer behauptet hat, sein bevorzugtes 'Bond-Girl' werden.

Als Regisseur für den Film war Terence Young gewählt worden, der in einem Zimmer des Londoner Dorchester Hotels zwei Monate lang mit seiner Assistentin Johanna Harwood das Drehbuch geschrieben hatte und anschließend auch Richard Maibaum an den Verdiensten teilhaben ließ. Um das geeignete Bond-Girl zu finden, wurden unendlich viele Probeaufnahmen gemacht, und am Anfang wurde auch Julie Christie in Erwägung gezogen. Ursula Andress erzählt: »Ich wurde aufgrund einer Reihe von Fotos und meiner Werbeaufnahmen für eine Kä-

SEAN CONNERY
DER MANN,
DER NICHT
UNSTERBLICH
SEIN
WOLLTE

»*Für uns war es wichtig, den idealen Mann, den Ian Fleming geschaffen hatte, auf ihn zu übertragen. Eine Gestalt ohne Probleme ..., der sich scheinbar nie verliebte, obwohl ihm die Frauen gefielen*«.

ALBERT BROCCOLI

sekuchen-Marke ausgewählt, in denen mein Oberkörper zur Geltung kam. Ich war fünfundzwanzig und die Produzenten waren auch durch meinen Lebenslauf neugierig geworden, der einige Filme enthielt, die in Rom gedreht worden waren. Meine Probeaufnahmen wurden in Hollywood gedreht und waren sofort ein Erfolg. Ich sollte sechs Wochen für ein Honorar von dreihundert Pfund pro Woche arbeiten, ohne dass Extra-Spesen bezahlt wurden«.

Broccoli erklärte: »Ursula Andress schien uns sofort perfekt. Sie war sehr schön und kostete uns außerdem nicht viel. Sean erschien allen der Richtige, auch wenn er sicherlich nicht wie James Bond den 'Klassestempel' trug, in Eton zur Schule gegangen zu sein. Aber der ausgewählte Regisseur sollte dafür sorgen, ihm einen Stil zu verleihen. Und in der Tat stellte Terence Young eine Art Gegenspieler des 007 dar. Er war in Cambridge erzogen worden, trank Champagner und war immer sehr elegant und von schönen Leuten umgeben. Terence schickte Sean zu seinem Anzug- und Hemdenschneider und Ian Fleming, der einige Zweifel an der Wahl des Schauspielers geäußert hatte, als noch James Mason, Roger Moore, Trevor Howard und sogar Sir Michael Redgrave im Gespräch waren, war schließlich nicht nur überzeugt, sondern verteidigte sogar Connery, und gab ihm, da er das letzte Wort hatte, die Rolle. Es war geschafft«.

Die Freundschaft zwischen Broccoli und Sean war, auch wenn sie von vielen Auseinandersetzungen geprägt war, ausschlaggebend für das Filmleben des 007. So wie auch Seans Entscheidung grundlegend war, Broccoli den Krieg zu erklären, indem er gegen ihn in *Sag niemals nie* spielte.

»Wir hatten in unserer Vergangenheit vieles gemeinsam«, erzählt der Schauspieler lakonisch, wobei er auf die Jahre anspielt, in denen Albert Broccoli Lieferwagen mit Gemüse zum Markt nach Harlem fuhr und in einem Drugstore in Astoria arbeitete (die Stadt, in der seine Großmutter als Hebamme arbeitete), bevor er mit seinem Cousin Pat de Cicco, dem Sohn des Mannes, der berühmt geworden war, weil er als erster Brokkoli nach Amerika importiert hatte, nach Hollywood ging. Außerdem hatte sich Broccoli bei Ausbruch des Krieges zur Marine gemeldet, und war vom einfachen Matrosen zum Leutnant für Sonderdienste aufgestiegen, wobei er mit den berühmtesten Schauspielern wie Bing Crosby und Danny Kaye Aufführungen für die in den Südpazifik und nach Alaska verlegten Truppen organisierte. Und während Sean Särge poliert hatte, hatte Broccoli sie für einen anderen Cousin, der Chef bei der Long Island Casket Company war, verkauft. Deshalb war es kein Zufall, dass bei der Filmtruppe das Gerücht umging, dass Broccoli und Connery immer irgendeine Szene mit einem Sarg wollten. Ursula Andress erzählt: »Während der Dreharbeiten führte Sean endlos lange Gespräche mit Broccoli, der auch einen Film mit Alan Ladd produziert hatte (nämlich 1953 *The Red Beret* unter der Regie von Terence Young, was auch erklärt, weshalb er an diesen für den ersten Bond-Film gedacht hatte). Dana, Alberts Frau, hatte große Sympathien für Sean und sie war es auch gewesen, die die Wahl des Schauspielers für die Hauptrolle befürwortet hatte«. Connery war während der Dreharbeiten auch sehr mit Ken Adam befreundet, dem Filmarchitekten und Art Director, einem Kunstliebhaber, der beschlossen hatte, im Salon des Dr. No eine Fäl-

SEAN CONNERY
DER MANN,
DER NICHT
UNSTERBLICH
SEIN
WOLLTE

schung des Bildes *Der Earl von Wellington* von Goya aufzuhängen, der den Atombunker auf der Insel des Dr. No entworfen hatte und später den Laser von Goldfinger, den mit allen Tricks ausgestatteten Aston Martin und überhaupt alle Wunderwaffen und Ausrüstungen des 007.

In kurzer Zeit wurde Sean, nach Richard Burton, Peter O'Toole und Albert Finney die Nummer Vier der englischen Schauspieler. Er ließ sich für die Titelseiten aller internationalen Zeitschriften in seinem Aston Martin fotografieren, fuhr auch mit diesem Filmauto zur Erstaufführung seiner Filme nach Paris und war sich vor allem bewusst, dass er das Aushängeschild für die mächtige Allianz zwischen der englischen Filmwirtschaft und Hollywood geworden war, wo, trotz der Vorwürfe, dass die Serie den Männlichkeitswahn privilegiere und zur Gewalt auffordere, Nachahmungen auftauchten.

Es gab eine sehr eingespielte Gruppe, die damals die Bond-Filme austüftelte und zu ständig neuen Erfindungen und Ideen während der Dreharbeiten beitrug. Die Ehefrauen von Ken Adams und Broccoli, Lady Letizia und Dana, waren auch mit Diane Cilento befreundet und arbeiteten bei der Wahl einiger Details zusammen, wie zum Beispiel der warmen und dunklen Stimme von Gladys Knight, die den Titelsong zu *James Bond jagt Dr. No* interpretierte, oder für diejenige von Shirley Bassey, die für *Goldfinger* und *Diamantenfieber* sang.

Albert Broccoli hat die Entscheidung Seans ganz einfach erklärt: »Er hatte wirklich Charisma und überzeugte uns sofort davon, dass er sich mit der Filmfigur identifizieren konnte, ein bisschen so, wie es Rodolfo Valentino getan hatte. Für uns war es wichtig, den idealen Mann, den Ian Fleming geschaffen hatte, auf ihn zu übertragen. Eine Gestalt ohne Probleme und ohne Komplexe, der sich scheinbar nie verliebte, obwohl ihm die Frauen gefielen. Er begehrte sie, aber er schien unbekümmert mit ihnen zu spielen. Fleming war während des Krieges Agent des Intelligence Service gewesen und wusste ganz genau, dass eine solche Gestalt nie existiert hatte, weil sie nicht existieren konnte. Aber in Bond gelang es Ian alle Vorzüge und Tugenden zu vereinen, die jeder von uns gerne hätte. Das war das Geheim-

Connery mit John Kitzmiller und Jack Lord in *James Bond jagt Dr. No*.

nis seines Erfolges und deswegen hat James Bond die ganze Welt erobert. Sean hat den Rest getan, denn als wir ihn aussuchten, sah er mit offenen Augen in die Welt und wollte endlich, nach Jahren der Lehrzeit, seinen Durchbruch«.

Ken Adams erzählte: »Man kann nicht von 007 sprechen, ohne sich an den Sean von damals zu erinnern. Dieser junge Mann mit den großen Händen musste sich nicht anstrengen, um der Vorstellung Flemings gerecht zu werden. Die Produzenten hatten mir freie Hand gelassen, und als ich die Laser, die geheimnisvollen Inseln des Dr. No, die Behausung Goldfingers, die Waffen und den fantastisch luxuriösen Aston Martin entwarf, hatte ich auch immer Sean vor Augen. Lange Zeit wurden die Filme von einer Gruppe gemacht, die sehr gut zusammenarbeitete. Dann kam es zu Problemen aller Art, Geldforderungen und Ansprüche auf mehr Rechte und Bezahlung von vielen. Die ursprüngliche Gruppe löste sich auf: Die Freunde von einst wie Terence Young, Lewis Gilbert, Cubby und Harry Saltzman gab es nicht mehr; man drehte den Großteil der Filme nicht mehr in den Pinewood-Studios, wo man der Fantasie freien Lauf lassen konnte, um eine Hyperwelt zu kreieren. Auch Sean schien schließlich genug von James Bond zu haben und stritt ständig mit den Produzenten. Er gab die Filme auf, aber jene erste Zeit der Dreharbeiten, jener fröhliche Sean Connery, der begann, zu golfen und Partien zu hundert Pfund spielte, um anschließend die ganze Truppe zum Trinken einzuladen, sind unvergesslich«. So wie auch die Erstaufführung von *James Bond jagt Dr. No*, die am 6. Oktober 1962 im London Pavilion stattfand, und zu der sogar Paul Getty eine Einladung haben wollte. In weniger als zwei Monaten spielte der Film eine Million Pfund ein.

Und wenig später kaufte Sean ein großes Haus in Acton Park und beschloss, Diane Cilento zu heiraten, die ihren ersten und einzigen Sohn erwartete. Sie heirateten in Gibraltar und am 11. Januar 1963 wurde Jason Connery geboren, während Diane auf der Leinwand einen persönlichen Erfolg mit *Tom Jones* von Tony Richardson erzielte.

Es wäre interessant, die Methode zu untersuchen, mit der Sean Connery, der Mann, der Mangel an Professionalität und präzi-

SEAN CONNERY
DER MANN, DER NICHT UNSTERBLICH SEIN WOLLTE

Connery wurden über fünf Millionen Dollar für eine Autobiografie angeboten, aber bis jetzt hat er immer abgelehnt.

sem Perfektionismus sowie gebrochene Versprechen hasst, seine Rolle als Vater erfüllt hat. Die Härte Connerys – die sich in unerbittlichen Prozessen zeigt, wie zum Beispiel gegen den einstigen Freund Cubby Broccoli, der mit der MGM-United Artists von Sean mehrmals vor Gericht gebracht worden war, das letzte Mal 1984, mit der Anschuldigung des betrügerischen Vertragsbruches und der widerrechtlichen Aneignung von mindestens 360 Millionen Mark – ist eine unumstößliche Komponente in seinem Charakter.

Und Sean kann auch gegen eine kleine Verfehlung unerbittlich vorgehen, wie auch gegen diejenigen, die ihm gegenüber nicht so aufrichtig sind, wie er es erwartet.

Der Schauspieler liebt zum Beispiel Marbella und hat sich für die Stadt, in der er sich niedergelassen und die er später, nach dem Verkauf seiner Villa, wieder verlassen hatte, vor allem für die Förderung des Tourismus eingesetzt. Nun, Sean hat nicht gezögert, den Bürgermeister vor Gericht zu bringen und ihn zu verklagen, nachdem er entdeckt hatte, dass Aufnahmen von ihm, die er für einen Film über Marbella zur Verfügung gestellt hatte, in einem Wahlspot von Jesus

Gil, dem Kandidaten für die liberale Partei, aufgetaucht waren. Es scheint, dass er tatsächlich die rationale Entschlossenheit des Kommandanten aus *Jagd auf Roter Oktober* besitzt, dem es anscheinend Vergnügen bereitet, die Beute aufzustöbern und sie an ihrer schwachen Stelle zu schlagen. Er besitzt aber die Fähigkeit, dem jungen sowjetischen Kapitän Borodin (Sam Neill) die Taktik des 'toten' U-Boots beizubringen, und dabei gleichzeitig, nach langem Schweigen, auf die Frage über seine Sehnsüchte zu antworten: »Ich sehne mich… nach der Unbeschwertheit zurück, die ich… die ich verspürte, als ich als Junge zum Fischen ging.

Ich fahre seit vierzig Jahren zur See. Ein Krieg… zur See. Ein Krieg ohne Schlachten. Ohne Monumente. Nur Opfer. Meine Frau ist gestorben, während ich auf hoher See war, wussten Sie das? Übernehmen Sie das Kommando über die Wachen im Bereich des Maschinenraums«. Auch in Worten wie diesen mischen sich Sanftheit und Härte, Schüchternheit und das Bedürfnis, sich jemandem zu öffnen, dem man vertraut.

Sein Sohn Jason erklärte während der Dreharbeiten in Rom zu *Fieber im Blut* von Mauro Bolognini: »Als ich mich in der Schauspielschule von Perth in Schottland einschrieb, sagte mein Vater zu mir, dass ich auch anfangen sollte, verschiedene andere Arbeiten zu machen. So beschäftigte ich mich also damals mit der technischen Organisation der Beleuchtung und des Bühnenbildes. Ich bin nie als 'reicher Sohn' erzogen worden. Der nützlichste Rat, den mir mein Vater gegeben hat, war der, immer realistisch und immer ich selbst zu sein, ohne mich von anderen oder von meinen Rollen manipulieren zu lassen«.

Aber die Freuden der Vaterschaft entdeckte Sean nicht in den ersten Lebensjahren Jasons, sondern erst viel später, als er Micheline heiratete, die drei Kinder hatte, von denen eines, Stéphane, ein Jahr jünger war als Jason. In jenen Jahren lebte der Junge in Marbella und freundete sich mit dem Sohn Michelines an, der noch heute wie ein richtiger Bruder für ihn ist, und Sean war wirklich ein aufmerksamer Vater, der sich um die Erziehung kümmerte. Er war weniger von seiner Karriere und den anstrengenden und aufreibenden Bond-Filmen eingenommen, für die er, auch für Promotionskam-

Sean Connery als König Artus in *Der erste Ritter*, gedreht von Jerry Zucker, 1995.

pagnen, überall herumreisen musste. Er konnte sich um seinen Sohn kümmern wie auch um Giovanna, die erste Tochter Dianes, mit der er immer eine sehr enge Beziehung gehabt hatte. Und genau in dieser Zeit zeichnet sich das Profil Connerys als 'ruhiger Mensch' ab, ganz anders als das Bild des 007 und immer näher an anderen Rollen, die Sean inzwischen mit größerer Entschlossenheit wählte. Und ebenfalls in jenen Jahren und der darauf folgenden Zeit beginnt Connery Rollen an der Seite von jüngeren Schauspielern vorzuziehen, die jedoch nie Rivalen, sondern fast immer Söhne oder Schüler sind, die mit ihm zusammenarbeiten und ihn zum Vorbild haben. Man muss da nur an *Highlander*, *Presidio*, *Die Unbestechlichen* und schließlich an *Family Business* denken.

Im Gegensatz zu James Bond hat Connery oft zugegeben, dass er nie übermäßig ehrgeizig war, obwohl er seinen Beruf liebt und immer ein Superprofi ist. In den letzten Interviews hat er stets wiederholt: »Ich habe immer einen einzigen Wunsch gehabt: mich in meiner Haut wohl zu fühlen, mit mir in Frieden zu leben und mich als ehrliche und achtbare Person betrachten zu können«.

Hat er eine moralische oder politische Entscheidung getroffen, so verteidigt und vertritt Sean sie bis auf den Grund, sowohl im Leben als auch im Film. So auch, als er 1969 in Edinburgh die Mitgliedschaft bei der schottischen Nationalpartei beantragte, die die Fahne der Unabhängigkeit schwenkte, obwohl sie keinen einzigen Sitz im Parlament hatte. Seither macht Sean kein Geheimnis aus seiner Wahl.

Er ging sogar so weit, dass er in die Mikrofone des 'Freien Schottlands' donnerte: »Ich kann mir nicht vorstellen, dass es einen einzigen Schotten gibt, der sich die Unabhängigkeit nicht wünscht und der bereit ist, seiner Identität und seiner Nation den Rücken zu kehren«. Er hat sogar die Frage gestellt, wie es möglich sei, dass die Republik San Marino mit einer Einwohnerzahl von fünfundzwanzigtausend einen Sitz in der UNO habe und Schottland nicht. Ihm wurden über fünf Millionen Dollar für eine Autobiografie angeboten, aber bis jetzt hat er immer abgelehnt und vier Prozesse gegen diejenigen geführt, die nicht genehmigte und

SEAN CONNERY
DER MANN,
DER NICHT
UNSTERBLICH
SEIN
WOLLTE

Privat sieht Connery sich gerne die alten Filme von Sir Ralph Richardson an, einer der Schauspieler, die er immer bewundert hat, wie auch Marlon Brando in **Viva Zapata,** *Spencer Tracy, Sir Laurence Olivier, den Fellini-Film* **Casanova.**

fehlerhafte Biografien über sein Privatleben geschrieben haben. Die Privacy gehört zu einer seiner goldenen Regeln. Auch in seinen Filmen ist er fast nie bereit, sich Vertraulichkeiten hinzugeben oder seine Gefühle ganz offen darzulegen. Vielleicht zitiert er aus diesem Grund und als Gegensatz immer die melancholische und sonnige Liebesgeschichte aus einem seiner Lieblingsfilme, *Robin und Marian*. Dieser gehört zu den wenigen, in denen sich Sean zwischen einem Duell und der Erinnerung an die Leidenschaft für Marian, die nicht mehr existieren kann, zu sentimentalen Worten hinreißen lässt.

In Wirklichkeit versteckt sich Sean immer auch ein bisschen in seinen Rollen. Nur am Ende von *Jagd auf Roter Oktober*, als er mit dem jungen Ryan (Alec Baldwin) spricht, nachdem er seine wahre Identität während des ganzen spannenden Handlungsverlaufes verborgen hatte, mit Ausnahme kurzer Vertrautheiten mit dem Kapitän Borodin (Sam Neill), sagt er in der Uniform des Kommandanten Marko Ramius mit dem weißen Bart und den Nerven aus Stahlseil: »Sie haben mir von einem Fluss erzählt, an dem ihnen ihr Großvater das Angeln beigebracht hat. Es gibt da in Vilnius einen ähnlichen Fluss, zu dem mich mein Großvater zum Fischen mitnahm. 'Und das Meer gibt jedem Menschen neue Hoffnungen/ so wie der Schlaf Träume bringt'. Das sind Worte von Christoph Kolumbus«.

In Deauville, im Beisein seiner Frau Micheline, sagte er, dass er es liebe, die Alben mit den Fotos ihrer Bilder, ihrer Ausstellungen und vor allem mit ihren Portraits von ihm mitzunehmen. »Mein Leben hat nichts mit dem luxuriösen Starkult einiger Stars von gestern und heute zu tun. Zu Hause lebe ich wie ein Pascha und laufe oft barfuß herum. Micheline hat manchmal und zu Recht behauptet, dass ich ein Araber sein könnte. Ich liebe es, mit den Fingern zu essen, und eigentlich war ich sehr zufrieden und in Einklang mit mir selbst auf dem Set von *Der Mann, der König sein wollte*, der in Marokko gedreht worden war. Die Sanftheit, die Höflichkeit und die Freundlichkeit der Marokkaner ist faszinierend. Es scheint, dass sie die Kunst und die Freude am *bien vivre* besitzen, und ich liebe ihre Paläste, ihre Patios und ihr Klima«.

Privat sieht er sich gerne die alten Filme von Sir Ralph Richardson an, einer der Schauspieler, den er immer bewundert hat, wie auch Marlon Brando in *Viva Zapata*, Spencer Tracy (sein Lieblingsschauspieler), Sir Laurence Olivier, die Fellini-Filme *Casanova* (seine Freunde erzählen, dass er Donald Sutherland beneidet hatte, als dieser von dem italienischen Regisseur ausgewählt worden war) und *Julia und die Geister*, alle Filme von Kurosawa und von Bergman. Überraschender Weise hat er, neben den Werken *Viva Zapata* und *Die Faust im Nacken* von Elia Kazan, eine große Vorliebe für den großen bürgerlichen indischen Regisseur Satyajit Ray und natürlich für seinen Lieblingsregisseur John Ford, »der immer wusste, wo er die Kamera hinstellen musste«.

Sehr viel Zeit ist seit den Augenblicken der Depression vergangen, in denen Sean sich in einer Krise befand und alle hasste, die wollten, dass er wie 007 weiterhin Beluga-Kaviar isst, am Morgen weiche Eier aus dunkelblauen Eierbechern mit einem Goldrand kostet und halbtrockenen Martini trinkt. Um sein Gleichgewicht wieder zu finden, begab er sich um 1967 in die Klinik des norwegischen Psychoanalytikers Olo Rakners zur Kur. Der Professor galt damals als der letzte Schüler des österreichischen

SEAN CONNERY
DER MANN,
DER NICHT
UNSTERBLICH
SEIN
WOLLTE

Psychoanalytikers Wilhelm Reich und als einer der angesehensten Anhänger der Vegetotherapie, die darin besteht, den Patienten von jeder Form der Hemmung zu befreien, damit er sein ursprüngliches nervliches Gleichgewicht wieder findet.

Auch die Angst vor einem Kehlkopfkrebs konnte gebannt werden, obwohl jahrelange Kuren nötig waren, um nicht gerade einen Tumor, aber einige Knoten zu entfernen, die sich immer wieder neu bildeten. Nach einer Operation an den Stimmbändern, die in Los Angeles durchgeführt worden war, absolvierte Sean richtige Programme für die Schulung der Stimme, die ihm schließlich ermöglichten, mit den Dreharbeiten zu dem Film *Die Wiege der Sonne* (1993) zu beginnen und seine Arbeit wieder voll aufzunehmen, auch wenn er ab und zu kleine Ruhepausen einlegen musste.

Zum ersten Mal wurden ihm einige Kehlkopfpolypen vor dem Film *Jagd auf Roter Oktober* entfernt. Die letzte Strahlentherapie hat jede Gefahr gebannt, und in einem Interview, das Sean dem populären amerikanischen Fernsehmoderator David Letterman gewährt hatte, nachdem sich das Gerücht seiner schweren Krankheit und sogar seines Todes verbreitet hatte, erklärte Connery: »Ihr könnt meine schallende Stimme hören, die zwei Tonlagen höher als normal

Connery und Wesley Snipes in *Die Wiege der Sonne* unter der Regie von Philip Kaufman und nach dem Buch von Michael Crichton, der mit der Kino-Version seines Romans nicht einverstanden war.

ist. Hätte ich einen Kehlkopfkrebs, könnte ich natürlich nicht so reden«.

Die Fountainbridge Films, die Connery gegründet hat und bei der sich der Schauspieler um alles Geschäftliche und alle Entscheidungen selbst kümmert, indem er alles liest, was in den Büros eingeht, hat auch einen neuen und wichtigen Vertrag mit der Buena Vista, der Holding der Walt Disney, abgeschlossen. Die Kooperation hat die Gesellschaft Seans mit einer der größten Filmgesellschaften zusammen gebracht, nachdem der Vertrag mit der 20th Century Fox aufgelöst worden war.

Um seine Verpflichtungen gegenüber der Buena Vista zu festigen, hat Sean akzeptiert, neben Nicolas Cage und Ed Harris in dem Film *The Rock – Fels der Entscheidung* mitzuwirken, bei dem Michael Bay Regie führte und der von Don Simpson in Zusammenarbeit mit der Bruckheimer Films produziert wurde. Der Film läuft unter dem Namen Hollywood Pictures, einer der Produktions- und Vertriebsgesellschaften der Buena Vista. Die Fountainbridge Films war bei *The Rock – Fels der Entscheidung* nicht beteiligt, aber Connery stand dem Mogul Joe Roth sehr

Die James-Bond-Filme haben sich später die Lizenz zum Leben in intellektuellem und populären Sinn erworben und James Bond für immer die Lizenz zum Verführen geschenkt.

nahe, der wiederum enge Beziehungen zur Buena Vista unterhält, und so hat alles wunderbar geklappt, auch weil viele der populärsten amerikanischen Schauspieler wie Robin Williams und Whoopi Goldberg mit dieser Gesellschaft zusammenarbeiten, und die Buena Vista über eine reiche Auswahl an jungen Schauspielern verfügt. Bei der Verleihung der Golden Globes am 21. Februar 1996 in Los Angeles hat Connery folgenden Kommentar abgegeben: »Ich habe hier in Hollywood mit der Disney zu arbeiten begonnen, und ich bin zurückgekehrt, um den Kreis in Hollywood zu schließen«.

Mit diesem Vertrag hat eine neue Entwicklung in der Galerie der Rollen Seans begonnen, der, wie Gary Cooper, sicherlich so lange arbeiten wird, wie es ihm seine Gesundheit erlaubt. Die fünfte Phase in der Karriere Connerys hat ihren Lauf genommen und wird die Zukunft bestimmen nach den anonymen Anfängen, dem großen Erfolg des 007, der Wende mit Filmen wie *Marnie* und *Am Rande des Abgrunds* und der Gegenwart, die von einer eklektischen und nicht immer glücklichen Auswahl der Filme gekennzeichnet ist.

DIE JAMES-BOND-FILME, ANDERE ROLLEN UND...
SAG NIEMALS NIE

Die James-Bond-Filme, denen von vielen Kritikern vorgeworfen wurde, an »zerebraler Anämie« zu leiden, haben später sogar die strengsten Rezensenten erobert, haben sich die Lizenz zum Leben im intellektuellen und populären Sinn erworben und James Bond für immer die Lizenz zum Verführen geschenkt. Unweigerlich sind der Mann und der Schauspieler in eine Art Belle Époque des Kinos geraten, der es allein bei den Worten »James Bond, Agent der englischen Spionageabwehr« noch heute gelingt, ein andauerndes Fest, eine gewalttätige, aber genießerische Welt hervorzurufen, die in ihren Archetypen mondän und glitzernd ist und bei uns auch ein Gefühl der Nostalgie für die Sechziger und den Anfang der Siebziger Jahre wieder aufleben lässt. In diesen Filmen gab es schöne Frauen, maskulin und stark, faszinierend und geschmeidig, wie in den Bildern Boldinis, aufblühende Mädchen, Amazonen, die, auch wenn sie oft im Bikini auftraten, aus dem Bois de Boulogne aufzutauchen schienen.

Alle, auch die Bösen in ihrer übertriebenen Hässlichkeit und Typisierung, mussten verführerisch sein, mit einem Hauch von Snobismus und von technologischer Ästhetik. Auch auf diese Weise haben die Filme von Bond und Connery die Distanz zwischen Traum und Wirklichkeit verringert.

Nachdem er der Rolle abtrünnig geworden war und versucht hatte, sich von ihr in jeder Hinsicht zu lösen, und es auch nicht mehr nötig hatte, seine schauspielerischen Fähigkeiten zu beweisen, die er bereits in andere Richtungen gelenkt hatte, drehte der reife Sean Connery 1983 *Sag niemals nie*, und allen schien es offensichtlich, dass sein schicksalhaftes Zusammentreffen mit dem von

Sag niemals nie oder zurück zu den Ursprüngen, allerdings nur für ein einziges Mal. Außer Kim Basinger ist an Connerys Seite auch Barbara Carrera (FOTO LINKS) in der Rolle der verführerischen Fatima Blush.

dem Schriftsteller Ian Fleming erfundenen Charakter unbewusst auch im Kino einen ästhetischen Gedanken Eliots bestätigt und im Besonderen seine Theorie des korrelativen Objekts, die der Schriftsteller folgendermaßen zusammengefasst hat: »Die einzige Methode, Gefühle in der Kunst auszudrücken, besteht darin, ein korrelatives Objekt zu finden: In anderen Worten, eine Reihe von Objekten, eine Situation, eine Reihe von Vorkommnissen, die die Formel dieses bestimmten Gefühls darstellen«.

James Bond alias Sean Connery ist dieser Transfer perfekt gelungen. Und diesem Transfer zwischen Gefühlen und Form sind Bücher, Artikel und Aufsätze gewidmet worden. Das ging sogar so weit, dass das Museum of Modern Art in New York beschlossen hat, ein zweiwöchiges Festival mit Projektionen und einer Ausstellung über die Filme und ihren Hauptdarsteller Sean Connery zu organisieren.

Als Sean das Publikum eroberte, hatte es viele Jahre lang auf der Leinwand keine männliche Figur mehr gegeben, der es gelungen war, bis auf den Grund jenen Zauber darzustellen, der aus einem Schauspieler und einem Film ein Starphänomen hervorbringt. Und es besteht kein Zweifel, dass Se-

»Bond, stellte in einer Zeit des Wohlstandes und der ersten Beunruhigungen, eine positive Science-Fiction dar, während die Bedrohung durch die Atombombe bereits in der Luft lag«.

an-007 der Leinwand diesen »Sinn für das Wunder« wieder gegeben hat, von dem schon die Griechen gesprochen haben und das dann Hollywood veranlasst hat, eine Schar neuer Schauspieler aufzubauen und zu reformieren. Steven Spielberg, ein großer Fan der Bond-Filme hat stets erklärt, dass Indiana Jones ein direkter Enkel des Agenten sein könnte.

Der Schauspieler Connery stellt immer mehr einen Scheitelpunkt zwischen der Generation der Stars und Schauspieler der Vergangenheit dar, wie Gary Cooper, James Stewart, Edward G. Robinson, Humphrey Bogart oder Richard Widmark und der Gruppe der neuen Schauspieler wie Harrison Ford oder Jeff Bridges.

Vom Hauptdarsteller von *Krieg der Sterne* (*Star Wars*) trennen ihn weniger als fünfzehn Jahre, aber es scheinen sehr viel mehr zu sein, da Sean, der in erster Linie Europäer ist, einer anderen Kultur, anderen Starmodellen und anderen Vorstellungsmustern angehört. Aber Hollywood hat sich das zu eigen gemacht, und Spielberg war wie immer sehr weitsichtig und intuitiv, als er ihm die Rolle des Vaters von Indiana Jones anbot.

»Das Angebot, den Bond zu spielen, war ein Glücksfall«, sagte Connery, »und Glücksfälle

Connery und Basinger in *Sag niemals nie.*

gibt es nur einmal. Und wenn einer eintritt, muss man sofort zugreifen und ihn nicht mehr loslassen. Hätten sie mich mit Bond verwechselt? Hätte ich mich darüber geärgert? Bei einem Schauspieler oder einem Schriftsteller besteht immer die Gefahr, dass man ihn mit einer seiner Figuren verwechselt: Wie viele Leute schreiben immer noch an Sherlock Holmes, obwohl sie genau wissen, dass er nicht existiert und nie existiert hat?« (»Europeo«, März 1965).

Der Ausdruck 'Bondismus' gehört heute, in einer Zeit der virtuellen Realität und der Spione, die in ihrem cybernetischen und cyberpunkartigen Gehirn gefährliche Daten gespeichert haben, weiterhin zum soziologischen Vokabular, und der von Sean ausgesprochene Satz: »Mein Name ist Bond, James Bond« wurde häufig verwendet und in Werbespots nachgeahmt.

Der Schauspieler hat gekonnt die Genres des Krimis, des Comics, des Thrillers und auch des Liebesfilms vereint, wie man an der Präsenz der Bond-Mädchen und seinen vielen Eroberungen erkennen kann. Die Bond-Filme sind also in der Logik einer modernen und materialistischen Ästhetik fast zu 'Objekten' geworden. Der Mann Connery wollte jedoch immer Abstand halten von aller Art Objekte, die mit dem Markenzeichen des goldenen Spions verkauft wurden, von den Modellautos des Aston Martins zu den Kaugummis mit Bildchen, vom 007-Champagner zu Spielen, die dem Monopoly ähnelten.

»Ich mache für ein paar japanische Firmen Werbung und das ist wie eine Arbeit«, sagt Sean, »aber ich wollte nie meine Filme mittels Werbekampagnen verkaufen«.

Auf andere Weise hat Connery jedoch oft die Filme seines Spions unterstützt, indem er, zum Beispiel 1965, den Dokumentarfilm für das Fernsehen *The Incredible World of James Bond* mit unveröffentlichten Szenen aus *Feuerball* und ebenfalls fürs Fernsehen *The Making of »You Only Live Twice«* drehte.

Als Connery beschlossen hatte, die Rolle aufzugeben, waren alle, oder fast alle, derselben Meinung: »007 überlebt nicht ohne Sean, aber das 'Bondfieber' wird nicht verschwinden und wird das Kino beeinflussen«. Dann ist jedoch eine andere Art des Bondfiebers ausgebrochen, und zwar mit dem Australier Mel Gibson in *Lethal Weapon*

SEAN CONNERY
DIE JAMES-BOND-FILME,
ANDERE
ROLLEN UND…
SAG NIEMALS NIE

(1987), der das Verbindungsglied darstellt zwischen Bond und den bionischen Männern mit ihren durch Bodybuilding gestählten Körpern wie Arnold Schwarzenegger, Sylvester Stallone, Steven Seagal und schließlich Christopher Lambert aus dem Videofilmspiel *Mortal Kombat*.

»Die Wahrheit ist«, sagte der Schauspieler, »dass es Bond gibt und immer geben wird. Ganz einfach, weil er den Achilles, den unverwundbaren Siegfried darstellt, der immer gewinnt. Als ich die Rolle in *Outland – Planet der Verdammten* annahm, tat ich das auch, weil ich überzeugt davon war, dass ich mittels eines sehr viel menschlicheren und komplexe-

Zwei Aufnahmen aus *James Bond 007 – Feuerball*. Bonds unvergleichlicher Gegenspieler mit Augenbinde wird von Adolfo Celi gespielt (NEBEN).

ren Weltraumhelden Bond in Vergessenheit geraten lassen konnte, ohne ihn auszulöschen, aber indem ich ihn überdeckte«.

Und nachdem sich Connery oft beklagt hatte, dass er zwar schöne Mädchen als Partnerinnen hatte, die jedoch wenig oder gar keine Filmerfahrung hatten, fehlte in dem Weltraumwestern und –thriller von Irving Kershner das weibliche Geschlecht fast gänzlich!

Der zynische, unmoralische aber moralisierende, snobistische, brutale und ungehobelte Weiberheld Bond hat mit Sean den Sinn für Humor, einen gewissen eiskalten Ausdruck, die Art, sich auf rätselhafte und höhnische Weise der Realität und der Fantasie zu nähern (indem er Realismus in seine Rollen einfließen lässt) und eine männliche Eleganz gemein, die die Gewalt auflöst. Keinem wie Sean Connery ist es in den Bond-Filmen gelungen, dieses Destillat aus Vorzügen und Fehlern zu erreichen. Sehr zutreffend ist die Aussage von Oreste Del Buono, der die Rolle und den Schauspieler so beschreibt: »Dieser Superpolizist mit dem Blendwerk eines Gentlemans, der vielleicht auch mit einer Seele, bestimmt aber mit einem beunruhigenden Funken ausgestattet ist«.

Der Irrationalität dieses Funkens haben sich nicht nur die Soziologen gefügt (man denke nur an das Buch, das 1965 vom Verlag Bompiani mit Aufsätzen von Umberto Eco, Andrea Barbato, Furio Colombo, Lietta Tornabuoni etc. herausgegeben wurde), sondern auch die Massen und das wilde Gedränge vor den Erstaufführungen.

Bei den Dreharbeiten zu *Der Name der Rose* in Rom hatte Connery erklärt: »Ich staunte jedes Mal, denn meine Filme wurden von Leuten rezensiert, die auch Ariost, Stendhal und Dante zitierten. Vielleicht kam das auch daher, dass Bond, in einer Zeit des Wohlstandes und der ersten Beunruhigungen, eine positive Science-Fiction darstellte, während die Bedrohung durch die Atombombe bereits in der Luft lag«. Connery sah seinen 007 jedoch nie als Spiel an, so wie seine Nachfolger, der blasse George Lazenby, der Engländer Roger Moore, der stattliche Timothy Dalton und zuletzt der schöne Ire Pierce Brosnan. Er war einfach James Bond, und schien, obwohl er sich nie verliebte, immer in irgendeine romantische Liebesgeschichte verwickelt zu sein. Seine stets

Der KGB nahm die Bond-Filme nicht nur sehr ernst, sondern ahmte auch deren Geheimwaffen nach, da er annahm, es handle sich um Prototypen.

schönen und immer Sinnlichkeit ausstrahlenden Frauen scheinen, im Rückblick, die heutige Mode-Manie der Top-Models vorweggenommen zu haben.

Die künstlerische Entwicklung Connerys in den Jahren, in denen er den 007 verkörperte, muss jedoch in seinem Versuch, sich der Schöpfung Ian Flemings zu entziehen, gesehen werden, und, paradoxer Weise, in seiner Rückkehr zu der anschließend abgelegten Rolle (*Diamantenfieber* und *Sag niemals nie*). Auch wenn die gesamte Soziologie ihren überrealistischen Helden akzeptiert und über ihn diskutiert hat, so war die Kritik oft streng. Über Diamantenfieber schrieb Alberto Moravia: »In dem vergänglichen Film voller Runzeln spielt ein Sean Connery mit sichtbar eingerosteten Gelenken, dessen Körper die gleichen Spuren wie die eines Boxers aufzeigt, dem eine strenge Diät auferlegt wurde, damit er sein Gewicht wieder erlangt«.

Auch wenn ein paar körperliche Mängel, Toupet eingeschlossen, enttäuschten, dem Mythos jedoch nichts anhaben konnten, so sind doch andere seiner vielseitigen Interpretationen von Spionen sehr viel interessanter. Denn im Berufsleben Seans gab es auch andere Spione, auch wenn die Rollen nicht immer ganz deutlich die Stigmata eines Agenten hatten. Andererseits hat Connery immer erklärt, wie auch Michael Caine bestätigt, der Hauptdarsteller der Kinoserie

Ipcress, die sich an einer von dem Schriftsteller Len Leighton erfundenen Gestalt inspiriert, dass er mehr von entlassenen Agenten angezogen wurde, die gegen Bond waren, als von bewaffneten Titanen. Dies bestätigt auch sein Skeptizismus gegenüber den Rambo-Filmen, und es verwundert nicht, dass Connery heute, während auch aufgrund der Nachrichten ein neues Agentenfieber ausbricht, Gestalten wie dem Analytiker des CIA, Jack Ryan, näher steht, der von Tom Clancy erfunden und von Harrison Ford auf der Leinwand verkörpert wurde, als einem Geheimagenten, der aus einem Comicstrip zu stammen scheint.

Auch in dem wenig erfolgreichen und gelungenen Film *Der letzte Held von Afrika* von Bruce Beresford enthüllt der von Connery dargestellte Arzt die Intrigen des britischen Botschafters und die Machenschaften seines Sekretärs. Noch deutlicher kommt dies in *Im Sumpf des Verbrechens* zum Ausdruck, in dem sein Juradozent Paul Armstrong zum Detektiv wird, um selbst einen grausigen Mordfall zu untersuchen.

Der Agent, jedoch, der mit Penfoldbällen Golf spielte und diverse 007-Clubs ins Leben rief, der den monarchischen Puristen und denjenigen, die ihn als Faschist betrachteten, ein Dorn im Auge war (und dem Schotten Connery machte es Spaß, sich über die angelsächsische *upper class* lustig zu machen), gab Connery die Möglichkeit zu beweisen, dass sein »Arbeitergesicht« das eines Schauspielers war und nicht nur das einer Figur, die, wie er scherzhaft sagt, »niemals um etwas bitten muss«.

Man sollte auch hervorheben, wie für Sean, der nach Jahren des abgezählten Geldes und gebrauchter Kleidung allmählich eine gewisse finanzielle Sicherheit erlangte, die Darstellung des Agent 007, im Gegensatz zu der des Proletariers Harry Palmer aus *Ipcress* und der des melancholischen und problematischen Helden von John Le Carré, zu seinem eigenen finanziellen Wohlstand beitrug, der mit dem der Gesellschaft und der Überlegenheit und dem Stolz der westlichen Welt einherging. Viele Jahre später bewies Connery in *Die Wiege der Sonne*, wie schon in den Bond-Filmen, die filmische Überlegenheit der Klasse und der Kultur des Westens gegenüber des Ostens.

Kurz gesagt, der Schotte aus Fountainbridge

mit seiner persönlichen Geschichte und seinem Aussehen, in schwarzem oder weißem Smoking, je nach Klima und Breitengrad, passte genau in eine Gesellschaft, die sich vom Katholizismus und den Auswirkungen der McCarthy-Ära befreite und auf Scheidung, Konsum, sexuelle Revolution und Permissivität zusteuerte.

James Bond jagt Dr. No und *Liebesgrüße aus Moskau* wurden beide unter der Regie von Terence Young gedreht, der mit Hitchcock, René Clair, Jacques Eyder und auch Sam Wood gearbeitet hatte. In diesen beiden ersten Filmen wird die Hauptfigur strahlend dargestellt. Der erste Film spielt vor dem exotischen Hintergrund Jamaikas, der zweite ist zwischen Moskau, Istanbul, dem Orient-Express und Venedig angesiedelt. Im ersten Film heißt die weibliche Schönheit Honey und ist eine Muscheltaucherin, die von Ursula Andress dargestellt wird; im zweiten ist es eine Tatjana, die von Daniela Bianchi verkörpert wird, eine verführerische und ausweichende Expertin für die Geheimcodes der russischen Botschaft.

Im ersten Film gehören die Bösen zur Bande des Dr. No, Joseph Wiseman, und zur Insel Crab Key; im zweiten Film, der sehr viel politischer und vom Kalten Krieg beein-

SEAN CONNERY
DIE JAMES-BOND-FILME,
ANDERE
ROLLEN UND...
SAG NIEMALS NIE

»Weil ich mir selbst beweisen wollte, dass ich dieser Figur nicht unterlag, sondern sie frei und aus einem völlig anderen Blickwinkel heraus spielen konnte«.

(In Bezug auf *Sag niemals nie*)

flusst ist, gehören sie der schrecklichen Organisation Spectre an, und sowohl diesseits als auch jenseits des Ozeans ist man sich einig, dass dies die beste Interpretation Sean-Bonds und der beste Film der Serie ist.

In *James Bond jagt Dr. No* spielt Connery Karten, spricht von Sex, findet eine 'schwarze Witwe' in seinem Bett, wird mit einem feuerspeienden Drachen fertig, muss einen Sumpf mit radioaktiv verseuchtem Wasser durchqueren, sich Entseuchungs-Duschen unterziehen und wird, damit er die Pläne des Dr. No nicht vereiteln kann, der versucht, die Laufbahn der Mercury-Rakete, die zum Mond fliegen soll, umzuleiten, buchstäblich ins Gefängnis 'geworfen'. Die berühmteste Szene, außer der, in der Honey aus dem Wasser steigt, ist die, in der sich Bond als Angestellter des Dr. No verkleidet, den Hebel des Atomreaktors betätigt und so die Insel in die Luft fliegen lässt, nachdem er zuvor Honey vor gefräßigen Riesenkrabben gerettet hat.

Im zweiten Film, einer actionreichen Spy-Story, in der der Bösewicht vom perfiden Robert Shaw dargestellt wird, setzt Connery den Hauptakzent auf die Ironie und schlägt schelmische Töne in der Beziehung zu seinem türkischen Freund Kerim, Pedro

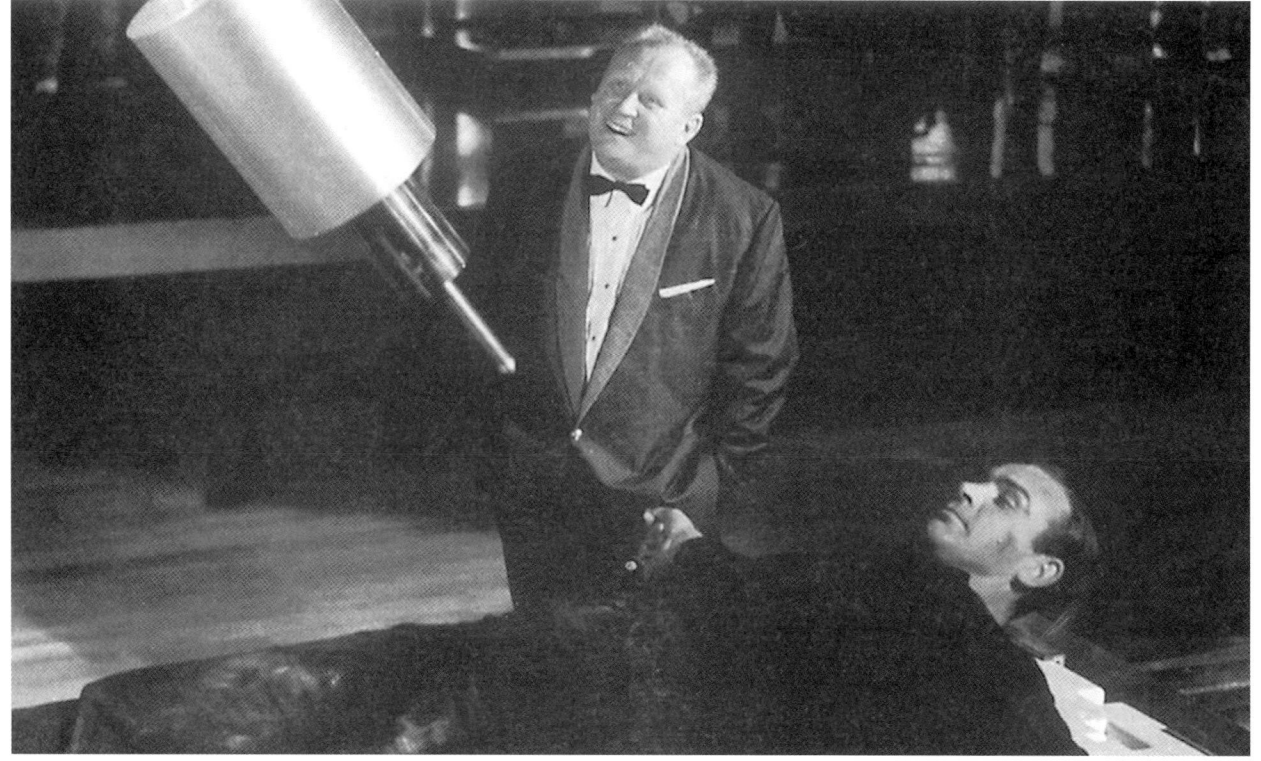

Ein Laserstrahl ist im Begriff Bond zu töten, während Auric Goldfinger (Gert Fröbe) vergnügt zuschaut. Aber noch ist nicht alles verloren...

Armendariz, an. Rosa Klebb, dargestellt von Lotte Lenya hat eine tragende Rolle, und diese Neuigkeit, bei der Bond auf brutale Weise einer 'Dame' gegenübergestellt wird, trug dem Agenten den Ruf des Machos ein, obwohl es die schmeichlerische Tatjana (Daniela Bianchi) sein wird, die die fanatische Doppelagentin des russischen Geheimdienstes eliminiert, die politisches Asyl sucht und den Engländern einen Lektor, das heißt, einen Apparat zur Dechiffrierung von Nachrichten in russischem Code, anbieten will. Connery machte der Film großen Spaß und bei den Dreharbeiten freundete er sich mit Lotte Lenya an, der Doppelagentin, die entschlossen war, im Westen Asyl zu suchen, und die in Wirklichkeit die Witwe Kurt Weills und die bedeutendste Brecht-Weill-Interpretin war.

Das war eigentlich das Drehbuch, das ihn zum Helden des Westens und zum männlichen Sieger machte. Man darf nicht vergessen, dass am 22. November der amerikanische Präsident J.F. Kennedy ermordet worden war und dass dieser Film, der, wenn auch auf kühne Weise, den Kalten Krieg zum Thema hatte, sich als sehr aktuell erwies, als er 1963 gedreht und im April 1964 in Amerika herauskam.

Der Film verhalf Connery dazu, ein hyperrealistischer, aber auch menschlicher Held zu werden, der auch durch seine Gespräche mit der Sekretärin Miss Moneypenny, dargestellt von der Schauspielerin Lois Maxwell, sympathisch war, die jedes Mal mit klopfendem Herzen auf seine Rückkehr wartete und ihn stets fragte, ob er nicht endlich die Absicht habe, sich einen Ehering an den Finger zu stecken. Auch im Bereich der Mode trug der Bondismus zur Schöpfung der Figur Bond-Connery bei. Und so wie sich bei den Frauen der aerodynamische Courrèges-Stil verbreitete, machte der Agent 007 bei den Männern die Verführung durch Luxus populär. Der Bond-Connery von damals wirkt heute gesehen wie ein Portrait à la Warhol, zwischen Apologie und Verhöhnung des Konsumgeistes, ähnlich den Campbell's-Dosen.

Und sehr wahr klingen die Worte Andy Warhols bezüglich des 'Konsums' in den Bond-Filmen: »Der reichste Konsument kauft im Grunde dieselben Dinge wie der ärmste«.

Eine Szene aus James Bond 007-Liebesgrüße aus Moskau: Bond am Tisch mit den Schauspielern Robert Shaw und Daniela Bianchi.

SEAN CONNERY
DIE JAMES-BOND-FILME, ANDERE ROLLEN UND...
SAG NIEMALS NIE

»Ich habe viele Szenen, sofern es mir möglich war, ohne Double gedreht, denn das Publikum ist heutzutage viel aufgeweckter und akzeptiert es nicht, ganz offen angeschwindelt zu werden«.

Die Schlafröcke Seans im Zug oder in den Hotels waren stets aus Lyoner Naturseide; die Schuhe kamen aus der Saint-James Street; die Zigaretten waren von der Marke Balkan Sobranies; die Hotels waren stets die luxuriösesten; die Swimming-Pools hatten immer glasklares Wasser; in den Salons, auf den Hotelkorridoren oder im Spielkasino traf 007 stets auf fatale Frauen; hinter jeder Tür oder jedem Paravent konnte sich ein Verbrechen verbergen. Aber Bond schien immer gut parfümiert, war immer perfekt rasiert und sein Hemd war, auch nach einem Tag voller Schlägereien oder Arbeit, stets makellos.

Mit diesem Film begann für Connery der Vergnügungspark der Modernität, aber auch ein Fluch, denn wie Jean Cocteau gesagt hatte: »Die Götter existieren, sie sind der Teufel...«.

Der Proletarier Connery mit seiner soliden Ehe und dem gerade geborenen Sohn, den er mit einer Frau hatte, die geschieden war und bereits ein Kind hatte, die jedoch der intellektuellen Oberschicht angehörte und die Schwiegertochter des italienischen Historikers Gioacchino Volpe gewesen war, stellte auch im wahren Leben einen Gegensatz zu der neuen Gesellschaft dar. Sean gelang es jedoch auch, ein Traditionalist zu sein, ein Volksheld, ein Mann von Welt und ein Junge im T-Shirt, der als Handlanger eines Milchhändlers gearbeitet hatte und der also sehr gut ein Diener Seiner Britischen Majestät sein konnte, auch wenn er sicherlich nicht aussah wie ein reinrassiger Engländer und auch nicht blond war, wie in den Büchern Flemings (so wie Michael Caine perfekt gewesen wäre). Er wurde jedoch der Komplize des Publikums, das keine raffinierten Helden mehr wollte, sondern ein bisschen Kitsch. Niemand wollte Bond beim Lesen zusehen oder wie er Eintrittskarten für ein klassisches Konzert kaufte.

Bond schien eher dem »Playboy« entsprungen zu sein, und dieser rauhe Schotte verkörperte perfekt den Teufel und die Rettung durch das Weihwasser (das sich in Champagner verwandelt hatte).

Und es war kein Zufall, dass sogar die Trennung Connerys von Diane Cilento von den Fans wie ein kollektiver Schmerz verspürt wurde, wie das Versagen eines ungebundenen Liebhabers des Kinos, der im wahren Leben monogam und konservativ sein konnte und die sexuelle Freiheit mit der Einhaltung der Tradition in Einklang brachte. Der Mensch hatte es also, genau wie sein Geheimagent, zum Erfolg gebracht, ohne »eine schmutzige Arbeit« verrichten zu müssen und über Bösewichte zu wachen, die wenig mit der wirklichen Politik zu tun hatten.

Die Popularität und der Erfolg des James Bond gingen mit der Verschlechterung der Beziehung zu Diane Cilento einher, die heute mit einem Komödienschriftsteller verheiratet ist, in Australien lebt, weiterhin am Theater spielt und selbst Dramen und Komödien schreibt.

In New York hatte Diane Cilento Kurse an der Academy of Dramatic Art absolviert, war in die ManBarter Theatre Company eingetreten, hatte am Broadway in der amerikanischen Version von *Der Trojanische Krieg findet nicht statt* von Jean Giraudoux debütiert und war, während Connery mit seinem 007 Triumphe feierte (die Rolle, zu der sie ihn gedrängt hatte), 1963 als beste Nebendarstellerin in dem Film *Tom Jones* für den Oscar nominiert worden, obwohl dieser dann an Margareth Rutherford in *International Hotel (The VIPs)* ging.

Außerdem war Carol Reed dabei, den Film

Auch im Bereich der Mode trug der Bondismus zur Schöpfung der Figur Bond-Connery bei. Und so wie sich bei den Frauen der aerodynamische Courrèges-Stil verbreitete, machte der Agent 007 bei den Männern die Verführung durch Luxus populär.

Inferno und Ekstase zu realisieren, in dem ihr eine wichtige Rolle an der Seite von Rex Harrison und Charlton Heston angeboten worden war.

Sicherlich war die künstlerische Beziehung zwischen Diane und Sean von Konkurrenz geprägt, und obwohl es Sean immer noch nicht gelungen ist, sich dazu zu entschließen, den einzigen Film zu drehen, bei dem er Regie führen will und für den damals das Drehbuch bereits fertig war, nämlich eine Version von *Macbeth*, so hatte seine Frau 1969 am Theater unter seiner Regie gespielt, als er bereits versuchte, sich von dem Bondfieber zu befreien und mit Martin Ritt und Sidney Lumet arbeitete. Es war Diane gewesen, die das Stück des kanadischen Autors Allan Herman, *I've seen You Cut Lemons*, ausgewählt hatte. Das Ergebnis war, der Kritik zufolge, nicht gerade ausgezeichnet. Das Stück setzte sich mit einem heiklen Thema auseinander, denn im Mittelpunkt stand das inzestuöse Verhältnis zwischen Bruder und Schwester, das sie in eine Spirale der Angst verstrickte. Von London ging die Aufführung nach Newcastle und Manchester auf Tournee und wurde dann schnell abgesetzt.

Kurz nach diesem Misserfolg wurde das von Connery geförderte Projekt *Macbeth*, gegen das die United Artists scheinbar nichts einzuwenden hatte, auf Eis gelegt, auch weil Roman Polanski angekündigt hatte, einen Film aus diesem Shakespeare-Drama zu machen, das er in einem grausamen, mittelalterlichen Schottland ansiedeln wollte.

Seit dem Beginn der James-Bond-Filme hatte Sean jedoch stets versucht, sich selbst und seiner Frau zu beweisen, dass das Glück, das ihm in den Schoß gefallen war, nicht bedeutete, dass er darauf verzichtete, nach Höherem zu streben. Auch der Umgang mit der qualifiziertesten Kritik, die streng gegenüber Bond war, war nicht leicht. Nur Bosley Crowther, der große Kritiker der »New York Times« hatte in der zweiten Runde der Serie nach *Liebesgrüße aus Moskau* geschrieben: »Versäumen Sie diesen Film nicht. Sehen Sie ihn einfach an und Sie werden Ihren Spaß daran haben«.

Nach dem Feuerwerk des kommerziellen Erfolges, nach der Popularität, die durch den Massenwahn nach den ersten beiden Filmen ausgebrochen war, aber auch nach der unterschwelligen Verbitterung über die ironischen Bemerkungen bezüglich der Qualität und der Intelligenz des proletarischen, schottischen Schauspielers, der zum Bond gewählt worden war, beschloss Connery, *Die Strohpuppe* und *Marnie* zu drehen.

Und gerade vor diesem Mechanismus der Anziehungskraft des Reizes einer überlegenen Persönlichkeit mit einer starken körperlichen Ausstrahlung, aber auch vor dem Skeptizismus gegenüber der Figur eines unermüdlich umherirrenden und liebenden Helden und Kavaliers, in dem sich der infantile Wunsch der Omnipotenz spiegelt, versuchte der Schauspieler zu fliehen. Und dann nahm er die Figur doch wieder in *Sag niemals nie* auf, »weil ich mir selbst beweisen wollte, dass ich dieser Figur nicht unterlag, sondern sie frei und aus einem völlig anderen Blickwinkel heraus spielen konnte. Und ich akzeptierte sogar, ein Toupet aufzusetzen, obwohl ich anfangs dagegen war, aber das Publikum kannte James Bond mit Haaren, und es wäre falsch gewesen, ihn anders zu präsentieren, nachdem ich mich entschlossen hatte, ihn nochmals zu verkörpern. Ich habe auch viele Szenen, sofern es mir möglich war, ohne Double gedreht, denn das Publikum ist heutzutage viel aufgeweckter und akzeptiert es nicht, ganz offen angeschwindelt zu werden«.

Mit diesen Worten beweist Bond indirekt, dass er, indem er die technologische Rationalität des Films als Kunst des Volkes und des Konsums akzeptiert, den Geschmack und die Bedürfnisse der Masse befriedigen wollte.

Oft, und sicher nicht nur aus Gründen der Vermarktung oder wegen höheren Gagen für bestimmte Rollen, kann man in den Filmen Connerys auf diese Art der Wahl treffen. Das ist einer der Gründe, weshalb viele Jahre später seine Stellung und seine Rolle im Filmgeschäft und in der wandelbaren Gesellschaft deutlich und geradlinig abgezeichnet sind, und was bestimmte Schauspieler zu Stars werden lässt.

Denn im Gegensatz zu den berühmten Western oder zum Inspektor Callaghan des Clint Eastwood, das heißt, im Gegensatz zu einem Genre oder einer Rolle, die diesem die Möglichkeit geboten haben, seine Berufung zum Regisseur und viele andere Interessen zu wählen und zu entwickeln, war Bond für Connery Dreh- und Angelpunkt für seine gesamte Karriere.

Und HIER die berühmteste Szene aus *James Bond jagt Dr. No*: Die Begegnung zwischen Bond und der blonden Taucherin Honey Rider (Ursula Andress) am Crab Key Strand.

SEAN CONNERY
DIE JAMES-BOND-FILME,
ANDERE
ROLLEN UND...
SAG NIEMALS NIE

Der dritte James-Bond-Film wurde 1964 gedreht: *Goldfinger* kündigte aufgrund einiger finanzieller Probleme hinsichtlich der Einnahmeprozente einen Wechsel in der Regieführung an. Cubby Broccoli akzeptierte die Forderungen Terence Youngs nicht und ersetzte ihn durch Guy Hamilton: Connery bedauerte dies, aber Hamilton war auch ein Freund seiner Frau Diane, mit dem sie gearbeitet hatte, und bald wurde er ein häufiger Gast im Hause Connery, auch weil er sich ein Haus auf Mallorca kaufte, wo Sean sich niedergelassen hatte.

Als Sohn eines Diplomaten hatte sich Hamilton zur Britischen Marine gemeldet und war an Bord eines Torpedojägers nach Norwegen, Malta und Murmansk gekommen, wo es seine Aufgabe gewesen war, alliierte Agenten aus den von deutschen Truppen besetzten Gebieten zu schleusen.

Er erzählte immer, dass seine Vorliebe für Actionfilme von diesen Szenen »des Kriegsschauspiels« rührte, die er gesehen und erlebt hatte, und er brachte diese spektakulä-

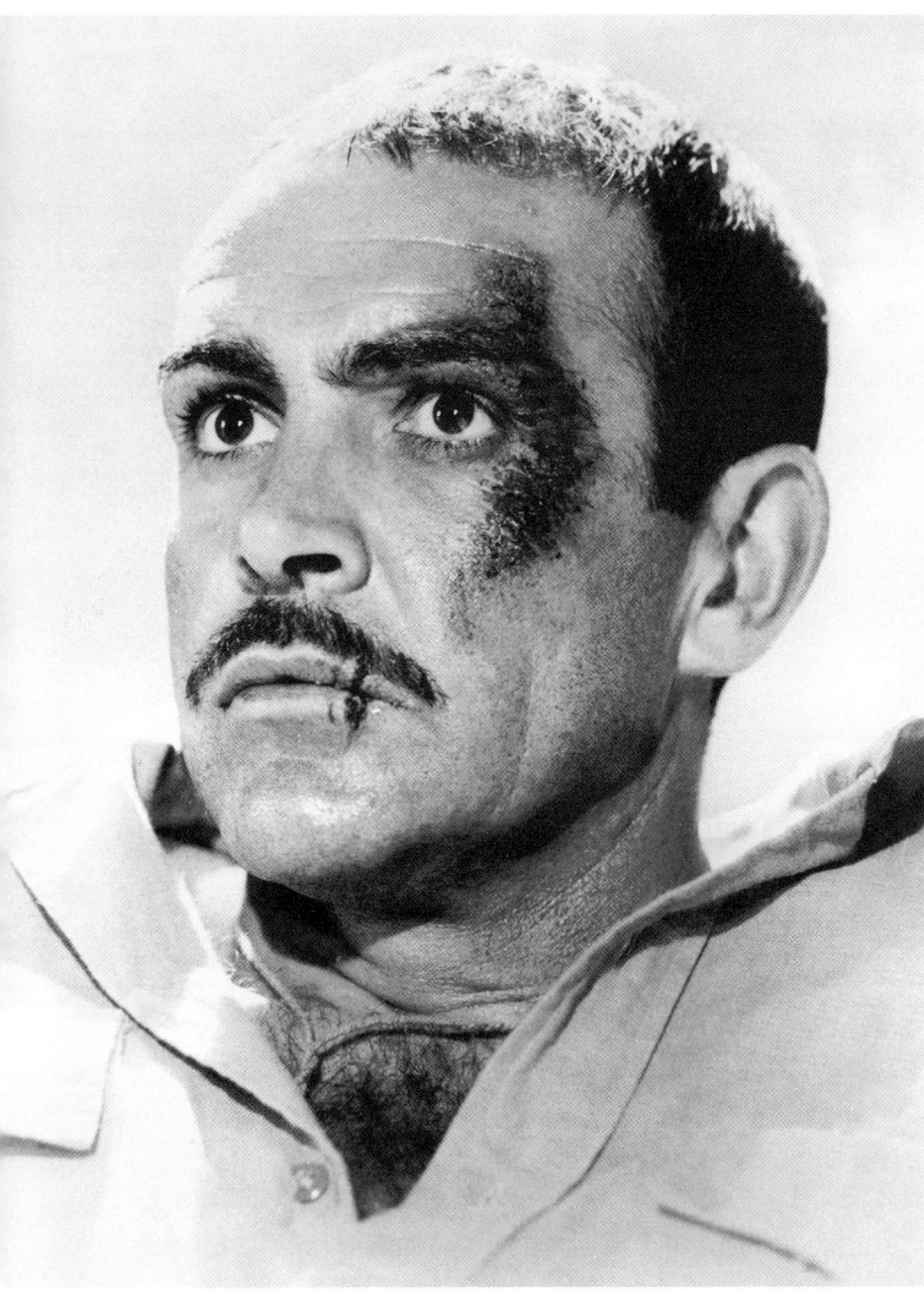

Connery bestätigte dies in seiner Erklärung: »Die Freiheitsstatue gehört für mich zweifellos zu einem der größten Eindrücke. Jahrelang habe ich Umwege gemacht, um an ihr vorbeizukommen. Dann bin ich eines Tages nach Ellis Island gegangen. Der Himmel war blau und ich sah zur Statue hinauf. Es war ein absoluter Schock und ich habe mich an die Verse von Emma Lazarus erinnert, die sie am 2. November 1883 geschrieben hatte: 'Gebt mir eure beklagenswerten und müden Massen/ eure aufgehäuften Mengen, die nach reiner Luft lechzen/ aus euren überbevölkerten Gebieten/ die zitternden Ausgestoßenen/ Schickt sie mir/ diese vom Sturm gepeitschten Heimatlosen'. Für einige können diese Worte banal erscheinen: Für mich bedeuten sie eine wunderbare Geschichte, die über ihre Worte hinaus bewegend ist«.

Die Dreharbeiten zu dem Film mit Hamilton, der als 'Bösewicht' den deutschen Schauspieler Gert Fröbe gewollt und bekommen hatte, und der entschlossen war, einen superspektakulären Film zu machen, in dessen Mittelpunkt Gold, Macht und die Angst vor der Atomwaffe stehen, der jedoch auch etwas von Tausend und einer Nacht haben sollte, begannen im März in den Pinewood-Studios, und in diesem Film taucht zum ersten Mal der Aston Martin DB5 auf. Die Dreharbeiten waren äußerst anstrengend, und während der Film paradoxer Weise unter der Oberaufsicht von Terence Young geschnitten wurde, begab sich Connery nach Italien, wo Diane unter der Regie von Carol Reed *Inferno und Ekstase* drehte.

Das Ehepaar nahm sich ein Haus in Olgiata bei Rom, und der Schauspieler, der überall von Fotografen verfolgt wurde, entspannte sich, indem er vor allem mit Rex Harrison Golf spielte.

Und in Rom, in der Nacht vom 11. auf den 12. August '64, erhielt er die Nachricht vom Tod Ian Flemings, dem Schriftsteller, der aus einer Bankiersfamilie stammte, die wie Sean schottischen Ursprungs war, und der, wie Connery, zäh war, den Fußball liebte, und sich auf dem Spielfeld seine aristokratische Nase gebrochen hatte. Der vornehme Ian, der aus einem Roman von Evelyn Waugh entsprungen zu sein schien, der, wie viele vermuteten, hinter der Abkür-

In *Ein Haufen toller Hunde* ist Connery Joe Roberts, ein Gefangener in einem Straflager in Nordafrika während des Zweiten Weltkriegs.

ren Komponenten und Meeresabenteuer in einer Story unter, in der der Agent 007 riskierte, von einem Laserstrahl zersägt zu werden.

Viele Jahre später, als er *Remo Williams* drehte, in dem sich die spektakulärsten Szenen auf den Gerüsten der Freiheitsstatue abspielen, erklärte Hamilton: »Es war ein Traum Connerys, ein paar Szenen in einem seiner Filme auf dieser Statue zu drehen, und er hätte sich gewünscht, im Finale mit Pussy Galore, Honor Blackman, mit dem Fallschirm genau auf der Statue zu landen«.

zung M des Admirals die hartnäckige und strenge Figur seiner Mutter Evelyn versteckt hatte, und der immer behauptet hatte, mit dreiundvierzig Jahren mit dem Schreiben begonnen zu haben, um den Schock zu vergessen, geheiratet zu haben, war bei der Erfindung seines 007 von dem Krimiautor par excellence, Raimond Chandler, unterstützt worden. Heute noch erinnert sich Sean an eine seiner Maximen: »Das Leben ist ein Mischung aus Sahne und Schlamm«, und er hat immer ohne zu zögern erklärt: »Ian Fleming? Der sympathischste Snob, den ich je kennen gelernt habe«.

Nach *Goldfinger* spielte Sean in dem Film *Ein Haufen toller Hunde* von Sidney Lumet und begann dann, im Frühling 1965 auf den Bahamas, mit den Dreharbeiten zu *Feuerball*. Die 'Bondmanie' ließ den Schauspieler nicht mehr zur Ruhe kommen, und es kam, wie damalige Zeitungsartikel berichten, zu schweren Problemen und zu einer »Probetrennung« von seiner Ehefrau Diane Cilento, auch aufgrund eines neuen Bond-Girls namens Claudine Auger-Domino, wie die Klatschspalten berichteten. Der Film wurde nach endlos langen Rechtsstreitigkeiten mit der Eon Film von Broccoli von Kevin McClory produziert, ein wichtiger Name, denn es war eben dieser McClory, der später als Produzent von *Sag niemals nie* firmierte, womit er ein Projekt krönte, das er seit den Zeiten von *Der Wind und der Löwe* (1975) verfolgte, als er in Marokko auf dem Set von John Huston auftauchte, um Sean zu überzeugen, den Smoking Bonds wieder anzulegen.

Das Rezept des Films war wie die vorangegangenen und Bond musste sich wieder einmal mit der unfassbaren, fürchterlichen und immer wehrhafteren Spectre herumschlagen.

Die Kritik ging sehr herb mit dem Film um und schrieb, dass es ihm an einer wahren Story und an Struktur fehlte, aber dass »das Surrogat, ein wahrer Bondfilm-Ersatz« sich wie gewöhnlich in der ganzen Welt ausbreitete und so seine Macht in den Sechziger Jahren bestätigte. Ein Jahrzehnt, in dem sich Sean, nach dem folgenden Film *Man lebt nur zweimal*, zeitweilig von der Serie zurückzog, um anschließend im Jahr 1971 mit dem Film *Diamantenfieber* zurückzukehren. Sean ak-

Die erste Abkehr von der Rolle des 007 vollzog sich 1964 mit dem Film Die Strohpuppe, der Sean ermöglichte, mit Sir Ralph Richardson zusammenzuarbeiten.

zeptierte, diesen Film zu drehen, nachdem ihm eine für damalige Verhältnisse sehr hohe Gage von einer Million und 250 Tausend Dollar angeboten worden war sowie ein prozentualer Anteil an den Einnahmen. Die gesamte Summe wurde an den Scottish International Education Trust überwiesen, während Sean sich die Einnahmeprozente einbehielt.

Viele hatten den Eindruck, dass sich die Bondserie allmählich verschlechterte, und die amerikanische Kritik ging nach *Feuerball* auch bei *Man lebt nur zweimal* generell streng mit Sean um. Dieser Film wurde zum größten Teil in Japan gedreht, und der Schauspieler tritt als Japaner geschminkt mit einer japanischen Gefährtin auf, der Schauspielerin Mie Hama, die für die Rolle der Kissy Suzuki gewählt worden war. Und doch hatte es den Anschein gehabt, dass der Regisseur Lewis Gilbert alle Voraussetzungen für diese Story über multinationalen Weltraumterrorismus und über Becken mit Piranhas mitbrachte. Gilbert hatte gerade mit seinem Film *Der Verführer lässt schön grüßen* große Anerkennung erhalten, war sowohl bei den Engländern als auch bei den Amerikanern beliebt und hatte eine Kindheit als Kinderstar in Stummfilmen hinter sich. Danach war er Regieassistent bei Alexander Korda gewesen und hatte in der Filmeinheit der Royal Air Force hoch geschätzte Dokumentarfilme gedreht. Dem Film und Connery wurden vorgeworfen, dass der Humor aus den zwei ersten Filmen von Terence Young fehle.

»Die Wahrheit ist«, sagte Connery, »dass ab *Goldfinger* die Spezialeffekte, das sehr hohe Budget und die Ausstattung eine überaus wichtige Rolle bekommen hatten, was auf Kosten des Drehbuchs ging«. Außerdem verteidigt 007 in diesem Film, gemeinsam mit dem japanischen Geheimdienst, die friedliche Koexistenz zwischen Osten und Westen, um einen dritten Weltkrieg zu verhindern.

Der filmische Antikommunismus der ersten Filme war also verschwunden und man konnte einen gewissen Manichäismus des Serienfilms verspüren. Die Kritik Jacques Sicliers in »Le Monde« endete mit diesen Worten: »Surtout que Sean Connery est là!«, Hauptsache, Sean Connery spielt mit, nachdem Donald Pleasence in der Rolle des

Bösen gelobt worden war, obwohl der Rezensent von irrwitzigen Erfindungen sprach und zum ersten Mal der internationalen Kritik vorwarf, »zu gut mit einer solchen Art von Superproduktion mit einem Budget von 9,5 Millionen Dollar umzugehen«. Man schrieb das Jahr 1967 und in der »Time« konnte man lesen: »Noch sind wir nicht beim Zeichentrickfilm oder bei Videoclips angelangt, aber diese Art von Abenteuerfilmen, die der Zerstreuung dienen und in denen die Ideologie, wie sie auch sein mag, wenig zählt, beginnen, eine gähnende Langweile aufkommen zu lassen«. Als Connery die Zügel bereits Roger Moore überlassen hatte, sollte Lewis Gilbert mit einem Videoclip-Film wie *Moonraker – Streng geheim* (1979) ins Schwarze treffen, und in weniger als einem Jahrzehnt sollte sich das Kino definitiv der 'Unglaubwürdigkeit' Bonds zuwenden, um das Publikum zu verblüffen. Währenddessen entdeckte man, wie der ehemalige sowjetische Geheimagent Oleg Gordievsky enthüllte, dass der KGB die Bond-Filme nicht nur sehr ernst nahm, son-

»Hitchcock verlangte stets von Sean, die verschiedenen Phasen des Verliebt seins zu spielen, von der Anziehung über die Leidenschaft bis zur Obsession, um dadurch seinen introvertierten Charakter... aus der Reserve zu locken«.

TIPPI HEDREN

dern auch deren Geheimwaffen nachahmte, da er annahm, es handle sich um Prototypen, wie zum Beispiel die Unterwasserkamera aus *Feuerball*.

Fünf Jahre nach dem Erfolg von *Moonraker* sollte Sean die Pistole Bonds wieder in die Hand nehmen und seinen alten Freund-Feind wiederfinden. Während der Dreharbeiten zu *Der Wind und der Löwe* in Marokko hatte er das Angebot Kevin McClorys abgelehnt, auch weil ihm, wie er erst kürzlich enthüllte, die Rolle des M angeboten worden war, während Moore den 007 spielen sollte.

Die beiden Schauspieler waren gleichzeitig im Kino mit den Filmen *Octopussy* und *Sag niemals nie* zu sehen. Die Dreharbeiten zu *Never Say Never Again* begannen im September 1982. Connery verlangte die totale Kontrolle über die Produktion und als Regisseur wurde Irving Kershner gewählt. Aber Sean wollte auch Klaus Maria Brandauer, als Bösewicht Largo, an seiner Seite (»für mich ist er einer der besten Schauspieler auf der ganzen Welt und der beste in Europa. Seine schauspielerische Leistung in *Mephisto* hat mich bewegt und verzaubert«). Seine Frau Micheline nahm mit ihren Vorschlägen an der Auswahl der Schauspielerinnen teil, und Barbara Carrera, eine Freundin des Ehepaars, wurde für die Rolle der Fatima Blush vielen anderen Hauptdarstellerinnen vorgezogen. Auch bei Kim Basinger als Domino und Edward Fox als M bestanden keine Zweifel. Connery, der anschließend einen Rechtsstreit gegen den Produzenten und Rechtsanwalt Jack Schwartzman führte, kontrollierte den gesamten technischen Cast, der aus lauter großen Namen bestand, wie der des Kostümbildners Charles Knode und des künstlerischen Leiters der optischen Effekte, David Dryer, die beide an *Blade Runner* mitgearbeitet hatten. Connery beschäftigte sich auch sehr mit der Leitung der Innen- und Außenaufnahmen. Er beantragte und erhielt zum Beispiel die Erlaubnis, in der Villa Rothschild zu drehen, und das Museum Rothschild wurde zu Palmyra, der orientalischen Residenz Maximilian Largos, in der Bond und Domino gefangen gehalten wurden. Und Sean wählte auch das Städtchen Villefranche, den schwimmenden Yacht-Palast Nabila von Khashoggi, das Spielkasino von

Montecarlo, Nassau auf den Bahamas und die Emi-Studios von Elstree in der Nähe von London.

Und ebenfalls von Sean, der mit Lorenzo Semple jr. auch am Drehbuch mitarbeitete, war die Idee, den M in eine Art bürokratischen Technokrat umzuwandeln.

Die Schlacht um die Kritiken wurde von Connery gewonnen, die um die Einnahmen jedoch von *Octopussy*. In der ersten Szene beobachtete ein gereizter M den von einem Mädchen niedergestochenen James Bond und rief aus: »Langsame Reflexe, nicht in Form. Zu viele Martini, 007!« und der Geheimagent erwiderte: »In den vielen Tests bin ich nur zweimal 'gestorben'!« bevor er in die Shrubland-Klinik geschickt wurde, wo eine athletische Ärztin ihn auf Diät setzte und ihn im Geräteraum schwitzen ließ, obwohl der sardonische und reife Connery sie zu überzeugen versuchte, dass er mit etwas Vodka, Kaviar und Sex viel schneller fit werden würde.

»Ich habe eine wahre Leidenschaft für reinrassige Schauspieler, und Sean ist einer von ihnen. Ich kann seine Verletzlichkeit und seine paradoxe Schüchternheit sehr gut nachvollziehen«.

SIDNEY LUMET

Micheline definierte die Dreharbeiten zu dem Film als »Albtraum« und vielleicht bedauerte sie es, Sean dazu geraten zu haben, nochmals den Bond in einem Film zu verkörpern, dessen Titel sich auf einen Ausspruch von Broccoli gegenüber Sean bezog: »*Never again* werde ich dem 007 dein Gesicht leihen«.

Im Finale jedoch erwidert Bond, während er sich mit Domino in einem Swimming-Pool auf den Bahamas vergnügt, einem Botschaftsangestellten, der herbeigeeilt war, um ihn zu bitten, wieder zur Arbeit zurückzukehren: »Nie wieder, ich bin in Pension«.

Zunächst führte Connery eine intensive Pressekampagne zur Unterstützung des Films und akzeptierte sogar, nach Italien zu reisen, um dort im Fernsehen über den Film zu sprechen, aber dann ließ er die Sache sein. Und doch, in der Wahl vieler Details, in dem Entschluss, den Sinn für Ironie von Terence Young wieder aufzugreifen, und in vielen Dialogen wird der nie ganz ausgespielte Hang Connerys zur spritzigen Komödie deutlich, ein Genre, das er selten praktiziert hat, und in dem er sicherlich, vor allem heute, wo er älter ist, vortreffliche Ergebnisse erzielen würde.

Nach dieser Wette mit 007, die in einem Film ausgetragen worden war, der in vieler Hinsicht ein Remake von *Feuerball* ist, entdeckte Sean noch etwas, das ihn, außer der Freiheitsstatue und den Eröffnungsfeiern der Olympischen Spiele, bewegen konnte. Er hatte es nötig, sich zu entspannen und sich von den gerichtlichen Schritten gegen Schwartzman zu erholen, und so brachte ihn Micheline nach Quiberon, wo es ein Thermalbad gibt, das Algenkuren anbietet.

Wieder einmal verbirgt sich die Ironie dieses Mannes hinter dieser Erklärung: »Ich ging nach Quiberon! Außerdem hatte ich ein ausgerenktes Knie. Schaumbäder, Algenbäder, Kalt- und Warmbäder, völlige Stille. All das löste in mir einen absoluten, schrecklichen 'blues' aus. Am ersten Tag brach ich in Schluchzen aus. Und dann habe ich mich wohl, leicht und entschlackt gefühlt«.

Mit diesen Worten endet das menschliche und professionelle Abenteuer des Schotten Connerys mit James Bond, dem Geheimagenten Seiner Britischen Majestät. Nachdem er sich die 'Lizenz zum Leben' ohne Bond wieder geholt hatte, für den er sogar David

Niven vorgezogen worden war, und der auch John und Jacqueline Kennedy gefallen hatte, verabschiedete sich Connery endgültig von der Gestalt, die den angelsächsischen Stolz in den Jahren des Sieges von Harold Wilson der Labour-Partei, des London Palladiums, der Beatles, der satirischen Zeitschriften und der Mary Quant wieder aufleben ließ.

Insgesamt hatte Sean sieben Mal die Figur des Ian Fleming im Film verkörpert. Und wenn es eine Kunst der Masse gibt, nicht nur weil sie an die Masse gerichtet ist, sondern weil sie ein kommerzielles Unternehmen, die Tochter der Konsumgesellschaft ist, so gehören alle Bond-Filme par excellence dazu.

In »The Culture«, der Beilage der »Sunday Times« vom 5. November 1995 konnte man lesen: »Man hat Connery viel zu verdanken, dass die James-Bond-Reihe, mehr

> *»Lumet ist ein 'milder und harter' Regisseur und ich schätze seine Technik sehr, die Darsteller seiner Filme das Drehbuch proben zu lassen, als handele es sich um ein Theaterstück«.*

als Tarzan, Sherlock Holmes, Batman und Indiana Jones, Erfolg gehabt hat und mit der Mischung aus Action, Fantasie und Abenteuer in der ganzen Welt sogar die allgemeine Vorstellungskraft beeinflusst hat. Heute kann man ohne weiteres behaupten, dass die Bond-Filme die erfolgreichste Kinoserie darstellen, was den Vertrieb und den kulturellen Einfluss betrifft«.

Connery lebt inzwischen weit von London entfernt und von dieser englischen Gestalt, die mit amerikanischem Geld realisiert worden war. Er hat keinen übertriebenen oder maßlos luxuriösen Lebensstil und die Villa in Marbella hatte er vor dreißig Jahren gekauft, als die Grundstücke an der Costa del Sol noch billig waren, und hat sie dann sehr teuer wieder verkauft.

Grund für seine Übersiedlung 1974 war ein Steuerproblem, wie Connery immer zugegeben und deutlich erläutert hat. 1987 er-

Zwei Szenen aus *Die Strohpuppe*, der 1964 von Basil Dearden gedreht wurde. Connery spielt den habsüchtigen Enkel eines Milliardärs, gespielt von Ralph Richardson. Gina Lollobrigida ist Maria, die Krankenschwester, in die sich der alte Mann derart verliebt, dass er sie heiraten will.

klärte er: »Ich sollte 98 Prozent meiner Einnahmen in Großbritannien lassen. Aus dem gleichen Grund sind Albert Finney, Rex Harrison, Roger Moore, Michael Caine, Anthony Hopkins und viele andere weggegangen. Außerdem haben Marbella, die Bahamas (und Schottland) etwas, was für mich lebenswichtig ist: das Golf«.

Connery, der jede snobistische Prahlerei hasst, hat immer hinzugefügt, so als wolle er erklären, dass er weder Energie noch Geld verschwendet, um einen 'effektvollen' Lebensstil zu führen, dass Schottland das einzige Land auf der Welt sei, in dem das Golfspiel schon seit langem als Volkssport angesehen wird.

Wie hoch waren die Einnahmen James Bonds? Der Film, der mehr als alle anderen der Serie eingespielt hatte, war *Feuerball*: 237,8 Millionen Dollar; darauf folgen *Goldfinger* mit 208,4 Millionen Dollar, *Liebesgrüße*

aus Moskau mit 125,8 Millionen Dollar, *Man lebt nur zweimal* mit 174,9 Millionen Dollar und *Diamantenfieber* mit 147, 2 Millionen Dollar. Weder *James Bond jagt Dr. No* noch *Sag niemals nie* haben es in die Top-Ten geschafft, die mit *Octopussy* mit Roger Moore (106, 7 Millionen Dollar) abschließen.

Die erste Abkehr von der Rolle des 007 vollzog sich 1964 mit dem Film *Die Strohpuppe* (*Woman of Straw*), der Sean ermöglichte, mit einem seiner Lieblingsschauspieler, Sir Ralph Richardson, zusammenzuarbeiten.

Gina Lollobrigida erinnert sich daran, dass Sean sie »La Lolla« nannte, so wie auch die von Clint Eastwood dargestellte Figur in *Die Brücken von Madison County* daran erinnert, dass Gina damals ein richtiger Weltstar war. Die Schauspielerin erzählt: »Als ich den Vertrag für diesen Film unterzeichnete, war Sean noch nicht weltberühmt wegen der 007-

Rolle. Ich hatte einen wirklich ausgezeichneten Vertrag mit der United Artists, die mich unbedingt wollte und mir alle möglichen Garantien anbot. Der Vertrag räumte mir ein Recht auf Mitbestimmung bei allem ein: dem Drehbuch, den Partnern, dem Kameramann und der Reihenfolge der Namen im Abspann. In New York traf ich mich mit den Leitern der Filmgesellschaft, von denen ich zum ersten Mal von Connery hörte. Ich kannte ihn nicht, denn das Abkommen für den Film wurde vor dem Start von *James Bond jagt Dr. No* getroffen. Später entdeckte ich, dass Sean ein guter Theaterschauspieler war, aber bei dieser Gelegenheit war das von niemandem erwähnt worden. Ich erinnere mich, dass die drei Direktoren, die vor mir standen, auf meine Frage 'Wer ist dieser Connery' antworteten: 'Ein Mann, ein richtiger Mann.' Diese einstimmige und mit Bewunderung ausgesprochene Aussage hatte mich derart amüsiert, dass ich antwortete: 'Dann akzeptiere ich!' Nach *James Bond jagt Dr. No* kam *Liebesgrüße aus Moskau* heraus, und das war ein wahrer Erfolg. Aber 1963, als wir an unserem Film arbeiteten, der zum größten Teil in Palma de Mallorca, aber auch in London gedreht wurde, schien mir Connery keineswegs von der Rolle des James Bond besessen zu sein, und er zeigte ganz deutlich die Absicht, sich von einer Rolle zu lösen, die seine Ausdrucksmöglichkeiten hätte einschränken können. Ich verstand ihn sehr gut, denn nach *Brot, Liebe und Phantasie* und dessen zweiter Folge, zog ich in Betracht, dass, wenn ich auf die Dauer in meinem Beruf Erfolg und nicht nur Geld wollte, es wichtig sei, jede Wiederholung zu vermeiden. Sean fürchtete nicht so sehr, dass die Serie in festen Schemen erstarrte, sondern die Gefahr, eine einfallslose und immer gleiche schauspielerische Leistung zu liefern, die ihm vor allem keine Anregungen mehr geben konnte. Jedenfalls klappte es mit Sean wunderbar, und sowohl er als auch ich waren von der Möglichkeit begeistert, mit Ralph Richardson spielen zu können. Meine Rolle war ursprünglich für eine Engländerin geschrieben worden und ich wollte, dass man zwei wichtige Szenen hinzufügte, in denen ich mich mit meinem Ankläger auseinander setzte. Das mediterrane Temperament meiner Maria konnte natürlich nicht alles für sich behalten, so wie es eine intro-

SEAN CONNERY
DIE JAMES-BOND-FILME,
ANDERE
ROLLEN UND…
SAG NIEMALS NIE

>>***Sean lässt in seine Filme und seine Rollen, wie alle Schauspieler einer gewissen Klasse, kleine Bruchstücke von sich selbst einfließen. Das sollte man sich immer vor Augen halten***<<.
SIDNEY LUMET

vertierte englische Gouvernante getan hätte. Dafür sorgte schon Sean mit seinem eiskalt zynischem und gelassenem Auftreten bis zu den beiden Auseinandersetzungen am Schluss. Viele Jahre später – fährt die Schauspielerin fort – bei einem Fest, das zu Ehren Seans und seiner Karriere in London veranstaltet worden war, lud mich Sean, mit dem mich eine große Freundschaft verband, mit vielen anderen Schauspielern und Schauspielerinnen, die mit ihm gearbeitet hatten, ein. Sowohl mir als den anderen brachte er die gemeinsam gemachten Erfahrungen in Erinnerung, wobei er eine Vornehmheit an den Tag legte, die Teil seines zurückhaltenden Charakters ist. Mich erinnerte er an ein Detail, das ich vergessen hatte. In einer der Schlussszenen, die ich gefordert hatte, und in denen wir uns hart auseinander setzten, musste er mich schlagen, bis mir das Blut aus der Nase lief. Ich habe die besten Erinnerungen an Sean und ich schätze sehr an ihm, dass es ihm gelungen ist, nicht für sich eine Gestalt aufzubauen, sondern eine dauerhafte Karriere«.

In dem Film, der auf einem Krimi von Catherine Harley basiert und zu dem Robbie Müller und Stanley Mann das Drehbuch geschrieben haben, spielt Connery als Neffe eines Milliardärs an der Seite der Gouvernante Maria, die von Gina Lollobrigida verkörpert wird und die damals, auch im internationalen Filmgeschäft, das Ideal der mediterranen Schönheit vertrat, das nie ordinär war und zu vielen verschiedenen Rollen und nicht nur volkstümlichen passte.

Maria hat ein Verhältnis mit dem Neffen des alten Onkel Charles, den sie heiratet, nachdem sie von ihrem perfiden Liebhaber Anthony Richmond, dargestellt von Sean Connery, mittels eines teuflischen Planes davon überzeugt worden war. Sie wird des Mordes beschuldigt und muss ihre Unschuld beweisen, da nicht sie die Täterin ist, sondern …

Basil Dearden, Jahrgang 1911, war ein Veteran des mittelmäßigen Films und war, nachdem er viele Jahre bei der Earling gearbeitet hatte, selbst Produzent geworden. Dieser Film, den er gemeinsam mit seinem Partner Michael Rep produziert hat, hätte ihrer Meinung nach ein großer Kassenschlager werden sollen. *Die Strohpuppe* war jedoch kommerziell gesehen ein ziemlicher Misserfolg, was Connery dazu veranlasste, sofort den

Vertrag für *Marnie* von Alfred Hitchcock zu unterzeichnen, während die Produzenten bereits *Goldfinger* vorbereiteten.

Der Schauspieler dachte, dass, nach einem Thriller, der seine Erwartungen nicht erfüllt hatte, ein Film mit dem Kinomeister der Spannung seine Karriere bereichern und qualitativ aufwerten würde und dass er in den Augen der Produzenten Hollywoods das Ansehen eines vielseitigen Schauspielers erlangen würde.

Tippi Hedren, die für die Rolle der Diebin aus dem Roman von Winston Graham ausgewählt worden war, nachdem Grace Kelly die Rückkehr zum Film abgelehnt hatte, erinnert sich sehr gut an Sean.

Auf der kalifornischen Ranch, wo sie zwischen Tigern und Löwen lebt, um die sie sich persönlich kümmert, erzählt die Schauspielerin: »Sean hatte etwas katzenhaftes und war immer auf der Hut. Diese Haltung passte genau zur Rolle des Mark Ruthland, eines Mannes, der entschlossen war, Marnie

SEAN CONNERY
DIE JAMES-BOND-FILME, ANDERE ROLLEN UND…
SAG NIEMALS NIE

zu retten, aber auch hinter ihr her zu spionieren, sie in die Enge zu treiben. Hitchcock verlangte stets von Sean, die verschiedenen Phasen des Verliebt seins zu spielen, von der Anziehung über die Leidenschaft bis zur Obsession, um dadurch seinen introvertierten Charakter und seine damalige Angewohnheit, sich nie zu sehr seinen Gefühlen hinzugeben, aus der Reserve zu locken.

Hitchcock hatte Sean auch aufgrund seines Aussehens gewählt, das auf der Leinwand mein Bild einer zerbrechlichen Blondine mit psychischen Problemen und von einer schrecklichen Vergangenheit gezeichnet dominieren sollte. Wir drehten in den Studios der Universal, und Sean kam immer mit seinem Auto zur Arbeit. Er war überpünktlich, methodisch und schien nicht durch die Tatsache eingeschüchtert zu sein, mit Hitchcock zu arbeiten. Er wunderte sich immer darüber, dass der Regisseur den Schauspielern so wenig Anweisungen gab und sie im Grunde ganz frei spielen ließ. Meiner Mei-

Wieder *Marnie* von Hitchcock. Die Rolle von Tippi Hedren (hier mit Connery abgebildet) war ursprünglich für Grace Kelly konzipiert worden.

nung nach hatte Connery schon damals den Wunsch, Produzent zu werden, die Kontrolle über die 'Kinomaschinerie' in der Hand zu halten. Er ist unbestritten ein Perfektionist; er muss immer wissen, was ihn erwartet, nur dann kann er sich entspannen. Eines ist sicher: Der 007 war ihm völlig gleichgültig, ja er schämte sich sogar ein bisschen für ihn. Er lebte mit Diane und den Kindern weit von der Mondänität Hollywoods entfernt und hatte nur einen Wunsch: Den Film *Young Cassidy* mit John Ford zu machen, der ihn sehr viel mehr als *Goldfinger* interessierte«.

Marnie verblüffte das Publikum (er spielte nur 3,3 Millionen Dollar ein und der Kritiker Eugene Archer schrieb in der »New York Times«: »der enttäuschendste Film des Jahres«), aber Alfred Hitchcock hatte eine außergewöhnliche Idee gehabt, als er Sean für die Rolle des Ehemannes von Marnie wählte. Denn er hatte einer Figur mit der Lizenz zum Töten und der alles erlaubt war, da sie das Alibi der offiziellen und beruflichen Rolle des Agenten 007 hatte, die Verantwortung anvertraut, eine Frau mit Gewalt zu nehmen, sie psychisch und gefühlsmäßig wie eine Beute zu vergewaltigen (waren denn die Mädchen des 007 etwa nicht untereinander austauschbar?). Zweifellos hatte der Regisseur früher als alle anderen die sexuelle und leicht sadomasochistische Ausstrahlung James Bonds auszunützen gewusst, auch wenn diese durch Ironie abgemildert wurde.

»Ich hatte mir vorgenommen«, erklärte Connery, »einen Bond-Film und einen anderen Film während der Zeit meines Vertrages für die ersten 007-Filme zu machen und versuchte, dies zu realisieren. Nach *Goldfinger* hatte ich, sowohl in professioneller als auch menschlicher Hinsicht, ein sehr geglücktes Zusammentreffen mit Sydney Lumet erlebt, der einer meiner Lieblingsregisseure ist und ein Autor, mit dem ich immer wunderbar zusammengearbeitet habe, da er jedes kleinste Detail seiner Arbeit gut durchorganisierte und den Schauspielern jede Unterstützung anbot. Lumet ist ein 'milder und harter' Regisseur und ich schätze seine Technik sehr, die Darsteller seiner Filme das Drehbuch proben zu lassen, als handele es sich um ein Theaterstück«.

»Das stimmt«, bestätigt Lumet, »und ich

»Im Folgenden versuchte ich, mich von Filmen fern zu halten, die spektakuläre oder luxuriöse Anwandlungen aufzeigten, so wie die Geschichte des Pfadfinders Shalako, der mit Mühe und Geduld Frieden mit den Indianern ausgehandelt hatte«.

verlange auch stets von jedem Hauptdarsteller, dass er sich am Anfang Gedanken über seine eigene Arbeit macht. Unter diesen Voraussetzungen geht alles ganz schnell. Für mich dürfen die Dreharbeiten für einen Film nicht länger als zehn Wochen dauern. Meistens beginne ich mich nach sechs Wochen zu langweilen, weshalb ich schon am Anfang jedes materielle oder praktische Problem zu lösen versuche. Außerdem habe ich eine wahre Leidenschaft für reinrassige Schauspieler, und Sean ist einer von ihnen. Ich kann seine Verletzlichkeit und seine paradoxe Schüchternheit sehr gut nachvollziehen. Sean lässt in seine Filme und seine Rollen, wie alle Schauspieler einer gewissen Klasse, kleine Bruchstücke von sich selbst einfließen. Das sollte man sich immer vor Augen halten«.

Nach *Goldfinger* drehte Connery also im Jahr 1965 *Ein Haufen toller Hunde* (*The Hill*) mit diesem kultivierten Regisseur aus Philadelphia, der viele Jahre lang Schauspielunterricht gegeben hatte und der von der Nutzlosigkeit von Kolossalfilmen überzeugt war (»Ich habe mich immer aus den kalifornischen Cliquen herausgehalten und mich mit bescheidenen Bilanzen und Löhnen zufrieden gegeben, auch wenn ich leicht viel mehr auf dem kommerziellen Markt hätte erreichen können. Die Produktion von *big movies* hat nicht immer zur Verbesserung des qualitativen Niveaus beigetragen«).

Ein Haufen toller Hunde gehört zu dem Genre dramatischer und spektakulärer Filme mit gesellschaftlichem Anspruch, der mit expressiver Strenge ausgedrückt wird. Er steht in völligem Gegensatz zur Bondserie, auch aufgrund der psychologischen Spannung, der jede Figur unterliegt, und durch die Darstellung einer mehrsträngigen Geschichte, und brachte Connery endlich einheitlich positive Kritiken ein.

Der Schwarz-Weiß-Film (von dem es heute auch eine kolorierte Fassung gibt) wurde beim Festival in Cannes 1965 vorgestellt, einem Jahr, in dem in den verschiedenen Sparten viele Kriegsfilme am Wettbewerb teilnahmen, wie *Diamanten der Nacht* des Tschechen Jan Nemec, *Der Glaskäfig* des Franzosen Philippe Arthuys und viele andere. Paolo Gobetti zählte in »Cinema Nuovo« mehr als zehn und würdigte den Film Lumets, in dem Connery Joe Roberts ist, als den besten. Der Film teilte sich mit dem französischen Film *Die 317. Sektion* den Preis für das beste Drehbuch. Bei einem Treffen mit Lumet anlässlich der Präsentation ihres bisher letzten Films *Family Business* (1989) enthüllte Connery: »Um über die Gewinner von Cannes zu entscheiden, hatte die Begum ihre Villa zur Verfügung gestellt. Den Vorsitz der Jury hatte Olivia de Havilland. Unser Film hatte vielen Jurymitgliedern aus politischen und auch rassistischen Gründen nicht gefallen und es gab sogar jemanden, der den farbigen Soldaten angriff, der rebelliert und seine Uniform wegwirft, während er schreit: 'Für mich gibt es kein Heer mehr'«.

»Es stimmt«, bestätigt Goffredo Lombardo, ein Mitglied der Jury, zu der auch, neben anderen, Rex Harrison gehörte, *The Hill* wurde von der Verleihung der Goldenen Palme ausgeschlossen, weil er vielen Jurymitgliedern aus politischen Motiven nicht gefiel, und es gab auch ein Mitglied der Opposition, das damit drohte, das Konsulat seines Landes zu Hilfe zu rufen, falls die Entscheidung auf diesen Film fallen würde. Beim zweiten Wahldurchgang zogen sich die Verteidiger, die in der Minderheit waren, zurück, und der Film wurde aus der Liste der möglichen Gewinner der Goldenen Palme gestrichen«.

Die Handlung des Films, zu dem Ray Rigby nach seiner Fernsehbearbeitung das Drehbuch geschrieben hatte, dreht sich um das Thema der Folter und der Misshandlungen von Soldaten des englischen Heers, die zu Straflagern in Nordafrika verurteilt worden waren. Joe war verurteilt worden, weil er einen Offizier geschlagen hatte und ihm wurde Feigheit vor dem Feind vorgeworfen. Die Schwäche der Offiziere fördert den Sadismus der Wachsoldaten. Ian Hendry ist der Folterknecht des Lagers, Sir Michael Redgrave der feige Arzt und der von Connery in diesem Antikriegsfilm dargestellten Person bleibt nichts anderes übrig, als sich über die verlorenen Illusionen und den Verlust jeden wesentlichen Vertrauens in die Machtverhältnisse zwischen Opfer und Henker klar zu werden. Der in Almeria gedrehte Film, der in Amerika nur wenig, in Europa jedoch großen Erfolg hatte, war für Connery in jeder Hinsicht eine positive Erfahrung, auch weil viele bedeutende engli-

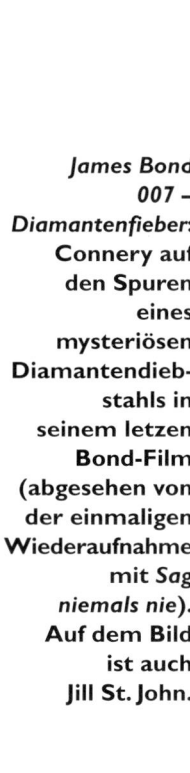

James Bond 007 – Diamantenfieber: **Connery auf den Spuren eines mysteriösen Diamantendiebstahls in seinem letzten Bond-Film (abgesehen von der einmaligen Wiederaufnahme mit *Sag niemals nie*). Auf dem Bild ist auch Jill St. John.**

»Jede Szene hat ein Hauptmerkmal, sie muss sich jedoch dem Ganzen anpassen, so wie jedes Detail eines Gemäldes ein Teil der Leinwand ist«.

sche Schauspieler mitspielten, die er sehr schätzte, unter anderem auch sein langjähriger Freund Ian Bannen in der Rolle des Sergeant Harris. Der Schauspieler, der mit Sean die schwierigen Anfänge und die Mietwohnungen seit den Zeiten von *South Pacific* geteilt hatte, erzählte: »Für Sean, der den vom System der Gewalt besiegten Soldaten darstellte, war die Rolle eines seiner Vorbilder, Spencer Tracy, würdig, und er widmete sich dem Film mit absoluter Leidenschaft und Engagement«.

Und eben mit diesem Film begann Sean definitiv, die Gesten des 007 und den Goldstaub von *Goldfinger* abzuschütteln. Nicht zufällig behauptete Sean im Dezember 1986 in »Première«: »Ich zögerte, *The Hill* zu drehen, denn ich dachte, dass ein Amerikaner eine solche psychologische Story, die unter die

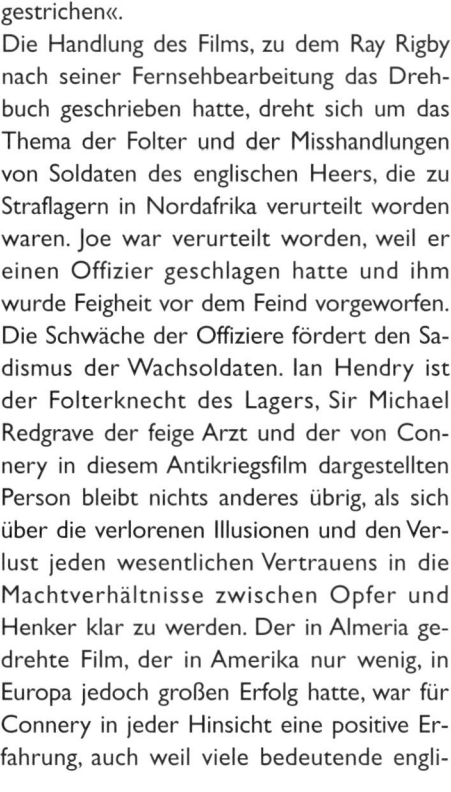

Haut geht, nicht verfilmen könnte. Die Franzosen waren die ersten, die auf die Andersartigkeit und die Komplexität dieser Geschichte aufmerksam wurden, die zu einem Kultfilm werden sollte, der 3,5 Millionen Dollar kostete, und bei dem die Leiter der MGM, als sie ihn sahen, ausriefen: »Aber es kommen keine Frauen vor!«. Als ob es in einem englischen Straflager für Kriegsoffiziere Frauen geben könnte. Vielleicht hätten wir, ihrer kommerziellen Psychologie nach, unsere Freundinnen am Rande des Hügels umherlaufen lassen sollen. Die Dreharbeiten sollten zwei Monate dauern und wir drehten sieben Wochen, die perfekte Länge für einen Film, denn wenn es länger dauert, verliert man die Konzentration und Energie«.

Es war der Regisseur Irvin Kershner, der ihm noch im selben Jahr 1965 den Film *Simson ist nicht zu schlagen* (*A Fine Madness*) anbot, während sich die Ehekrise vollzog, über die Sean nie ein Wort verloren hat. Mit Ausnahme der lapidaren Erklärung: »Ehrlich gesagt, ich glaube, dass es ein privates und ein öffentliches Leben gibt, die sich ergänzen, aber ersteres sollte immer privat bleiben«.

Simson ist nicht zu schlagen führte den Schauspieler wieder nach New York für eine entschieden ungewöhnliche Rolle, die für ihn jedoch nicht so ungewöhnlich war, da er, wie er öfters zugegeben hat, ein versteckter Poet ist, was dazu geführt hat, dass er ein einziges Mal im Fernsehen ein kurzes Gedicht von sich vorgelesen hat.

In dem Film des zukünftigen Regisseurs von *Das Imperium schlägt zurück* und *Sag niemals nie*, der auf einer Erzählung von Elliot Baker basierte und von dem auch das Drehbuch stammte, spielte Connery die Rolle des Samson Shillitoe, eines Dichters jenseits aller Regeln, der ein Rebell im Namen seiner eigenen Launen und seiner eigenen Kreativität sein möchte, der jedoch letztendlich wie ein Genussmensch lebt, der vor allem an Frauen interessiert ist und in erster Linie diejenigen verletzt, die ihm nahe stehen, angefangen bei seiner Ehefrau Joanne Woodward. Der Psychiater der *upper class*, der ihm mit seiner Frau zu helfen versucht, wird von Patrick O'Neal dargestellt. Wegen dieses Films, bei dem er eine Provision von 10 Prozent der Einnahmen bekommen sollte, führte Connery einen Prozess gegen Jack Warden von der Warner Bros. Es handelte

> **»Connery gefiel der Gedanke außerordentlich, einen Film mit den Russen zu drehen, die seine Bond-Filme nicht kannten und die, wie ihm erzählt worden war, häufiger ins Kino gingen als die Amerikaner und die Westeuropäer«.**
>
> ENNIO DE CONCINI
> (Über *Das rote Zelt*)

sich um denselben Mann, mit dem 1952 auch Errol Flynn, nach zwei Jahrzehnten Zusammenarbeit und Diskussionen, gebrochen hatte.

Simson ist nicht zu schlagen traf den Publikumsgeschmack nicht, obwohl einige Kritiken positiv für dieses eigenartige Portrait eines Mannes ausfielen, der in seiner geistigen und moralischen Andersartigkeit gefangen ist und durch ein paar Sitzungen beim Psychoanalytiker auf ein infantiles Niveau zurücksinkt.

Sean spielte in vier Filmen mit, die zwischen 1968 und 1971 gedreht wurden, bis er mit *Diamantenfieber* wieder zu seinem 007 zurückkehrte.

Man nennt mich Shalako wurde sehr lange vorher angekündigt, denn er sollte das Paar Connery-Brigitte Bardot zusammenbringen. Die Illustrierten ergingen sich in Fotos von Sean, wie er mit Gunther Sachs, dem damaligen Mann von Brigitte, in der Normandie Golf spielt, und in Bildern der beiden »Symbolfiguren der Sechziger Jahre«, aber der Film von Edward Dmytryk, der auf der Erzählung von Louis L'Amour basiert, entpuppte sich, trotz der großen Werbekampagne, sowohl in Europa als auch in Amerika als Flop. Der Film, der wiederum in einem verlassenen Gebiet in Almeria gedreht wurde, das gewöhnlich für Mexiko oder die weiße Wüste Neu-Mexikos ausgegeben wurde, sollte ein großer, spektakulärer aber auch anspruchsvoller Western werden, nach dem Vorbild der Filme des Regisseurs von *Warlock*. Ein weiteres Ziel war es, zwei Stars auszunützen, die der Masse 'sympathisch' waren: Sie, mit ihrem Hauch von Sünde, aber stets sonnigen Gemüt, mit dem Karabiner in der Hand und einem Unterrock mit gestärkter Spitze, und er, etwas verwirrt aber ohne Kinkerlitzchen unter jenen aristokratischen Europäern mit ihren eleganten Damen, die sich zur Pumajagd im Apachenreservat versammeln. Brigitte hat stets erklärt: »Der Film gehörte Connery, der jedoch die meiste Zeit in den Drehpausen damit verbrachte, mit dem Profispieler Woody Strode, der den Indianerhäuptling spielte, Football zu spielen. Sein Wunsch, den 007 in Vergessenheit geraten zu lassen, war so groß, dass jede andere Geschichte und jedes andere Angebot seine Neugier zu wecken schien«.

Der partielle Misserfolg, trotz der ziemlich positiven Kritiken in Europa und Amerika, lastete schwer auf den Schultern Connerys und des ganzen Casts, zu dem auch das ehemalige Bond-Girl Honor Blackman gehörte.

Obwohl Connery oft vom traditionellen Western in Versuchung geführt wurde, hat er nie ein richtiges 'Frontier'-Abenteuer gefunden, sondern meist in Stadt- oder Weltraumabenteuern gespielt.

Man nennt mich Shalako bestätigte jedoch Connery darin, dass die Produzenten stets versuchten, ihm in spektakulären Filmen Rollen anzubieten, die, in verschiedenen Filmgenres, ein Abziehbild von Bond sein sollten. »Shalako wurde mir«, erklärte Connery, »als komplizierter aber aufrechter Mann beschrieben, der eine abenteuerliche Vergangenheit als ehemaliger Offizier hinter sich hatte. Und so wie Ursula Andress vor Bond aus dem Meer auftauchte, betrat Brigitte unternehmungslustig die Szene in einem Indianerlager. Im Folgenden versuchte ich, mich von Filmen fern zu halten, die spektakuläre oder luxuriöse Anwandlungen

aufzeigten, so wie die Geschichte des Pfadfinders Shalako, der mit Mühe und Geduld Frieden mit den Indianern ausgehandelt hatte«.

Auf *Man nennt mich Shalako* folgte dann tatsächlich der nüchterne Film *Verflucht bis zum jüngsten Tag* von Martin Ritt, in dem Sean an der Seite von Samantha Eggar und Richard Harris spielt, dem er absichtlich die Rolle des Polizisten überließ. Ritt hatte Sean auf dem Set seines Films *Man nannte ihn Hombre* kennen gelernt, in dem Diane Cilento und Paul Newman spielten, und zwischen den beiden Männern hatte sich eine wahre Sympathie entwickelt.

In allen Entscheidungen, die Sean seitdem gefällt hat – in der Zwischenzeit hatte er seinen Agenten gewechselt und war zu Dennis Selinger übergegangen, nachdem der treue Richard Hatton in Rente gegangen war – kann man die Suche nach einer präzisen Aufgabe und vor allem nach soliden Drehbüchern finden. Der Schauspieler war buchstäblich von dem Roman Arthur H. Lewis' erobert worden, der die Grundlage für ein Drehbuch war, das Connery damals

Connery bedroht von Ernst Stavro Blofeld (Donald Pleasence) in *James Bond 007 – Man lebt nur zwei Mal.*

71

bereits jene bewusste Melancholie erkennen, die später ein tragender Charakterzug bei vielen seiner Rollen in der zweiten Hälfte seiner Karriere sein wird.

Dieser Film bildete eine wahre Abkehr von 007, und wieder einmal war Sean, in diesem Moment der Imagekrise, fest entschlossen, die Rolle des Bergmanns und *blue collars*, mit der Samtkappe auf dem Kopf, der groben Jacke und dem rußigen Schnurrbart zu verteidigen. Er erklärte deutlich, dass die von den Illustrierten veröffentlichten Fotos von ihm und Samantha Eggar mit einigen Profi-Rugbyspielern, die für eine Rauferei in dem Städtchen Eckley in Pennsylvania engagiert worden waren, nichts mit einem 'radikalen' Film zu tun hatten, der indirekt die McCarthy-Ära und die Denunziation anklagen wollte. Der Originaltitel *The Molly Maguires* bezog sich nicht auf ein hübsches Mädchen aus dem Saloon, sondern auf eine terroristische Arbeiterorganisation, die in einer Gemeinschaft von Bergarbeitern, die aus Irland ausgewandert waren, herangereift war. Sein Widerwillen gegen die Presse nahm weiter zu, als er gebeten wurde, für einen Artikel der »Vogue« in Frauenkleidern zu posieren, denn auch die Mitglieder dieser Bande verkleideten sich während ihrer Aktionen 'à la Molly'. Zur großen Befriedigung Seans, der stets dem Mekka des Films sehr skeptisch gegenüberstand, staunte Hollywood über den unversöhnlichen Schluss, bei dem niemand den Verrat derjenigen verzieh, die den von Connery verkörperten Bergmann verhaften und die Angeklagten zum Tode verurteilen ließen. Das Arbeitermilieu, die Kohlewagen und die Klassenunterschiede waren Themen, die Sean veranlasst hatten, diesen Film zu akzeptieren, den er heute in jede Retrospektive über seine Arbeiten einzufügen versucht. Er hat auch zwei Kopien von ihm, die lange Version, und die um eine halbe Stunde gekürzte, die die Moguls von Hollywood für den europäischen und südamerikanischen Markt gewollt hatten. Auch *Verflucht bis zum jüngsten Tag* war für die Produzenten ein Misserfolg, und man fragte sich, weshalb Sean, auf dem Gipfel seines Ruhms, diesen Film akzeptiert hatte und noch dazu darin nicht einmal die Hauptrolle spielte, während zur gleichen Zeit der farblose australische Schauspieler George Lazenby die Pistole des 007 in Händen hielt. In

In den späten Siebziger Jahren: Connerys Debüt-Western heißt *Man nennt mich Shalako* unter der Regie von Edward Dmytryk. Mit ihm, zum ersten und letzten Mal Brigitte Bardot (NÄCHTE SEITE).

als »perfekt« bezeichnete. Das Publikum, das immer mehr an das verzerrte Image des Schauspielers und Stars Connery gewöhnt war, unterschätzte diesen Film der Anklage, in dem Sean im Jahr 1876 der Anführer einiger Bergleute in Pennsylvania ist, wo eine Arbeiterrebellion ausgebrochen war.

Es handelt sich um eine der besten Interpretationen Connerys, und man kann in ihr

SEAN CONNERY
DIE JAMES-BOND-FILME,
ANDERE
ROLLEN UND…
SAG NIEMALS NIE

Wahrheit kam der Film den Ursprüngen Seans sehr nahe, mit seinen irischen und schottischen Emigranten, die im tiefsten Süden Amerikas jede Art von Schinderei und Arbeit auf sich genommen hatten.

Dem Schauspieler war es jedoch bewusst, dass er früher oder später Buße tun und zu 007 zurückkehren würde, aber die Krise in seinem Privatleben, während Diane begonnen hatte, von der Kritik sehr wohlwollend betrachtete Theaterstücke und Romane zu schreiben, fiel genau in eine Zeit, in der er intellektuell sehr beweglich war und wünschte, andere Seiten der Welt kennen zu lernen und komplexe Persönlichkeiten zu studieren. Deshalb zögerte er auch nicht, sich an den Film *Das rote Zelt* zu wagen, der absolut unkonventionell war und aus einer Koproduktion zwischen Italien und der UdSSR, vertreten durch die Gesellschaften Vides von Cristaldi und Mosfilm, entstanden war.

Sean wollte das große Land besuchen, »den anderen Teil der Welt«, wie er sich ausdrückte, als er später *Das Russland-Haus* drehte.

Es war Franco Cristaldi, der ihn davon überzeugte, bei *Das rote Zelt* mitzuwirken, um mit dem im Jahr 1903 geborenen Regisseur Mikhail K. Kalatozov zusammenzuarbeiten, und Sean bat den italienischen Produzenten, ihm dessen Film *Wenn die Kraniche ziehen* vorzuführen.

Cristaldi erzählte: »Sean war von Kalatozov, der während des Krieges auch Konsul in Los Angeles gewesen war und der am Ende der Stummfilmzeit als Regisseur angefangen hatte, fasziniert. Um ihn zu dem Film zu überreden, als er das Angebot praktisch schon angenommen hatte, zeigte ich ihm Kalatozovs Dokumentarfilm *Das Salz von Svanetien*, dessen Aufnahmen ihn faszinierten, in denen Männer in einem eisigen Gebiet, in dem es auch im Sommer schneit, das Salz nur mit der Kraft ihrer Arme transportieren. Als Sean aus dem Projektionsraum kam, sagte er nur: 'Wann geht es los?'«.

Ennio De Concini, der gemeinsam mit Richard Adams und Nicola Badalucco für das Drehbuch verantwortlich war (aber dann war es der große Robert Bolt, der alle Dialoge von Sean ausfeilte, wie Fabio Rinaudo präzisiert, der damals für die Verträge der Vides verantwortlich war), erzählte: »Con-

SEAN CONNERY
DIE JAMES-BOND-FILME, ANDERE ROLLEN UND...
SAG NIEMALS NIE

»Es war schön für mich zu entdecken, dass dieser starrköpfige Schotte... in Wirklichkeit ein Mensch mit großer Sensibilität und Intuition ist«.

JOHN BOORMAN

nery wollte alles wissen, jedes Detail eingehend besprechen und ihm gefiel der Gedanke außerordentlich, einen Film mit den Russen zu drehen, die seine Bond-Filme nicht kannten und die, wie ihm erzählt worden war, häufiger ins Kino gingen als die Amerikaner und die Westeuropäer. Während der Dreharbeiten in der Arktis zu *Das rote Zelt* war er unvergleichlich gut und er hatte ein sehr gutes Verhältnis zu Peter Finch, der für die Rolle des Umberto Nobile engagiert worden war, während Sean die Rolle des Norwegers Roald Amundsen hatte, der zwei Jahre zuvor gemeinsam mit Nobile im selben Unternehmen Erfolg gehabt hatte. Die Hauptperson des Films war Nobile, aber Amundsen, der der Experte bei den Erforschungen des Luftschiffes Italia war, spielte in vielen wichtigen Szenen, die mittels flash-back das Unternehmen rekonstruierten, das 1928 mit dem Luftschiff durchgeführt worden war. Auf seinem Rückweg stürzte es, nachdem es den Nordpol überflogen hatte, ins Eis und die Überlebenden blieben in einem roten Zelt zurück«. »Sean« – fährt De Concini fort – »war begeistert von der Idee, einen Film 'jenseits' des Lebens mittels flash-backs zu drehen, die meine Idee gewesen waren. 'Ich wollte sofort in diesen Schattenbereich, den Bereich des post mortem eindringen', sagte er mir«.

Bei seiner Rückkehr von dem langen Aufenthalt in der Arktis und aus Moskau und Leningrad antwortete Connery leicht ironisch einem Journalisten von »France Soir«, der wissen wollte, welche Eindrücke Sean von der Sowjetunion gehabt hatte: »Ein faszinierendes Land, von dem aus es jedoch nicht ganz leicht ist, zu Hause anzurufen! Jeden Tag, wenn ich zu den Dreharbeiten fuhr, bekam ich einen anderen Fahrer, und ich hatte den Eindruck, das der Set von Agenten des KGB umringt war«.

Obwohl er seinen Plan nicht aufgegeben hatte, bei *Macbeth* Regie zu führen, gönnte Connery sich nach seiner Rückkehr nach Europa einen langen Urlaub und begann, verschiedene Drehbücher durchzulesen. Er fasste auch den Entschluss, eine eigene Produktionsfirma zu gründen, aber er verschob das Ganze auf das Ende der Dreharbeiten zu *Der Anderson-Clan* (*The Anderson Tapes*) von Lumet, mit dem er auch schon das Projekt zu *Sein Leben in meiner Gewalt* ausgearbeitet hatte, in dem er 1972 spielen sollte, als er sich bereits offiziell von Diane Cilento getrennt hatte.

Lumet hatte Sean den Roman von Lawrence Sanders gegeben, auf dem der Film basierte und in dem er einen ehemaligen Häftling spielt, der beschließt, eine Villa auszurauben, um sich seine Zukunft zu sichern. Der Einbruch, der für den 15. August geplant war, geht jedoch daneben und er stirbt dabei, da ein junger Funkamateur die Polizei verständigt hatte.

Dieser Film wurde vor *Der Dialog* von Coppola gedreht, in dem Gene Hackman eine Rolle spielt, um die ihn Connery, wie er einmal dem »American Film« beichtete, »beneidet« hatte.

Wie immer war Lumet seiner Zeit voraus, als er das Thema der telefonischen Abhörung und der Überwachung durch alle Arten von Wanzen wählte. Die Vorbereitung Connerys für die Rolle des lakonischen und präzisen ehemaligen Sträflings, der seinen Plan ausarbeitet, ohne zu wissen, dass jede seiner Bewegungen überwacht wird, dauerte lange, und bei den Aufnahmen in einem alten Gebäude im Gebiet von Riker's Island und auf der Fifth Avenue tauchten zahlreiche Schwierigkeiten auf.

Connery erklärte sich sehr zufrieden mit dem Ergebnis und setzte alles daran, dass die Uraufführung des Films in Glasgow im Odeon im Oktober 1971 während eines Gala-Abends stattfand, dessen Einnahmen dem Scottish Educational Trust zugeführt

»Während der Dreharbeiten zu einem unserer Filme in Afrika haben uns die Stämme der Masai gelehrt, dass ein Mann erst erwachsen wird, wenn er mit dem Tod des Vaters konfrontiert wird«.

wurden. Noch heute ist Connery mit Lumet einig, der behauptet, dass dieser Film, der von der Kritik unterschätzt worden war, jedoch einen leidlichen Erfolg beim Publikum hatte, eine Art Vorahnung der Watergate-Affäre war.

Lumet erklärte: »Ich wollte dem einzelgängerischen Gangster, der von Sean perfekt dargestellt wurde, das Bild der verhassten Polizisten gegenüberstellen. Die Rollen der Guten und der Bösen sind in diesem Film, in dem jeder jedem nachspioniert, fast, aber nur scheinbar, vertauscht. Während der Dreharbeiten brachte ich Sean stets zum Schmunzeln, wenn ich ihm die Geschichte erzählte, wie ich einmal in Amerika, in den 'heißesten' 60er Jahren, einen Polizisten getroffen hatte, der einen Zettel an sein Auto angebracht hatte, auf dem stand: 'Wenn ihr das nächste Mal in der Scheiße steckt, ruft einen Hippie zu Hilfe'. Grundlage vieler meiner Filme und auch von diesem mit Sean ist die Überzeugung, dass eine wirklich demokratische Gesellschaft keine so verhassten Polizeikräfte nötig hat«.

Lumet und Connery sollten sofort nach *Diamantenfieber* einen weiteren Film zusammen drehen. Und für den Film *Sein Leben in meiner Gewalt* gründete Sean mit Sidney und seinem neuen Agenten Richard Hatton die Gesellschaft Tantallon und unterwarf sich einer eisernen Diät. Hatton hatte ihn davon überzeugt, sich persönlich an der Produktion zu beteiligen, so wie es alle amerikanischen Schauspieler zu machen begannen, deren Exklusivverträge mit den Studios abgelaufen waren.

Für den Film, der auf dem Drama *This Story of Yours* von John Hopkins basiert, wurde auch der Freund Ian Bannen engagiert, der die Rolle des Opfers übernahm, das von dem Hauptdarsteller getötet wird. Ian war Connery in der Zeit seiner Trennung von Diane sehr nahe, und Sean hat ihn sowohl menschlich als auch beruflich immer sehr geschätzt.

In das Leben des Schauspielers war bereits Micheline getreten. Nach einem längeren Aufenthalt in Paris, wo er weit weg von London Ruhe suchte, begann für Connery die befriedigendste und abwechslungsreichste Zeit seiner Karriere und auch seines Privatlebens. Sean erinnert sich oft an die Monate, die er in Paris verbracht hatte. In

74

Deauville erzählte er: »In diesem Lebensabschnitt entdeckte ich die Malerei und das Vergnügen, Kunstgalerien zu besuchen. Ich hatte mich endgültig von 007 verabschiedet und fühlte mich leicht und frei«.

Im Film Lumets war Sean ein sehr glaubwürdiger Seargent Johnson von Scotland Yard, ein Mann, der von einer Form des Nervenzusammenbruchs geschwächt und von einer Art beruflichen Deformation angegriffen war, die seinen Geist, den 'dunklen Spiegel', zerrüttete. Johnson wird von der Erinnerung an die Verbrechen, die er gesehen hat, gequält, und seine Vorstellungskraft geht immer über die Beweise hinaus. Dieser Film war für ihn und für Lumet zu einer Art inneren Besessenheit geworden und beide wollten ihn auf alle Fälle machen: Connery stürzte sich gänzlich in die Vorbereitung der Rolle dieses Mannes, der von der Deformation seines Berufes gefangen war, bis er chronisch

depressiv wird und einen Unschuldigen tötet, weil er ihn für einen Triebtäter hält, der das Viertel unsicher macht.

Der Schauspieler bereitete den Film bis ins kleinste Detail vor und führte mit Lumet und dem Autor und Drehbuchschreiber John Hopkins, der viele Erfolge bei der BBC gehabt hatte, lange Gespräche über das Drehbuch.

Noch heute verzeiht es Connery der United Artists nicht, dass sie nicht an diesen Film geglaubt und ihn nicht unterstützt hatte: »Es besteht kein Zweifel: Der Film *Sein Leben in meiner Gewalt* ist für mich der beste Film, den ich unter der Regie von Lumet gemacht habe, und ich werfe dem Regisseur keineswegs vor, dass er ihn zu 'europäisch' gemacht hat. Er hatte weniger als eine Million Dollar gekostet. Es hat mich sehr gefreut, dass John Huston gesagt hat, die letzten zwanzig Minuten des Films ge-

Sag niemals nie: **Connery belauert den leisen Schritt der sinnlichen Domino. Der große Erfolg für Kim Basinger wird aber erst ein paar Jahre später mit** *9 ¹/₂ Wochen* **kommen.**

hörten zu den besten, die er je im Kino gesehen hat. Es ist sicherlich der beste Film, den ich mit Sidney gemacht habe und noch heute scheint er mir sehr aktuell und mutig«.

Es scheint, eine Verbindung zu bestehen zwischen diesem Mann, der im Spinnennetz seiner Obsessionen gefangen ist und der Wahl von *Der Name der Rose*, der wieder einmal die Vorliebe Seans für komplexe Charaktere bestätigt, auch wenn der Schauspieler immer wieder behauptet, dass er eines Tages gerne in einer brillanten, witzigen und humoristischen Komödie spielen möchte. Es ist auch eigenartig, dass Connery, der viele verschiedene Filme wählte, immer oder fast immer mit Regisseuren der alten Garde oder mit viel jüngeren wie Russell Mulcahy, John Milius von *Der Wind und der Löwe*, Terry Gilliam oder John McTiernan Filme gedreht hat.

Aber in der Laufbahn Connerys hat der Film *Sein Leben in meiner Gewalt* noch eine andere Bedeutung, denn er beweist, wie der Schauspieler, obwohl er dem Theater den Rücken gekehrt hatte, immer Rollen gesucht hat und weiterhin suchen wird, die ihm gestatten, wie auf einer Bühne zu spie-

»Ich habe mich immer aus den kalifornischen Cliquen herausgehalten und mich mit bescheidenen Bilanzen und Löhnen zufrieden gegeben, auch wenn ich leicht viel mehr auf dem kommerziellen Markt hätte erreichen können«.

len. Ideal für ihn scheint die Abwechslung zwischen großartig aufgemachten Filmen *en plein air* und Filmen zu sein, die wie ein Drama mit all seinen psychologischen Wirrungen (in diesem Fall mit Anlehnung an die Lehren Freuds) aufgebaut sind. Die überzeugendsten Szenen des Films haben einen theatralischen Aufbau und sind die, in denen Johnson von dem Inspektor zu einer Konfrontation gezwungen wird, um ihm jede Maske abzureißen, und jene, in dem der Polizist ein nicht genehmigtes Vorverhör mit dem schmierigen und perfiden mutmaßlichen Schuldigen führt, das von einem ebenso unsicheren und kranken mutmaßlichen Unschuldigen gehalten wird.

In der Galerie der von Connery verkörperten Rollen enthüllt Johnson außerdem weitere Charakterzüge, die anderen Figuren ähneln: In ihm kann man zum Beispiel eine Mischung aus Verletzlichkeit und einem Verlangen nach Macht finden, eine dunkle Wurzel, die hier auf eine Krankheit weist, die vom Gesetz vertuscht wird, während sie in anderen Filmen zu Gesetz und Ehre wird. Der mit den englischen Schauspielern Trevor Howard, Ian Bannen und Sean besetzte Film weist eine schauspielerische Dichte in der Darstellung der Einsamkeit der verschiedenen Individuen auf.

Mit *Sein Leben in meiner Gewalt* beendete Connery sein Arbeitsverhältnis mit der United Artists, und während er auf den Drehbeginn zu dem Film über das Leben des Forschers Sir Richard Burton wartete, der ebenfalls von John Hopkins geschrieben worden war, aber dann doch nicht gemacht wurde, beschloss er, sich einen Golfurlaub zu gönnen, bei dem er in Nairobi beim Kenya Open Golf Championship mitwirkte.

Sein nächster Film sollte zwei Jahre später *Zardoz* von John Boorman sein, der noch heute zu seinen Lieblingsfilmen zählt. Aber bei seiner Rückkehr nach Irland zu den Dreharbeiten zeichnete ein trauriger Vorfall das Leben Connerys: der Tod des Vaters. Und der Schauspieler erzählte Ian Bannen: »Während der Dreharbeiten zu einem unserer Filme in Afrika haben uns die Stämme der Masai gelehrt, dass ein Mann erst erwachsen wird, wenn er mit dem Tod des Vaters konfrontiert wird. Das stimmt, aber der Preis dafür ist hoch«.

Der Anderson-Clan (auf dem Bild eine Filmszene) ist, nach *Ein Haufen toller Hunde*, die zweite Zusammenarbeit mit dem Regisseur Sidney Lumet.

Sean Connery hat mehrmals erklärt (in »Première«, Dezember 1986; »Playgirl«, Dezember 1986; »Gala«, August 1995), dass seine Lieblingsfilme, in denen er die Hauptrolle spielte, außer *Sein Leben in meiner Gewalt*, noch *Zardoz*, *Der Wind und der Löwe*, *Der Mann, der König sein wollte*, *Robin und Marian*, *Outland-Planet der Verdammten*, *Am Rande des Abgrunds*, *Der Name der Rose*, *Die Unbestechlichen* sind.

Das ist eine Gruppe von 'herausragenden' Filmen, welche die Ausdrucksreife von Sean zusammenfassen und die die Voraussetzungen für seine zukünftige Karriere schufen, nachdem er sich von einer Erkrankung an den Stimmpolypen erholt und eine perfekte Beherrschung der tiefen Stimmregister wiedererlangt hatte.

In *Zardoz* verwandelt sich 007 in eine Art grobschlächtigen 'Agenten im Lendenschurz' des Jahres 2293. Er ist einer der Bewohner von Vortex, einer Welt, die durch den Verlust der Freude am Leben die Bedeutung des Todes vergessen hat.

»Boorman – erklärte Sean – war von einem Satz des Schriftstellers Arthur C.Clarke ausgegangen: 'Wer es schafft, bis ins Jahr 2000 zu leben, kann potentiell unsterblich sein'. Er wollte, dass ich die Rolle spielte, indem ich mich in Geist und Körper von Prometheus hineinversetzte. Ich antwortete ihm, dass ich nicht wusste, was ich hätte tun sollen, weil ich ein normaler Mensch bin und außerdem gerade die Rolle des gestörten Polizisten in *Sein Leben in meiner Gewalt* gespielt hatte«.

Der Regisseur hat einige Anmerkungen über Sean Connery geschrieben, die bedeutendsten darunter sind: »Er ist ein Freund, der sein Wort hält, absolut fair. Seine männ-

Sean Connery und Candice Bergen sind die Hauptdarsteller von *Der Wind und der Löwe* unter der Regie von John Milius. Damals lernte der Schauspieler John Huston kennen, der ihn später als Hauptdarsteller seines Films *Der Mann, der König sein wollte* haben wollte.

DIE LIEBLINGS-FILME

liche Seite ist so stark ausgeprägt, dass sie ihm auch die Möglichkeit gibt, seinen poetischen Aspekt und seinen weiblichen Teil zu enthüllen. Die Herkunft aus der Arbeiterklasse hat ihn Toleranz gelehrt. Eine persönliche und kreative Meinung über die Fantasie sowie starkes Vorstellungsvermögen gehören zu den typischen Zügen seiner Persönlichkeit. Auch wegen dieser Aspekte seines Charakters 'verliebte sich' Sean in die Welt, die ich mit *Zardoz* erfunden hatte«.

Connery machte sich das Drehbuch zu eigen, nachdem er das Skript einmal gelesen hatte, bei dem Boorman ursprünglich an Burt Reynolds gedacht hatte. Der musste wegen eines Leistenbruchs darauf verzichten. Es fiel aber nicht leicht, die 20th Century Fox zu überzeugen, sich daran zu beteiligen, nachdem die Warner Bros und die Columbia sich geweigert hatten, dieses Zukunftsmärchen zu realisieren, das reich an Spezialeffekten war und viele Außenaufnahmen mit einem großen Team erforderte.

Connery hatte aber schon beschlossen, in diesem Zukunftsfilm zu spielen, in welchem seine Figur eine Art schottische Genügsam-

SEAN CONNERY
DIE
LIEBLINGSFILME

keit und irischen Sinn für das Epische und das Romantische zeigt.

Boorman erklärt: »Es war schön für mich zu entdecken, dass dieser starrköpfige Schotte, der beim Publikum das Image eines starken und selbstbewussten Mannes hat, in Wirklichkeit ein Mensch mit großer Sensibilität und Intuition ist. In der Rolle von Zed, dem Vernichter, dem es gelingt, die Grenzen der Gemeinschaft von Vortex zu überschreiten und das Herz der Zuschauer zu erreichen, ist die Interpretation von Connery entscheidend für die Glaubwürdigkeit des Films gewesen«.

Zed ist wie Adam aus der Unschuld geboren. Er lebt vom Jagen und Töten im Mikrokosmos von Vortex und dessen Bewohnern. Und er dient nur seinem in einem steinernen Kopf personifizierten Gott, den er gleichzeitig fürchtet und der dank der Gravitationskraft fliegen kann. Dieser Gott wird von den Vortex-Bewohnern als Unterdrückungs- und Ausbeutungsmittel benutzt, bis sie begriffen haben, dass Zardoz grausam und rachsüchtig ist. Nach dieser Erkenntnis geht die Unschuld verloren: Zed zerstört

Eine Szene aus *Zardoz*, ein Kultfilm der Science-Fiction der Siebziger Jahre von John Boorman. Connery spielt den Vernichter Zed.

seinen Gott und wagt selbst, in das Reich der Götter einzutreten.

Zed ist mit Sicherheit, noch mehr als Wilhelm von Baskerville in *Der Name der Rose*, die Rolle von Connery, die am meisten von Religiosität, im Sinn einer geistigen Suche, durchtränkt ist. Er ist aber auch eine Fantasieschöpfung à la Swift, eine Art Röntgenaufnahme der nicht funktionierenden Systeme der Vergangenheit und der Gegenwart, um eine Zukunft zu entwerfen. Es gibt allerdings keine Ähnlichkeit mit *Highlander – Es kann nur einen geben*, einem anderen Film, in dem Connery spielt. Wie Connery, mit den von Boorman geschriebenen Worten am Ende des Drehbuches sagte, zeigt *Zardoz* wie *Der Name der Rose*, dass »der Gedanke in seiner höchsten Daseinsform das einzige mögliche Geschenk sein kann, das wir der Zukunft machen können«.

Die Dreharbeiten im Frühling 1972 fanden in entspannter und kooperativer Stimmung in der südlich von Dublin gelegenen Grafschaft Wicklow und in den Bray Studios

statt, als Hauptbasis der Produktion wurde aber das Haus des Regisseurs selbst benutzt.

Boorman sagte: »Wir alle, Sean als Erster, brachten Opfer, indem wir auf Privatautos und Chauffeur verzichteten und dadurch Kosten reduzierten«.

»Ich habe eine wunderschöne Erinnerung an diese Dreharbeiten in der Gegend, wo ein Zweig meiner Familie lebte – erzählt Connery. Von Glendalough bis Glencree, zwischen den Schluchten und Tälern des Wicklow-Gebirges gibt es religiöse Überreste, die in unterschiedlichen Zuständen erhalten sind. Meine Rolle ist eine Art von Mensch, der sich durch verschiedene Prozesse zu einem 'Meister' bzw. einem Führer entwickelt. Auch in *Time Bandits* von Terry Gilliam habe ich eine ähnliche Rolle gespielt«.

Viele von Sean gespielte Rollen besitzen diese historische, mythische Komponente. Sie haben auf jeden Fall etwas von einem charismatischen Führer. Warum also hatte

Noch eine Filmaufnahme. Hier ist Zed zusammen mit May (Sara Kestleman).

79

Connery die Rolle des Lehrers in *Der letzte Kaiser* von Bernardo Bertolucci abgelehnt und sie Peter O'Toole überlassen, obwohl es so aussah, als wäre diese Rolle eigens für ihn geschrieben worden?

»Ich habe das Drehbuch von Bertolucci sehr geschätzt – hat Connery in Schottland bei der Vorstellung von *Der erste Ritter* gesagt – außerdem faszinierte mich der Gedanke, in China zu arbeiten, weil mich alles interessiert, was diese Welt betrifft. Jedoch überzeugte mich der alte Professor, der den letzten Kaiser erzog, nicht. Ich konnte seine eigentliche Rolle nicht begreifen«.

Kein anderer Schauspieler unserer Zeit hat so viele Haupt- und Nebenrollen mit so ausgeprägten Charakterzügen gespielt, die alle in die gleiche Richtung gehen, nämlich die des 'Leaders' oder des Mannes, der sich seiner selbst bewusst und zu einem Führer wird. Das Körperbetonte, Stattliche dieser Gestalt hat sich im Laufe der Jahre 'verwässert', um Platz für eine nachdenklichere, grüblerische Person zu machen: *Zardoz* könnte also Ramirez' Sohn in *Highlander-Es kann nur einen geben* oder der Enkel des starrköpfigen Wissenschaftlers in *Die letzten Tagen von Eden* sein.

In die gleiche Richtung, wenn auch gleichzeitig körperbetont und introspektiv, gehen die zwei Figuren von *Der Wind und der Löwe* (*The Wind and the Lion*, 1975) und *Der Mann, der König sein wollte* (*The Man Who Would Be King*, 1975).

Im ersten Film ist das Abenteuer der Macht kein Spiel, sondern es stellt sich dar wie eine Metapher der menschlichen Natur. Der Film wurde hauptsächlich in Cabo de Gata, Spanien, gedreht und Milius hat erzählt, dass die Verständigung mit Connery sehr einfach war: Nachdem er ihm das Drehbuch geschickt hatte, hatte er sich mit ihm getroffen und nach der Einigung über die Besetzung war auch mit dem Produzenten Herb Jaffe alles gut gelaufen.

Connery seinerseits sagte Folgendes über Milius: »Ich glaube, dass John ein Schriftsteller erster Klasse ist, aber vielleicht kann man nicht das Gleiche über seine Regie sagen. Zu viele Dinge passen nicht in seinen Kopf. Sein Bedürfnis eine *mélange* aus Hemingway und Mishima, aus einem Samurai und Fidel Castro zu sein.... Ich schätze ihn als Kinoautor und denke dabei an die Dreh-

»Ich zweifelte niemals an meiner Entscheidung, Sean für die Rolle des legendären und furchtlosen, aber bereits melancholischen Helden, ausgewählt zu haben«.

RICHARD LESTER
(Über
Robin und Marian)

bücher, die er geschrieben hat: Die ersten Filme von Clint Eastwood als Inspektor Callaghan, *Apocalypse Now...* Er hat ein Riesentalent, aber alle kindlichen Aspekte seiner Intelligenz entfernen ihn von dem, was er wirklich schaffen könnte. Es ist wirklich schade, weil sein Schreibstil in *Der Wind und der Löwe* großartig war«.

Connery mischt Wirklichkeit und Fiktion, Geschichte und Abenteuer in der Rolle des Scheichs der Berberstämme, Mulay El Raisuli, der von dem nicht weit entfernten Rif-Gebirge kommend im Jahr 1904 in die Stadt Tanger eindrang, welche unter internationaler Verwaltung stand. Raisuli entführt eine amerikanische Witwe (Candice Bergen) und deren zwei Kinder und verlangt für die Freilassung Gold, Waffen und den Kopf des Sultans von Marokko, der die ausländische Übermacht toleriert und den Ausländern gegenüber zu fügsam ist.

Der symbolische Filmtitel bezieht sich auf den 'Löwen' (der Scheich Sean) und den 'Wind', der mit seiner entwurzelnden Macht die autochthonen Kulturen wegfegt. Dieser wird vom Präsidenten der Vereinigten Staaten, Theodore Roosevelt (der Vollblutkomödiant Brian Keith) verkörpert, der in seiner Heimat demokratisch regierte, jedoch das Gesetz des Stärkeren durchsetzte, wenn die Interessen Nordamerikas nicht respektiert wurden.

Connery stellt also den Führer der Unterdrückten dar; Roosevelt ist Teddy, der Boss wie aus einem 'Western Epos', der Bärenjäger, der angesichts seiner zweiten Wahlkampagne die Marines nach Tanger schickt und sich damit in das Machtspiel zwischen Frankreich und Deutschland einmischt, die beide an der Herrschaft über Marokko interessiert sind. Die Fahne des Islams hochhaltend knüpft Connery, der Scheich, auch eine Beziehung mit der schönen Entführten, die vor allem aus zarten Blicken, Wertschätzung und gegenseitigem Respekt besteht.

Auch unter widrigsten Umständen zitiert Connery in diesem Film mit Abenteuerlust und Humor tatsächlich Errol Flynn, obwohl der rechtschaffene Schotte – der vor kurzem offenbarte, als Junge auch in der Druckerei der »Edinburgh Evening News« gearbeitet zu haben und der mit seinem Geld das National Youth Theatre unterstützt, seit Thatcher die Geldmittel gestrichen hat- nie-

Daniel Dravot (Sean Connery) und Peachy Carnehan (Michael Caine) sind zwei ehemalige britische Offiziere, die in Kafiristan ihr Glück suchen. Der Film heißt *Der Mann, der König sein wollte*.

mals das schreiben könnte, was Flynn in seinen Memoiren geschrieben hat: »Ich betrete ein Bordell mit dem gleichen Interesse und der gleichen Neugier, mit denen .ich in das British Museum oder die Metropolitan Opera gehe«.

Auf dem Set von *Der Wind und der Löwe* hatte Connery Freundschaft mit John Huston geschlossen, der im Film der Staatssekretär Hay war und mit dem er in den Pausen Poker spielte. Mit Huston konnte er einen der Filme auf den Weg bringen, an denen er am meisten hängt: *Der Mann, der König sein wollte*. Nicht nur weil die Geschichte auf dem Buch Rudyard Kiplings beruht (gespielt von Christopher Plummer), ein Schriftsteller, der ihm sehr gut gefällt, sondern auch, weil die Dreharbeiten in Marokko stattfanden, weil die Nebenrolle vom

treuen Michael Caine gespielt wurde und weil Micheline, die kurz darauf seine Frau wurde, ihm als Fremdenführerin in einem ihr gut bekannten Land diente, in welchem sie als Malerin sogar König Hassan porträtiert hatte. Auf dem Set war, außerdem, die Frau von Caine, das Ex-Model Shakira, die durch eine tiefe Freundschaft mit Micheline verbunden war, so dass Sean sich keine heiterere Stimmung wünschen konnte.

Seit Jahren wollte Huston bei *Der Mann, der König sein wollte* Regie führen, ihm war es aber nicht gelungen, die Finanzierung zusammenzubringen. Das Drehbuch, für das er ursprünglich Clark Gable und Spencer Tracy, später Gable und Humphrey Bogart im Sinn hatte, lag immer noch unerledigt herum. Bis der Produzent John Foreman – der mit Huston *Das war Roy Bean (The Life and Times of*

81

Noch eine
Aufnahme aus
demselben
Film.

Judge Roy Bean, 1972) und *Der Mackintosh Mann (The Mackintosh Man*, 1973) realisiert hatte – das Projekt mit Connery und Caine in der Besetzung durchzog, indem er die Major Columbia und die Mini-Major Allied Artists (später wurde diese sowohl von Caine als auch von Connery bis zu ihrem Konkurs gerichtlich verfolgt) zusammen bringen konnte, was zu der damaligen Zeit ziemlich selten vorkam. Damals begannen die *partnerships* zwischen den Filmgesellschaften, so wurde zum Beispiel *Flammendes Inferno* nach dem Vorbild des Films von Huston von der Warner Bros und der 20th Century Fox zusammen produziert.

Connery hat enthüllt: »Huston hat mir eingestanden, dass keiner der befragten Schauspieler zum Drehen nach Marokko gehen wollte und dass er vergeblich wiederholt hatte: 'Sicher werden wir diesen Film nicht machen können, ohne Los Angeles zu verlassen'. Auf dem Set stellte John oft überra-

schend und im letzten Augenblick meine Szene mit der von Caine um. Trotz der schrecklichen Arbeitsbedingungen war alles sehr amüsant. In den anstrengendsten und eindrucksvollsten Momenten sagte Huston zu mir und Michael: 'Eure zwei Charaktere sind eigentlich ein Einziger und ihr zwei zusammen bildet eine einzige Person'«.

Huston und seine treue Co-Drehbuchautorin Gladys Hill besprachen jeden Abend die Szene vom nächsten Tag mit den zwei Schauspielern. Micheline unterhielt sich über Malerei mit Huston, der selber ein Maler und ein großer Kunstsammler war, während die »Brüder Kipling«, wie Huston, Sean und Michael getauft hatte, sich von den schwierigeren Szenen ausruhten, in denen die von Bob Simmons und Jim Burke koordinierten Stuntmen, sowie Statisten, Pferde und Maultiere beschäftigt waren, die Sean gewollt hatte und die auch an allen ersten 007-Filmen teilgenommen hatten.

Noch heute, wenn sich Sean an diesen Film und an jene glückliche Zeit erinnert, wiederholt er die Worte von Huston: »Jede Szene hat ein Hauptmerkmal, sie muss sich jedoch dem Ganzen anpassen, so wie jedes Detail eines Gemäldes ein Teil der Leinwand ist«. Huston schrieb noch: »In *Der Mann, der König sein wollte,* dem Film, den ich soeben in Afrika und Europa gedreht habe, gibt es eine Szene mit Sean Connery, die fünf Minuten dauert, ohne dass die Kamera von dem Schauspieler lässt. Man muss aufpassen und den Zuschauer nicht langweilen. Aber wenn die Furcht, öde zu wirken, zur Phobie wird, kann das einen Regisseur dermaßen einschränken, dass er sich zu Schnitten gezwungen sieht, die dem Publikum den Genuss an Details und Farben rauben«.

In diesem Film spielen Sean und Caine zwei ehemalige Unteroffiziere der britischen Armee, Daniel Dravot und Peachy Carnehan, zwei Männer, wie Kipling geschrieben hat, die den Glauben des englischen Schriftstellers »in die schwere Bürde des weißen Mannes« bezeugen, die aber auch an die Personen von *Der Schatz der Sierra Madre* von Huston erinnern, die »dazu verdammt sind, kein anderes Gesetz als ihr Eigenes zu haben«. Der besiegte Carnehan gemahnt an diese Wahrheit, als er in Kiplings Büro in Indien eindringt (der Schriftsteller hatte wirklich als Journalist in Lahore gearbeitet) und die Geschichte erzählt.

Im Jahr 1880 versuchen Dravot und Carnehan, im Laufe einer langen Reise von Indien durch Afghanistan, das Gebiet von Kafiristan zu erobern und träumen davon, Könige zu werden. Eine Zeit lang werden sie sich von ihrem Vorhaben durch nichts abbringen lassen, nicht einmal von der schönen Roxanne (Tessa Dahl). Ebenso wie ihr Volk, das in den Bergen, in den mondähnlichen Wüsten und im zwischen den steilen Felsen von Er-Heb eingebetteten Dorf lebt, schenkt sie Dravot Blumen und nennt ihn Sikander in Anspielung auf Alexander den Großen – ihren Führer aus längst vergangenen Zeiten. Er war der Mensch, oder der Gott, der versprochen hatte, dem Volk einen Sohn zu schicken. Dravot könnte dieser 'Sohn' sein (was man später auch in der beinahe mystischen Einkleidungs-Szene mit den Kostümen der legendären Edith Head zu sehen bekommt). Carnehan erinnert seinen Ge-

Kein anderer Schauspieler unserer Zeit hat so viele Haupt- und Nebenrollen mit so ausgeprägten Charakterzügen gespielt, die alle in die gleiche Richtung gehen, nämlich die des 'Leaders' oder des Mannes, der sich seiner selbst bewusst und zu einem Führer wird.

fährten an ihr gemeinsames Eroberungsziel und er veranlasst ihn, das junge Mädchen zu vernachlässigen, obwohl Roxanne wie die von Alexander dem Großen zur Frau genommene Tochter eines Battriana-Fürsten heißt. Ausgerechnet Roxanne wird indirekt den Tod Dravots verursachen, weil eine Gottheit nicht bluten und sich nicht mit einer Sterblichen verbinden darf.

Während eines Journalistenbesuches am Set in Marokko sprach Sean über seine Rolle. Er sagte: »Dravot hat etwas von *Macbeth* und, obwohl er im Treibsand der Macht steckt, bewahrt er seine Tapferkeit und seine Ambiguität bis zum Ende. Aber, abgesehen von der Macht, die ihn von ihrem süßen Gift kosten lässt, muss Dravots Tugend in seinem Liebesbedürfnis gesucht werden, das ihn den Untertanen als ein menschliches, zu menschliches Wesen, erscheinen lässt.

Man denkt dabei wirklich an Shakespeares Worte: 'Zu weit und lose, wie des Riesen Rock hängt um den dieb'schen Zwerg'. Um nicht von dem Vers zu sprechen: 'Und alle unsre Gestern führten Narr'n den Pfad des stäub'gen Tods'«.

Der Schauspieler denkt noch gerne an die Dreharbeiten mit der damals 17-jährigen Tessa Dahl zurück, der Tochter von Patricia Neal und seines großen Freundes, des Schriftstellers Roal Dahl und erwähnt, wie Huston seit sechzig Jahren diese Verfilmung einer Erzählung realisieren wollte, die auch James Barrie und W. Somerset Maugham liebten. In der Rolle von Dravots Oberleutnant spielte der indische Schauspieler Saeed Jaffrey, dem Sean am Broadway in *A Passage to India* Beifall gespendet hatte und dessen Einsatz Michael Caine wegen der Zusammenarbeit in *The Wilby Conspiracy* befürwortet hatte.

Der Film *Robin und Marian* ist zweifellos eine Lieblingsblume im Knopfloch von Connery. Der in Philadelphia geborene Regisseur Richard Lester war soeben erfolgreich mit der Goldenen Palme für *The Knack* (*Der gewisse Kniff*) aus Cannes heimgekehrt, den Film, mit dem er im Wettbewerb gegen *The Hill* von Sidney Lumet gewonnen hatte.

Über Lester sagte der Schauspieler einmal: »Er ist englischer als ein Engländer«. Lester, der Amerikaner aus Philadelphia, dessen Wahlheimat London war und dem Sean Jahre später für *Explosion in Cuba,* einer seiner

eklatantesten Kassenflops, nicht absagen konnte, erwiderte: »Wenige Schauspieler können wie Connery ihren Gestalten eine unschuldige Sinnlichkeit verleihen. Ich zweifelte niemals an meiner Entscheidung, Sean für die Rolle des legendären und furchtlosen, aber bereits melancholischen Helden, ausgewählt zu haben«.

Sean erinnerte sich: »Als mir James Goldmans Drehbuch zugeschickt wurde, hieß *Robin und Marian* noch *The Death of Robin*. Ein Titel, der besser passte, als der später gewählte. Ich las das Drehbuch und fand die Art sehr geschickt, den Leser durch eine Mischung aus dem Stil eines traditionellen Romans und dem einer respektlosen Erzählung in den verschwommenen Mythos von Robin Hood einzuführen. Denn Robin ist in seinem Kopf ein sehr einfacher Mensch. Er bricht auf und nimmt 19 Jahre lang an den Kreuzzügen teil, kommt zurück und sagt nur: 'Ich bin es. Und ich bin zurückgekehrt Marian! Der Kreuzzug ist zu Ende. Hier bin ich wieder'«.

In Wirklichkeit sind die Dialoge in dieser Szene auch ein Beispiel für die melancholische Leichtigkeit von Connerys Robin. Es waren Dialoge für eine Komödie in einem poetischen Rahmen und der Schauspieler unterschrieb den Vertrag ohne zu zögern. In »Preview« (März-April 1993) hat er sich erinnert: »Der Film wurde in fünf Wochen in Pampelune, Spanien, gedreht, kurz bevor die baskischen Separatisten einige Attentate ausführten. Audrey hatte acht Jahre lang nicht gearbeitet und war verletzlich, sie war trotzdem ausgezeichnet, obwohl Lester sie nicht besonders beachtete«.

Sean hat eine Vorliebe für *Robin und Marian*, auch weil es sich hier, in einer bestimmten Weise, um eine respektlose Komödie handelt, die geschickt mit der Tradition Schindluder treibt und sich auch über die Gattungsfrage lustig macht, allerdings mit außergewöhnlicher Anmut und authentischem *Spleen*.

Und auch dieser Film hätte eine ideale Bühne für Errol Flynn sein können, der wegen seiner Physis und Ausdruckskraft, zusammen mit Burt Lancaster unter den wenigen Hauptdarstellern ist, die in unserer Vorstellung Seans Rollen übernehmen könnten.

Zu Jean-Pierre Lavoignat von »Première« sagte der Schauspieler, als er persönlich ein

Outland – Planet der Verdammten: **Als die Hauptfigur William T. O`Neil zu einem der Jupitermonde geschickt wird, entdeckt er, dass die örtliche Bergbauindustrie die Verbreitung einer tödlichen, antidepressiven Droge begünstigt.**

Titelbild für die Zeitschrift auswählte, auf dem er mit Geheimratsecken, graumelierten Haaren und Bart zu sehen war: »Alles, was ich tue, würze ich mit dem Salz der Komödie. Die Komödie im Kino ist für mich vor allem etwas Visuelles. Ich denke dabei an die Gags von Jacques Tati in *Die Ferien des Monsieur Hulot* und an *Die Götter müssen verrückt sein* (*Les dieux sont tombés sur la tete* in Frankreich, *The Gods Must Be Crazy* in den USA von Jamie Uys, 1981), einen Film, den ich dermaßen geschätzt habe, dass ich alle Einfälle als genial empfand, und wo einzig der Fall einer Cola-Flasche aus dem Himmel in Afrika das Leben mehrerer Personen und einer Sippe von Buschmännern ändert«.

In der Rolle des reifen Robin Hoods, der mit seinem ergebenen Little John (Nicol Williamson) aus den Kreuzzügen zurückkehrt und erneut für die inzwischen Äbtissin gewordene Marian entflammt, welche gegen den blutrünstigen König John (Ian Holm) rebelliert, weil er die Beschlagnahme der Kirchengüter und die Vertreibung der Ordensleute befohlen hat, unterscheidet sich Connerys Interpretation von allen vorherigen. Weil er, sehr weit weg von der amüsierten Unbefangenheit eines 007, kein 'Meister' oder Söldnerführer oder Abenteurer, sondern ein verletzbarer, schutzloser Mann ist. Sei es wenn er über die vergangenen Schlachten spricht, sei es wenn er zum letzten Zweikampf gegen den Sheriff von Nottingham auszieht, und, fast verblutet, aber nicht gebändigt, auf einer prächtig grünen Wiese hinsinkt, bevor Marian in der Abtei sich um ihn kümmert in einem Überraschungsfinale, das einen Gifttrank ins Spiel bringt.

Wegen seiner poetischen Elegie des reifen Alters und der Darstellung des müden Robin, der in seinem Herzen unveränderte Werte wie Liebe, Gerechtigkeit und Treue zu einem Ideal bewahrt, wird Sean von Fred Zinnemann für *Am Rande des Abgrunds* engagiert.

In *Robin und Marian* nährt Sean, neben Richard Harris in der Rolle von Richard Löwenherz sowie Denholm Elliot und Ronnie Barker als bereits gealterte Bandenmitglieder von Sherwood, die Leidenschaft unter der Asche. Und er zeigt sich, Bond zurücklassend, als ein Darsteller mit 'falsch' quiet-

Noch eine Aufnahme aus demselben Film. Der Regisseur Peter Hyams ist auch Autor des berühmten *Capricorn One* von 1978.

SEAN CONNERY
DIE LIEBLINGSFILME

»Wenn eine Aufnahme gestoppt wird, um das Double einzusetzen, wird die Kommunikation mit dem Publikum unterbrochen«.

schenden Gelenken, sich seiner selbst bewusst und reif, auch in Szenen mit Mantel und Degen.

Der Film bekam wirklich in der ganzen Welt hervorragende Kritiken, aber komischerweise war er kein Kassenschlager. Laut Connery hatte der Filmverleih einen unpassenden Titel gewählt, unter dem sich das Publikum einen Abenteuerfilm vorstellte. Dagegen handelte es sich um eine in Gefühlsnebel gehüllte Komödie. Sie führte geschickt Liebe und Tod mit der Erinnerung an ein Leben zusammen, das im Zeichen eines Vaterlandes und eines Reiches stand, die mit dem Tode Richards ein Ende fanden (er stirbt durch einen Pfeil im Hals). Die Illusionen waren nunmehr verschwunden. Das Motto für den Film war: »Love is the greatest adventure of all«.

Connery verteidigt noch heute mit Entschlossenheit *Outland-Planet der Verdammten*, 1981 von Peter Hyams gedreht, und es ist interessant, was Sean Robert Scheer von der »Los Angeles Times« erklärt hat: »Manchmal reicht ein falscher Bestandteil in einem Film, um ihn zu einem Reinfall an der Kasse zu machen. Nehmen wir *Outland-Planet der Verdammten* als Beispiel. In New York hatten wir den Film einige Male einem jun-

gen Publikum vorgeführt, das mit Begeisterung reagierte. Aber wir hatten vor dem
Start des Films nicht beachtet, dass ein Ende
mit dem Sieg meiner Figur über den bösen
Manager, gespielt von Peter Boyle, jedoch
nicht über die Gesellschaft, ein breiteres Publikum enttäuschen könnte«.

Trotzdem ist dieser von der Ladd Company
produzierte Film, eine psychologische Science-Fiction, repräsentativ in Connerys Karriere und zwar nicht nur, weil er einen
Mann darstellt, der in einem bestimmten
Abschnitt seines Lebens merkt, dass etwas
im Grunde nicht stimmt, und sich mutig damit auseinandersetzt. Sondern auch, weil
dieser Raumsheriff, ein Pionier einer ganz
anderen 'Reagan'-Epoche, begreift, dass der
Mensch selbst in jener Bergbaustadt auf IO,
dem innersten der Jupiter-Vulkanmonde, einer Art Satellit mit fortschrittlichster Indu-
strietechnologie, der Feind ist. Mit seiner
schlanken Figur ist Connery Teil einer bestimmten Ausstattung für diesen Film, denn,
obwohl er mit Helm und Overall zwischen

SEAN CONNERY
DIE
LIEBLINGSFILME

*»Sean ist sehr
talentiert und
als Mensch
kann er die
kompliziertesten
Gedanken in
einem Satz
zusammenfassen«.*

FRED ZINNEMAN

Rohren, Modulen, und silberglänzenden Ap-
paraturen erscheint, bleibt er immer noch
ein 'Mensch', eine Art Archetypus des einsamen und edlen Scharfrichters eines Mikrokosmos, der, ähnlich wie die Gesellschaft,
Korruption, Profitinteresse und die Über-
schreitung jeglicher Barriere propagiert. In
der Tat sieht es so aus, als lauerte auf der
Raumstadt Con-Am Nr. 27 stets das Schreck-
gespenst des Verbrechens und der Gewalt.

In *Outland-Planet der Verdammten*, der 1981
in den Verleih kam, in einer Zeit, die zwar
triumphierende Helden auf die amerikanischen Leinwände brachte (*Jäger des verlorenen Schatzes, Supermann, Kampf der Titanen,
James Bond 007-In tödlicher Mission*), in der
sich aber eine neue Depression wie ein
Wundbrand in die Gesellschaft fraß, scheint
die Ethik des Western nicht nur unter Guten und Bösen sondern überall durch.

Die realistische *Science-Fiction* füllte nur teilweise die Kinosäle. Dennoch stellt die Figur
von William T.O'Niel auf Con-Am Nr. 27 eine Welt mit einer überaus fortschrittlichen

**AUF DIESEN
ZWEI SEITEN**
weitere
Aufnahmen
aus
demselben
Film: **HIER
OBEN** Connery
mit dem
Regisseur
Peter Hyams.

Industrie-Technologie unter Anklage: Eine silbergraue in einer schwefelhaltigen Ebene errichtete Stadt, die aus sieben Modulen besteht, jedes mit seiner Aufgabe, und wo die Funktionalität nicht nur der entscheidende Faktor, sondern auch die tödlichste, auf den Menschen gerichtete Waffe ist.

Connery begründet seine Anhänglichkeit an diesem Film, der ihm dann *Presidio* von Peter Hyams (Jazz-Schlagzeuger, Maler, Journalist und Fernsehkommentator bevor er 1976 Regisseur wurde und *Unternehmen Capricorne*, 1977 sowie *Tödliche Dreiecke* mit Harrison Ford, 1978 drehte) annehmen ließ, mit folgender Erklärung: »Der Sheriff ist in seiner persönlichen Odyssee verwickelt, allein gegen das System. Die Aktualität des Films entsteht aus der Tatsache, dass sich Hyams eine markante Geschichte ausgedacht hat, die in einem zukünftigen Mittelalter spielt, die aber, abgesehen von ihren futuristischen Maschinenausrüstungen, auf aktuellen Problemen und Konflikten basiert«.

Es muss auch daran erinnert werden, dass, kurz bevor der Film in den Kinos lief, der Sekretär der amerikanischen Marine John F. Lehman jr., in Zusammenhang mit einem Skandal sich in der »Washington Post« äußerte: Er gab zu, dass die sechs Marines, die beim Absturz eines Kampfflugzeuges auf die Brücke des Flugzeugträgers Nimitz am 26. Mai ums Leben gekommen waren, unter dem Einfluss von Drogen standen. Der Film erregte Aufsehen, weil auch die Autopsien in *Outland-Planet der Verdammten* enthüllen, dass die Opfer einer Unfallserie, die vielleicht Selbstmorde waren, Rauschgift genommen hatten.

Als Connery 1981 *Outland* bei der Weltpremiere in Deauville vorstellte, war er mit den Dreharbeiten von *Am Rande des Abgrunds (Five Days One Summer)* von Fred Zinnemann beschäftigt und redete stets davon. Dabei nannte er aber den Arbeitstitel, der später geändert wurde, *Maiden Maiden*, aus der gleichnamigen Erzählung von Kay Boyle. »Maiden –gab Sean vorweg bekannt– heißt Mädchen und das ist der Name der jungfräulichen Bergwand vor der Lambert Wilson und ich eine harte Konfrontation haben«.

Connery hatte persönlich die ausgewählten Filme für die ihm gewidmete Retrospektive beim siebten Festivals des amerikanischen

Kinos von Deauville empfohlen: *007–Liebes-grüße aus Moskau*, *Marnie*, *Ein Haufen toller Hunde*, *Der Anderson-Clan*, *Der Mann, der König sein wollte* und *Robin und Marian*.

Zinnemann hatte lange Zeit das Projekt *Am Rande des Abgrunds* verfolgt, der wie *Outland* von der Ladd Company produziert wurde. Der Regisseur hat in seiner wunderschönen Autobiographie geschrieben (*Fred Zinne-mann – An Autobiography – A Life in the Movie*, Scribner, New York 1992), dass er immer von den Produzenten behindert worden war, »die Filme mit Palmen und Stränden und nicht mit schnee- und eisbedeckten Weiten wollten«.

Von der psychologischen Schärfe jener 'Rei-se mit dem Tod' fasziniert, kämpfte Sean,

SEAN CONNERY
DIE
LIEBLINGSFILME

um die Durchführung des Projekts zu er-möglichen. Es bleibt das letzte Werk des 1907 in Wien geborenen Regisseurs, der zur Zeit dieser schwierigen Unternehmung, für die man in den Bergen wenige Kilome-ter von St. Moritz drehte, 74 Jahre alt war. Sean war 51. Der Film spielt in den 30er Jahren und ist vom Gefühl für die Zeit durchdrungen, und nicht zufällig unterbricht ein Connery mittleren Alters, in einer An-fangsszene, mit der Hand den Schwung ei-nes Uhrpendels.

In Frankreich bestätigte Sean, dass er sehr glücklich sei, weil er, ohne Schminke oder ir-gendwelche Kunstgriffe, einen Film drehte, in dem er einen Mann in seinem Alter ver-körperte »mit einem Regisseur, der schon

Connery spielt hier einen Dieb aus viktorianischer Zeit in *Der große Eisenbahnraub* von Michael Chrichton.

ein Mythos war, als ich jung war und *Zwölf Uhr mittags* sah «.

»Ein Mann«, sagte er, »der durch ein Verhältnis mit seiner 25-jährigen Nichte, eine Betsy Brantley in ihrem ersten Film, mit der er einen Kurzurlaub in einem Schweizer Bergdorf verbringt, der Jugend und der Leidenschaft nachläuft. Jedes Mitglied unseres Teams weiß, welchen Einsatz die schwierigsten Sequenzen von Zinnemann verlangen, er scheint aber sein Alter vergessen zu haben. Er verhält sich wie ein Junge und sagt immer, dass auch er, wie die im Film wiedergefundene Leiche eines Bergmannes, im Eis eingefroren wurde«.

Damit nahm Connery die wichtigste Filmsequenz voraus, die von der Legende, die zur Realität wird. Als der junge, von Lambert Wilson gespielte Bergführer, einen Eispickel sucht, findet er die Leiche eines 40 Jahre zuvor verschollenen Mannes im Eis begraben, die ihm unglaublich ähnlich sieht. Er zeigt die Leiche der Frau, die auf ihren Verlobten vergeblich gewartet hat, während die vergehende Zeit ihr Gesicht zeichnete. Die Blicke der alten Frau und der jungen Hauptdarstellerin kreuzen sich für einen Moment. Nur der Tod scheint in jenem Augenblick die Jugend intakt zu halten.

Douglas, der von Connery gespielte 50-jährige schottische Arzt, ist vielleicht einer der nüchternsten, wortkargsten und nuancenreichsten Charaktere in Seans ganzer Karriere. Er ist ein Mann, der auf der Suche nach seinem jungen Selbst in die Berge geht, dabei wissend, dass er kein Ziel mehr erreichen, sondern vielleicht eine Niederlage einstecken muss. Einigen Zuschauern mag dieser Charakter unangenehm erscheinen und sich einer zweifelhaften moralischen Einstellung schuldig machen. Aber Connery hat in der »Time« (24. Oktober 1982) gesagt: »Er ist eine Figur à la Ibsen, eine Säule der Gemeinschaft, ein Arzt der aber auch undurchsichtige Instinkte verbirgt. Ich bin überzeugt, dass das Publikum eine Figur lieben oder verachten kann, der Darsteller muss aber gegenüber dessen Reaktionen gleichgültig bleiben. Es gibt Kollegen, die dem Publikum 'Zeichen' senden, als möchten sie sagen 'selbstverständlich bin ich nicht so'. Ich gehöre nicht zu dieser Kategorie von Schauspielern«.

Ebenfalls in der »Time« hat er über die

»Das Drehbuch erweckte in mir… die Vorstellung eines Akkordeons: Jedes Mal, wenn man eine Taste drückt, bewegen sich noch zwei andere. Es hat alle Möglichkeiten eines authentischen Thrillers«.

(Über Der Name der Rose*)*

Möglichkeit, Doubles einzusetzen seine tiefe Überzeugung geäußert: »Wenn eine Aufnahme gestoppt wird, um das Double einzusetzen, wird die Kommunikation mit dem Publikum unterbrochen. Auf dem Set fühlten wir uns sehr sicher, weil unsere technischen Berater die besten Bergsteiger weltweit waren«.

Der Schauspieler hat auch, neben Michael Austin, am Drehbuch mitgearbeitet, um in jedem Charakterzug seine Figur des verlässlichen und bezaubernden Douglas zu umreißen. Douglas fährt nach Indien, als die Nichte Kate, die Tochter seines Bruders, 10 Jahre alt ist und als er zurückkehrt, findet er eine noch im Kokon ihrer Weiblichkeit eingeschlossene 20-jährige wieder, die in ihn verliebt ist, wie sie es schon als Kind war.

Zinnemann, der mit den größten Schauspielern wie Gary Cooper, Spencer Tracy, Marlon Brando, Montgomery Clift, Orson Welles und Gregory Peck arbeitete, hat über Sean gesagt: »Sobald man ihm begegnet, fühlt man, dass seine Persönlichkeit sich auf der Leinwand in vielen Formen ausdrücken kann. Er ist sehr talentiert und als Mensch kann er die kompliziertesten Gedanken in einem Satz zusammenfassen. Um sich auf den Film vorzubereiten, las er viele Bücher über Berge. Seine Neugier für die Literatur ist ein Aspekt, den ich während der Dreharbeiten unseres Films entdeckt habe. Sie gleicht fast der Erzählung von einem Aufstieg. Er hörte nie auf zu fragen, warum die Erzählung von Kay Boyle mich 30 Jahre lang verfolgt hatte. Schließlich sagte er mir: 'Ich danke dir, weil du mir das Schweigen der Berge gelehrt hast'«.

Auch wenn der Kritiker von »Newsweek« schrieb: »In der Zeit der Schock-Effekte, ist die Kunst Zinnemanns wie ein Sonnenstrahl, der die Luft der Berge durchzuckt«, liebte Amerika diesen psychologischen Roman nicht, in dem Connery wunderschöne Szenen hat.

Wie jene Szene, zum Beispiel, in der sich die Leidenschaft zwischen Kate und Douglas enthüllt, eine Perlenkette auseinander bricht und die Ausflüchte gegenüber Sarah beginnen, die Frau dieses Mannes, für den die Medizin eine Berufung war, welche den industriellen Interessen seiner reichen Familie widersprach.

Am Filmanfang, eingeschlafen im eleganten

In *Der Name der Rose* muss der Franziskaner Wilhelm von Baskerville die Wahrheit suchen, die sich hinter einer Serie mysteriöser Delikte verbirgt. Er wird sie in der labyrinthähnlichen Klosterbibliothek entdecken.

Zugabteil, sieht Connerys Douglas nicht, dass Kate still und ruhig im Korridor weint. Aber alles, was passiert, zeichnet sich auf seinem Gesicht ab, während der fünf Tage dieses verbotenen Urlaubs und des zerbrechlichen Gleichgewichts der Gefühle, denn es sind Douglas' Gedanken, die *Flashbacks*, die Schuldgefühle wegen der gewählten und dann verratenen Werte, die dem Publikum die Nuancen des Geschehens verdeutlichen, den zweideutigen und vergänglichen Charme der Leidenschaft, die Erpressung durch die geschlossene Welt der Konventionen und der (spieß)bürgerlichen Moral. Der Charakter von Seans Douglas steht absolut im Vordergrund. Aber der Mensch kann nichts tun: Die Macht der Natur ist es am Ende, die eine Auswahl trifft.

Das große Publikum wurde nicht von dem Ehebruch abgestoßen, der auf der Leinwand eher angedeutet als vollzogen wurde, son-dern vielleicht vielmehr von dem Zeitgefühl, das im Film so ganz anders ist als das zum Zeitpunkt, in dem der Film in die Kinos kam. Zinnemann sagte: »Sean war perfekt und ich glaube, dass die Zuschauer angefangen haben – auch aufgrund unseres Films und, schon vorher, dank *Robin und Marian* – ihn in seiner neuen Erscheinung anzunehmen, die sich weit von 007 entfernt hatte. Ich habe meine Schauspieler immer wegen ihrer Ähnlichkeit mit den Figuren oder wegen ihrer totalen Verschiedenheit ausgewählt: Sean 'war' Douglas innerlich und körperlich. Und doch, hat er wegen 007 und des Sex-Symbol Images, das das Publikum kannte, zu jener unterschiedlichen Wertewahrnehmung beigetragen, die einen Teil des jungen Publikums hoffnungslos von dem schottischen Arzt entfremdet hat. Als ich *Am Rande des Abgrunds* drehte, war mir bewusst, dass sich alles geändert hatte und dass auch ein Film wie *Begegnung* im Jahr 1981 zwar respektiert, aber nicht verstanden werden konnte, weil eine junge Frau heutzutage frei ist, ihrem Geliebten zu folgen, wohin er auch geht. Jedoch hält das Verantwortungs- und Pflichtbewusstsein der Zeit stand und Connery hat es, meiner Meinung nach, in seiner Rolle des 'Übertreters', der von seinem Egoismus ins Verderben gestürzt wird, der anderen die Jugend und die Verletzlichkeit entreißt, mit seinem ganzen Empfindungsvermögen dem Zuschauer in Erinnerung gerufen«.

Vor *Der Name der Rose* gab es nochmals 007 mit *Sag niemals nie* und den Erfolg mit *Highlander-Es kann nur einen geben.*

»*Der Name der Rose* ist der schwierigste Film, in dem ich gespielt habe«, hat Connery stets behauptet und dabei sein echtes Bedauern gezeigt (»Première«, Dezember 1986), weil die Arbeit von Jean-Jacques Annaud vom amerikanischen Verleih nicht unterstützt wurde. Er hat gesagt: »Der Film wurde im Oktober 1986 in Deutschland und im Dezember in Frankreich gestartet während er in den Vereinigten Staaten schon einige Monate früher herausgekommen war. 'Herausgekommen' ist ein unpassendes Wort, weil sich die amerikanischen Filmverleiher überhaupt nicht darum gekümmert haben. In Wirklichkeit hat unser Filmteam nie aufgehört, gegen die amerikanische Industriemaschinerie zu kämpfen, um diesen Film zu machen: Sie hat ihn nicht hergestellt, sie stand nicht hinter der Equipe, die den Film drehte und sie hat ihn nicht unterstützt. Trotzdem waren 95 Prozent der Kritiken derart positiv, dass man hätte glauben können, ich selbst hätte sie geschrieben! Der Film barg in sich ein enormes Potential, aber die Amerikaner wussten nicht, wie sie ihn auffassen sollten und da er überdies nicht in eine Schublade passte – es war keine Komödie, kein Jugendfilm, kein Thriller, keine erotische Erzählung und keine Science-Fiction –, standen die Amerikaner vor einem mysteriösen Objekt, von dem sie nicht wussten, wie sie es verkaufen sollten. In der Tat folgt der Film keinem der üblichen Schemata und schließlich hat ihn Hollywood mit einer Werbekampagne 'à la Micky Mouse' auf den Markt gebracht. Dagegen wussten die Produzenten in Deutschland, welches Ziel-Publikum sie hatten und

> »*Sean hat das schönste 'gotische' Gesicht, das ich mir für meinen Film wünschen kann«.*
>
> J.J. ANNAUD
> (Über *Der Name der Rose*)

Der Name der Rose lief sehr gut, besser als *Die unendliche Geschichte*, *Rambo 2* und *Rocky 4*. Ich schätze diesen Film, die originelle Geschichte, vor allem die Idee eine *Detective-Story* mit jener düsteren Epoche des Mittelalters zu vermischen. Es war nicht einfach den Roman zu verfilmen, denn, wenn man sich in der detaillierten Beschreibung des Romans versucht hätte, konnte man Gefahr laufen, einen zu langen und 'rituellen' Film zu realisieren. Natürlich konnte man in einem Kloster keinen Film mit *Zoom*-Effekten und überhitzten Kamerabewegungen drehen. Wenn man dies gemacht hätte, hätte man die Mönche verraten, man hätte von ihnen ein falsches Bild gegeben, das von Replikanten. Keiner läuft schnell in einem Kloster, wo alle langsam und leise tuschelnd sprechen.

Die Personen in *Der Name der Rose* sind äußerlich sehr steif, sehr streng, rigoros, innerlich sind sie aber vollkommen verrückt und 'verschlungen'«.

Es war sehr schwierig gewesen den Film überzeugend zu schneiden. Connery hatte das Drehbuch von seinem amerikanischen Agenten bekommen, der ihm gewohnheitsmäßig alles vorlegt, was ihm, seiner Meinung nach, interessieren kann. *Der Name der Rose* schien am Anfang für Michael Caine bestimmt zu sein. Das Treatment mit mehr als 200 Seiten, statt den gewöhnlichen 100 Seiten Skript, ging in den Studios reihum.

Connery las es und begeisterte sich für diese Figur, die versucht, jede Situation mittels Logik zu lösen. Wie er später in Rom, bei den Besuchen und den Interviews in einem von Dante Ferretti rekonstruierten Klostertrakt in der Via Flaminia bestätigte, spürte er im Drehbuch auch die Möglichkeit einer humoristischen Note. Diese Ahnung bestätigte sich für den Schauspieler, weil die Darstellung in vielen labyrinthähnlichen Sequenzen jener dunklen Zeit und auch in der negativen Lektüre der Theologie 'die Zulässigkeit des Lachens' durchblicken lässt.

Während der Dreharbeiten behauptete Sean: »In der Drehbuchfassung war ich sofort von dem treffenden Blick auf die Franziskaner, die Benediktiner und die Gesandten des Papstes angetan. Hinter den Dialogen während der Versammlungen der Gelehrten, die um das Schicksal der Kirche besorgt waren, las ich eine Frage: Trug Jesus am Kreuz Gewänder, die ihm gehörten oder nicht? Soll die Kirche Reichtum zur Ehre Gottes anhäufen oder die Armut feiern?«. Diese Fragen stellt man sich auch im Konzil, zu dem

SEAN CONNERY
DIE
LIEBLINGSFILME

sich auch Bruder Wilhelm und Adso, die armen Franziskaner und die reichen Dominikaner in die Abtei begeben. Diese sind in einer Serie von sieben Morden verwickelt, die der Prophezeiung der Apokalypse zu folgen scheinen und die Wilhelm, unter wenig tugendhaften Mönchen, zu entschlüsseln versuchen wird, in der Ahnung, dass sich der Schlüssel zwischen den Mauern der labyrinthischen Bibliothek versteckt.

Nach der Absage der 20th Century Fox, beschloss Bernd Eichinger, der deutsche Produzent und Geschäftsführer der »Neue Constantin«, die komplizierte Verfilmung von Umberto Ecos Bestseller zu einem guten Ende zu führen. Connery kannte ihn, weil er mit Eichinger in *Sag niemals nie* gearbeitet hatte, der von seiner Gesellschaft in Deutschland verliehen wurde und zeigte sich sofort für die Rolle von Wilhelm von Baskerville interessiert. Er wollte nur noch vor dem Vertragsabschluss Jean-Jacques Annaud treffen, um festzustellen, ob es möglich war, mit ihm gut auszukommen und in Einklang zu arbeiten.

Seinerseits sagte der Regisseur später: «Sean hat das schönste 'gotische' Gesicht, das ich mir für meinen Film wünschen kann. Er könnte gleichzeitig aus einem Bild von Bruegel, von Bosch und Doré stammen».
Connery ließ sich Annauds *Am Anfang war* ~~das Feuer (La guerre du feu)~~ von 1982 vor... ...hloss dann, am Film teilzu... ...ernationalen Presse wurde ...ch auf dem Set im Kloster ...migt, das von den Zister... ...im XII Jahrhundert gebaut ...erändert geblieben war. ...Besuches bestätigte Con... ...listen, dass er den Roman ...Drehbuch gelesen hatte. Im ...Schlafsaal, den man in ein ...wandelt hatte, fasste der ...t einem Satz den 'literari... ...Umberto Eco zusammen, ...e Kritiken in aller Welt aus... ...ehbuch erweckte in mir, ...en Lesen, die Vorstellung ei... ...Jedes Mal, wenn man eine ...wegen sich noch zwei ande... ...öglichkeiten eines authenti...

...te sehr lang, um sich in die ...en, sowohl was die Gesten, ...uale betraf, als auch für die ...r Kleidung und des Make... ...chenlangen Aufnahmen, die ...nnen hatten, erwiesen sich ...chwierigkeiten. Zuerst we... ...ten Klimas des deutschen ...m immer viele Grade un... ...ten, und das Connery dazu ...r Kutte einen wärmenden Overall anzuziehen; dann wegen der Unterbrechung, die für die Vorbereitung der Außenaufnahme in Italien nötig war.

In Paris, während eines Interviews mit »L'Express«, äußerte der Schauspieler: «Wir werden eine Pause von fünf Wochen einlegen, die Zeit, die wir brauchen, um den zweiten Teil der Aufnahmen in Italien vorzubereiten. Ich sehe mir gerade die Muster an, vor allem jene der Sequenzen mit Christian Slater, der Novize (die Unschuld) Adso von Melk (fast eine Art Watson von Conan Doyle), die aus stillen Momenten, Blicken und Augenzwinkern bestehen. Nach dem Drehbeginn in Frankfurt bin ich für zwei Wochen nach Marbella zurückgekehrt und

»*Sean Connery stellt die Essenz der Solidität dar, er ist ein erhabener Wortführer des skeptischen Humanismus von Eco*«.

DAVID ANSEN
(«Newsweek»)

hatte einerseits den Eindruck, immer noch tief im Mittelalter zu stecken und gleichzeitig bereits völlig von jener Zeit getrennt zu sein. Es ist nicht einfach, die Spannung und die Aufmerksamkeit wiederzuerlangen, welche die Rolle von mir verlangt, und den Tonfall von Wilhelm von Baskerville wiederzufinden«.

Im Fernsehkanal ABC, der ihn einige Zeit später, bei der Filmpremiere interviewte, sagte Connery: »Es war bestimmt einfacher den James Bond mit einer schönen Frau im Bett zu spielen, als ein gelehrter Wilhelm von Baskerville zu werden! Abgesehen davon, dass ich die Kutte nochmals anziehen musste, nachdem ich während der Unterbrechung der Aufnahmen, wenigstens in den Augen eines Mönches, in Marbella wie ein Gangster gelebt hatte«.

Später in Italien, als er mit dem Korrespondenten von »L'Express« sprach, erklärte er: »Ich lebe im Jahr 1327 versunken, absolut konzentriert, barfuß, mit gefalteten Händen und rasiertem Kopf. Und am anderen Ende des Drehschauplatzes, jenseits der Kathedrale aus Pappmaché, schreit jemand die Ergebnisse der Fußball-Liga in den *Walkie-Talkie* rein. Ich weiß nicht, ob ich es als Geschenk oder Demütigung empfinden soll. Ei-

nes steht fest: Während der Aufnahmen in Italien habe ich in Rom jeden Sonntag die Möglichkeit, ein Fußballspiel zu verfolgen. In Frankfurt und in München genügte es mir, eine Szene nochmals und ohne jeglichen Lärm zu sehen, um wieder in meine Rolle hineinzufinden«.

Connery hat Wilhelm von Baskerville gespielt, indem er einer einzigen Regel folgte: Durch die Erinnerung, die der Novize an ihn hatte, durch die Augen des 'Jüngers'. Für Sean war die Arbeit mit einem Partner, der 40 Jahre jünger war als er, eine vitale Spritze

und der Film bestätigt wie Wilhelm von Baskerville sein Vorstellungsvermögen entflammt hat. Seine Frau Micheline erinnert sich, wie sich das Haus in der Zeit der Aufnahmen von *Der Name der Rose* mit Bücher gefüllt hatte.

Die Darstellung ist nie überschwänglich, sie hält sich zwischen den Grenzen des Notwendigen und Ausreichenden (wie der Mann selbst) und kommt den besonderen Aspekten von Wilhelm von Baskerville nach. Der Mönch ist wie ein 'Vermessungsgerät', er besitzt ein ständig wachsa-

Das Symbolbild von *Die Unbestechlichen*: von links, Andy Garcia, Sean Connery, Kevin Costner und Charles Martin Smith Polizisten im Kampf gegen das Verbrechen, im Amerika des Prohibitionismus.

mes Sensorium, er setzt sich ein Ziel, mit einer Art subversiver Ironie im Hinblick auf seine Leidenschaft für die Wahrheit. Er verbirgt auch die Fähigkeit Probleme zu lösen und Verschwiegenes aufzudecken, dabei lässt er die Historie lächeln.

Die einfachere Wahrheit ist folgende: Indem der Junge aus Edinburgh, der nun ein Mann mit kulturellen Interessen war, mit einem Jet eine Reise in die Vergangenheit unternahm, hatte er die Arbeit am Set dieses Films und die Auseinandersetzung mit dem Buch von Eco als eine Rückkehr in die Schule erlebt, die auch eine Schule der Religion war. In den Szenen, wo die Konfrontation zwischen den zwei christlichen Laien – Wilhelm mit seinem grenzenlosen, intellektuellen Stolz und dem 'Schüler' Adso – in den Mittelpunkt gestellt wird, spielt Connery nicht, sondern er durchlebt die Mutmaßungen über den Schuldigen, wie ein Sherlock Holmes aus dem Mittelalter. Ein Intellektueller, der eine Vorstellung gibt.

Andererseits hat Connery in allen Phasen seiner Karriere nach 007, immer das Gleichgewicht zwischen einem Kino der Autoren oder dem kultivierter 'Handwerker' und dem unterhaltungs- und bilderdominierten Kino gesucht: Auch *Der Name der Rose* hätte nach seinen Vorstellungen in diese Richtung gehen sollen.

»Sean war absolut vom Mittelalter und vom geheimnisvollen Charme der Abtei verführt – erinnert sich die Kostümbildnerin Gabriella Pescucci – er wollte alles erfahren, auch über die Stoffe, die falschen Lumpen, seine Kutte, über den Bezug auf die Malerei Giottos für bestimmte Kardinalsgewänder. Mit dieser Informationsfülle versuchte er sich selbst zu befreien, um der Rolle näher zu kommen«.

Die Entscheidung den ehemaligen James Bond zu wählen und dem Publikum glauben zu machen, dass er wirklich ein Franziskaner sei und nicht unter der Verkleidung der Kutte 007 versteckt hielt, nutzte geschickt die Autorität aus, die ein reifer Connery mit graumeliertem Bart errungen hatte. Ein Mann, der auch der modernen schauspielerischen Interpretation und den Szenen auf dem Rücken eines Maultieres einen Hauch von »Es war einmal ...« verlieh. Es ist sein Wilhelm, der manchmal absichtlich schwach scheint, aber auf der Hut ist, der dem Film,

»Amerika hat ihre Geschmäcker tiefgekühlt, und sie hat sogar ihre Landschaft gleichgemacht: Alle Kleinstädte des amerikanischen Hinterlands sind austauschbar«.

mehr als viele schaudererregende Todesfälle, seinen Rhythmus gibt. Unter anderem hat der Schauspieler, der sich über die Stanislavskij-Methode immer ziemlich ironisch äußerte, zugegeben, zwei Klöster besucht zu haben, eines davon in Spanien, nicht weit von Marbella, um sich die Gestik und die Rhythmen des geschlossenen Universum des Modells 'Kloster' anzueigenen.

Im italienischen Fernsehen gezeigt, schlug sich der Film ausgezeichnet gegen die spektakulären Filme *Rambo 2* und *Der mit dem Wolf tanzt* und erreichte am Abend des 5. Dezember 14.672.000 Zuschauer (der Film mit Stallone hatte insgesamt 14.569.000 und der mit Costner 14.554.000 Zuschauer). Trotzdem war eine bestimmte Kritik, vor allem beim Kinostart in Amerika, sehr bissig gewesen. Sie gestand Annaud nur zu, für die Verfilmung eines Modebuches, das zu einem Status Symbol geworden war, schlauerweise einen Schauspieler-Archetypus gewählt zu haben.

»Die Klosterbrüder von Annaud und der geschorene Wilhelm von Connery – las man in »People« – sind groteske Figuren, wie aus einem Alptraum Fellinis stammend. Das eigentliche Drama, ein Kampf der Intellekte, den Connery und Murray Abraham meisterhaft hätten darstellen können, wird vom Regisseur durch blutige Folterszenen ersetzt«.

Und wenn David Ansen in »Newsweek« Folgendes schrieb: »Sean Connery stellt die Essenz der Solidität dar, er ist ein erhabener Wortführer des skeptischen Humanismus von Eco«, bekräftigte Duane Byrge, Vertreter einer ganzen Tendenz in der Kritik der Hollywood-Kinoindustrie und des 'Geschmacks' der West Coast, in »The Hollywood Reporter«: »Die Mönche scheinen einer Galerie der Missgeburten entsprungen zu sein, sogar die Priester von Buñuel erscheinen dagegen wie Hollywoodstars. Außerdem ist das Umfeld so finster und leblos, dass man denken könnte das schwedische Film-Institut wäre für die Auswahl zu Rate gezogen worden«.

»American Film« von September 1986 widmete seine Titelseite einem Sean Connery mit einem von der Kälte rot angelaufenen Gesicht. Im Heft liest man folgende Worte des Schauspielers: »Als ich jung war, konnte ich die Schule nicht abschließen und bei den

York Times« veröffentlicht wurden, hatte sich das Buch von Eco wochenlang ein Kopf-an-Kopf-Rennen mit der Buchversion von *Die Rückkehr der Jedi-Ritter (The return of Jedi, 1983)* geliefert, aus der Folge der 'Star-Wars' Saga des George Lucas-Clan.

Anlässlich der Filmpremiere in Florenz hatte der Schauspieler in einer Satellitenübertragung aus Montana, wo er *Die Unbestechlichen* von Brian de Palma drehte, mit entwaffnender Ehrlichkeit, gesagt: »Ich wusste nichts über das Mittelalter – jetzt habe ich gelernt, dass Mönche unter der Kälte litten, sehr schlecht aßen und unter schrecklichen Bedingungen lebten. Deswegen wurden sie nicht älter als 35 Jahre«.

Höchste Ironie eines Wilhelm von Baskerville, der sich der Figur angenähert hatte, ohne zu wissen, in welchem Maß die Klöster in jenen weit entfernten, von ihm entdeckten und neu interpretierten Jahrhunderten ein Leitbild für das Leben im Abendland, ein Ort des Studiums und der Ausarbeitung von Wissen, der handwerklichen Produktion und des kollektiven Gedächtnisses gewesen waren.

Andererseits überbrückt die Interpretation von Connery, der mehr von der Logik als vom Glauben verführt wird, auch die Kluft zwischen der modernen Position des Lesers und dem Mittelalter der Mönche auf der Leinwand. Es ist trotzdem interessant noch einmal zu bemerken, dass Sean aus *Der Name der Rose* nicht die Befriedigung schöpfte, die der alte Kontinent versprochen hatte: Obwohl er einen europäischen Film mit großem 'Budget' gewählt hatte, dessen Absicht war, mit überlegenem Aufwand an Kultur und bei gleicher Technik und gleichem Aufgebot an Geldmitteln, amerikanische Produkte an den Kinokassen zu schlagen. Diese schöpferische Wahl verfehlte ihr Ziel im Exportbereich und in manchen Ländern kam *Der Name der Rose* nicht einmal in den Verleih.

Als der Film in Europa gestartet wurde, war Sean schon mit der Arbeit an *Die Unbestechlichen* beschäftigt, der ihm 1988 den Oscar als bester Nebendarsteller brachte. In Wirklichkeit war die *standing ovation*, die Sean im Dorothy Chandler Pavilion von Los Angeles empfing, wobei ganz Hollywood, rückhaltlos dem introvertierten Schotten Beifall spendete, mehr als die Anerkennung

Jim Malone in *Die Unbestechlichen*, eine Rolle, die Connery einen Oscar für den besten Nebendarsteller einbrachte.

Filmvorbereitungen habe ich eine historische Epoche entdeckt, die ich nicht kannte und die mit äußerst faszinierenden Personen bevölkert war. Die Popularität des Romans hat mich überrascht: Sogar die Kellnerinnen und die Taxifahrer von Los Angeles redeten von nichts anderem, als von diesem Buch«. Es stimmt: In den Bestsellerlisten, die jeden Sonntag in der Buchbeilage der »New

für eine Rolle: Es war in Wirklichkeit ein seit langer Zeit erwarteter Oscar für sein Lebenswerk.

Connery hatte mehrere Rollen abgelehnt oder verpasst, z.B. die Hauptrolle in *Blow-up*, 1966, von Michelangelo Antonioni, *Der Angriff der leichten Brigade* (*The Charge of the Light Brigade*, 1968) von Tony Richardson, *Sunday, Bloody Sunday*, 1971, von John Schlesinger, *Der Letzte der harten Männer* (*The Last Hard Men*, 1976) von Andrew McLaglen, *Der Tag des Falken*, 1985, von Richard Donner, aber er ließ sich nicht *Die Unbestechlichen* entgehen.

Der Film bezeichnete in jeder Hinsicht seine Rückkehr zur Hollywood-Industrie (*Der Name der Rose* bleibt der einzige Film, in dem er für einen französischen Regisseur gespielt hat, mit Italienern hat Sean nie gearbeitet) und zu seinen guten Beziehungen mit den Majors. Von der Paramount produziert und von David Mamet geschrieben, bietet *Die Unbestechlichen* einen Sean in der Rolle von Malone (die Garderobe wurde von Armani geliefert, der für diesen Film mit der Kostümbildnerin Marilyn Vance zusammenarbeitete). »Ein Polizist – sagte Brian De Palma – der sein Leben wie ein Überlebender verbracht hat. Sein Zynismus ist die Widerspiegelung der Korruption, die er gesehen hat«.

Jimmy Malone erkennt in dem jungen Eliot Ness (Kevin Costner) einen tiefen Idealismus und versucht, ihm die praktische Bedeutung des Guten und des Bösen zu vermitteln, und ihm die Art beizubringen, den 'Chicago Way', der die Stadt wie eine Geisel in seine Gewalt hielt, zu bekämpfen.

Connery erklärte sofort: »Die Dialoge sind wundervoll« und als er den Film der ausländischen Presse von Los Angeles vorstellte, sagte er: »Brian wollte, dass Malone der alte Lehrer sei, der vermeintliche Vater der drei Jungen, die Al Capone jagen. Ich hatte mich so sehr in diese Rolle eingefühlt, dass ich mich sowohl beim Drehen als auch außerhalb des Sets in diese Situation versetzt gefühlt habe. Brian arbeitet mit langen Filmsequenzen statt mit ständigen Schnitten und die epische Dimension speist sich aus dem Beitrag der Schauspieler, wenn sie dem Zuschauer erlauben, sich in der Szenerie zu bewegen und mitten im Geschehen zu sein«.

»Mein Beruf hat mir so viel gegeben und ich muss auch allen Frauen Dank sagen, die auf der Leinwand so getan haben, als ob sie mich lieben würden«.

Es ist wirklich schade, dass in der synchronisierten Fassung, der Akzent von Connery verloren gegangen ist, wegen der wichtigen Rolle und der ethnischen Bedeutung, die dieser für die Charakterisierung eines Polizisten irischer Abstammung hatte, neben dem die unterschiedlichen Sprecharten von Andy Garcia (der junge Polizist italienischer Abstammung) und von Robert De Niro (Al Capone) zu hören waren.

Der grobe Malone von Connery, im Kontext eines Films, der den Rhythmus eines alten Westerns hat, wird zum Kontrapunkt der jungen Polizisten mit der Fähigkeit, sich in Menschen zu verwandeln, die genau so erbarmungslos sind wie die von ihnen verfolgten Gangster. Die Gangster hatten im Kino als groteske und populäre Helden jahrelang das Publikum auf ihrer Seite. Sie waren irgendwie sympathische Superstars, fähig zu witzigen Bemerkungen (sagte Al Capone nicht immer: »Ich weiß nie, wo Kanada liegt?«).

Gegen diese korrupten Stadt-Cowboys, verkörperte Connery einen vollkommen entmythisierten Polizisten, der zum Entwicklungsprozess seiner nicht so erfahrenen Kollegen einen Beitrag leistet. Wenn Al Capone im unerlaubten Handel mit Alkohol, in der Prostitution und im Glücksspiel die Regeln diktierte, in einem Chicago, das die Macht und die Berühmtheit in enger Verbindung mit dem Verbrechen zu 'verehren' schien, war Malone ein Durchschnittsbürger. Er schuf ein 'Bindegewebe' in der Mannschaft der Detektive und polte damit die Sympathie um, die das amerikanische Publikum den Gangstern eine Zeit lang entgegenbrachte.

Voller Humor erzählte Connery dem »L'Express«: »Wir drehten in der Nähe des Missouri, einem fischreichen Fluss. Ich sah die Fische mit meinen Augen, ich hätte sie mit dem Karabiner töten können. Aber wenn ich einen einzigen Platz suchte, um frischen Fisch zu essen, fand ich keinen einzigen. Das ist das amerikanische Gesetz: Fisch schon, aber tiefgefroren! Amerika hat seine Geschmäcker tiefgekühlt, und es hat sogar seine Landschaft gleichgemacht: Alle Kleinstädte des amerikanischen Hinterlands sind austauschbar. Das *American Way of Life* ist eine Idee mit vielen Fallen, die, was mich betrifft, nur eine Idee bleiben wird«.

ZWISCHENSPIELE UND ÜBERGÄNGE

Von 1974 bis 1989 haben zwischen den Lieblingsfilmen von Sean Connery noch viele andere Titel Platz gefunden, vor dem Eintritt in die letzte Phase der langen Karriere des Schauspielers, die ihm, beginnend mit *Indiana Jones und der letzte Kreuzzug (Indiana Jones and the Last Crusade,* 1989) neue Möglichkeiten als Nebendarsteller offeriert. Der Vertrag mit der Walt Disney hätte ihm sogar die Rolle eines nicht mehr ganz jungen Zorros einbringen können, der die Maske einem neuen Beschützer (gespielt von Andy Garcia) übergibt. Aber nachdem Connery immer wieder zögerte, wurde der Film (mit dem Titel *Die Maske des Zorro* 1998 mit Anthony Hopkins und Antonio Banderas realisiert.

Sieht man von den Rollen ab, denen Connerys Vorliebe gilt – nicht nur, weil sie in vielen Fällen eine Herausforderung darstellten, sondern auch, weil sie sein Image umgekrempelt und seine körperliche Veränderung begleitet haben – bieten auch alle anderen von ihm verkörperten Figuren genügend Stoff für Betrachtungen, wenn man bedenkt, welches Gewicht dieser Darsteller international erlangt hat. Auch wenn es sich um Filme handelt, wie *Explosion in Cuba* (1979) von Richard Lester, die ein finanzieller Reinfall waren. Ungeachtet der jeweiligen Erfolge oder Misserfolge an der Kinokasse schaffte es Connery, sich als Synthese eines vergangenen Startums darzustellen: Im wundersamen Gleichgewicht zwischen der Popularität eines 'frischen' John Wayne, dem liebenswürdigen Touch eines noblen Henry Fonda, dem männlichen Charme eines Gary Cooper und der ausdrucksstarken Stereotypität eines Humphrey Bogart, Alan Ladd oder James Stewart, die sie zu Ikonen der Leinwand machte.

»Es war für mich immer genauso wichtig, in meinem Privatleben erfüllt zu sein, wie in meiner Arbeit«.

Die Jahre, in denen diese Filme entstanden, verbringt Connery auch als Privatmensch in abgeklärter Ruhe, weit weg von Zugeständnissen an die Neugier der Öffentlichkeit oder plattem Exhibitionismus. Noch heute unterstützt Connery offiziell sehr engagiert das National Youth Theatre, das Jahre hindurch auch von John Gielgud und Bryan Forbes gestützt wurde und das neben jungen englischen Schauspielern auch Asiaten, Latinos, Schwarze und Inder beschäftigt. »Ein außerordentlicher Club – sagt Sean – und es ist peinlich, dass eine solche Initiative nicht von der Regierung unterstützt wird«. Einige Leute glauben, dass Sean, nachdem er einige Dokumentarfilme mit schottischen Themen gedreht hat, die aber nur auf den heimischen Fernsehkanälen gesendet wurden, sich früher oder später, wieder als Theaterregisseur versuchen wird. Den Plan, einen Film nach einem Drehbuch von Orson Welles zu drehen, dessen Rechte bei Oja Kodar, der letzten Lebensgefährtin des Regisseurs liegen, hat er allerdings definitiv zurückgestellt.

Flammen am Horizont, **1982. Connery spielt einen Fernsehreporter, der sich mit Ereignissen herumschlägt, die ihn überfordern.** FOLGENDE SEITE, **ein schönes Bild des jungen Connerys**

In Bezug auf die Möglichkeit, dass er selbst in Zukunft hinter der Kamera steht, meinte Sean lediglich, auch während der Vorbereitungen des Starts von *Der erste Ritter*: »Vielleicht werde ich eines Tages bei einem Film Regie führen, und das wird ganz sicher eine Komödie sein«.

Im Gegensatz dazu ist er aber in diesen fünfzehn Jahren, in denen er sich immer mehr ins Privatleben zurückgezogen hat, vorzugsweise in Action-Filmen mit wechselndem Erfolg zu sehen gewesen, auch wenn sich die Auszeichnungen und die internationalen Preise, die ihm in dieser Periode zuerkannt wurden, kaum mehr zählen lassen.

Einer der begehrtesten, neben dem Oscar, war der Spezialpreis der britischen Akademie für Kino- und Fernsehschauspieler. Als sie ihm die Anerkennung überreichte, die vorher nur an Dirk Bogarde und Julie Andrews gegangen war, sagte Prinzessin Anne:

SEAN CONNERY
ZWISCHENSPIELE
UND
ÜBERGÄNGE

»Früher hatte ein Schauspieler überhaupt keine Chance, wenn er nicht dem Stereotyp des Gentleman entsprach«.

» An echten Helden mangelt es vielleicht in diesen Zeiten, aber Connery zeigt sich als leuchtendes Beispiel eines Helden für eine ganze Generation«.

Schließlich erkannte der Verein der Auslandspresse von Los Angeles im Februar 1996, im Verlauf der Golden-Globe-Verleihung, dem Schauspieler den angesehenen Cecil B. De Mille-Preis zu.

An der Zeremonie nahm Connery zusammen mit seinem Sohn Jason und seiner Frau Micheline teil, der er vom Podium herab öffentlich »für ihre Präsenz in meinem Leben« dankte. Den Golden Globe an sich drückend, fügte der Schauspieler hinzu: »Ich habe Glück. Ich bin 65 und ich bin noch hier. In einem Abriss meiner Filme, der für diesen Exkurs über meine Karriere ausgewählt und hier vorgeführt wurde, habe ich mich in meiner eigenen Verkleidung, in der witzigen Rolle des Sean Connery gesehen, in dem Film *Memories of Me*, der von Henry Winkler gedreht und von Billy Crystal produziert wurde. Mein Beruf hat mir so viel gegeben und ich muss auch allen Frauen Dank sagen, die auf der Leinwand so getan haben, als ob sie mich lieben würden«.

Dann, als er von Nicholas Cage und Michael Crichton (»einer meiner besten Freunde, ein Regisseur, den ich schätze, ein Autor, den ich bewundere«) in den Presseraum begleitet worden war, antwortete Sean scherzhaft auf eine Frage: »Welche Privilegien man nach so vielen gewonnenen Preisen hat? Als berühmter Bürger kann ich in allen schottischen Bussen und Zügen umsonst reisen«.

Unter allen anderen Preisen, die Connery gewonnen hat, sei nur an folgende Auszeichnungen erinnert: Ehrenlegion, Commandeur de l'Ordre des Arts et des Lettres in Frankreich, Ehrendoktortitel in Philologie der Universitäten St. Andrew's und Heriot Watt, Fellowship der Royal Scottish Academy of Music and Drama, Oscar als bester Schauspieler für *Der Name der Rose* von der British Academy of Film and Television, die Lifetime Achievement-Preise der British Academy, der Amerikanischen Kinematek und des National Board of Review.

»Es war für mich immer genauso wichtig, in meinem Privatleben erfüllt zu sein, wie in meiner Arbeit«. Das war Connerys einzige, immer wiederkehrende Aussage in den letzten Jahren. Auch als ihn 1989 die Krankheit traf und er seine Verpflichtung für *Rosencrantz und Güldenstern* wieder rückgängig machen musste, zeigte Connery extreme Zurückhaltung. Er hatte schon angefangen, mit Tom Stoppard an dem Film in der Drehbuchphase zu arbeiten, weil ihn das Projekt überaus anzog. Als er sich zum Reden entschloss, tat er dies im Fernsehen, ohne ein Blatt vor den Mund zu nehmen oder um den heißen Brei zu reden. In den Urlauben, die er sich dann an der Cote d'Azur und in der Normandie gönnte, gestand er aber auch ohne Zurückhaltung ein, nach der Operation an den Stimmpolypen eine intensive Therapie mitgemacht zu haben, um den perfekten Gebrauch seiner Stimme wiederzuerlangen. In Beverly Hills nahm er nach der ersten Operation eine Reihe von Unterrichtsstunden bei Doktor Lillian Glass, die seinen Stimmbändern ihre

volle Kraft und die gewohnte Klangfarbe zurückgaben. Als Connery, sieben Jahre nach der ersten Entdeckung der Polypen, bei einem Check-Up erfuhr, dass sie sich erneut gebildet hatten, unterzog er sich einer weiteren Therapie, um die befallenen Zellen zu zerstören. Zwischen der ersten, mit einem Laser ausgeführten Operation und der zweiten, die im Royal Marsden Hospital in London durchgeführt wurde, spielte Sean auch in sehr anstrengenden Filmen mit und er macht das Gleiche nach der zweiten Behandlung.

Ein äußerst breit gefächertes Spektrum

von Filmen von *Ransom, die Uhr läuft ab* (1974) bis *Presidio* (1989) hat dazu beigetragen, zwischen ihn und 007 ständig neue Distanzpuffer zu legen.

Die Filme aus dieser Periode sind: *Mord im Orient Express, Öl, Die Brücke von Arnheim, Meteor, Explosion in Cuba, Time Bandits, Der große Eisenbahnraub, Flammen am Horizont, Camelot – Der Fluch des goldenen Schwertes*. Abgesehen von *Camelot – Der Fluch des goldenen Schwertes* verdienen noch *Highlander- Es kann nur einen geben, Highlander 2 – Die Rückkehr* und *Family Business* besondere Beachtung: Die Ersten beiden, weil sie Connery dem Fantasy-Action-Genre annäherten, dessen Stil und Inhalte sich von den Bond-Filmen entschieden abheben, und der Dritte, weil er ihm, noch vor *Presidio* und *Indiana Jones und der letzte Kreuzzug*, die Rolle des patriarchalischen Vaters zuweist.

Wie von sehr weit her klingen nun die Worte von Ian Fleming in *Casino Royal*, als er sich an seine literarische Schöpfung wandte: »Umgeben Sie sich mit menschlichen Geschöpfen, mein lieber James. Mit ihnen kann man sich nämlich leichter auseinandersetzen als mit Prinzipien. Aber enttäuschen Sie mich nicht, indem Sie selber menschlich werden. Wir würden ein großartiges 'Werkzeug' verlieren«.

In Wirklichkeit hat Connery alles Mögliche getan, um sich auf der Leinwand als ein menschliches Wesen zu präsentieren, indem er Bond zunächst »Auf Wiedersehen« und dann »Lebewohl« sagte, auch in der Transzendenz seiner visionären Heldenfiguren, beispielsweise Ramirez in *Highlander*. Indem er einige Rollenmodelle ständig wiederholte, aber auch erneuerte, legte er die Voraussetzungen für eine neue und sicherlich lange Karriere als Ausnahme-Charakterschauspieler von Format nach dem Vorbild von Alec Guinness zum Beispiel und in Erfüllung dessen, was die Aufgabe eines Peter Sellers hätte sein können.

Die Amerikaner verstehen den Begriff 'Charakterschauspieler' nicht negativ und der Ausdruck 'character actor as star' bedeutet, dass es möglich ist – wie für Lee J. Cobb, Clifton Webb, Peter Lorre, Claude Rains und, unter den neueren, George C. Scott, Robert Duvall und Gene Hackman – mit vollem Recht Mitglied des *star systems* zu werden, auch ohne ein 'vergötterter'

»Ich habe oft gewagte Schritte unternommen, um 007 zu exorzieren und ich habe bisweilen für Filme ohne Erfolgsgarantie optiert. Aber das waren Erfahrungen, die ich nicht ausradieren möchte...«.

Star zu sein oder die Vorzüge der Jugend auf seiner Seite zu haben oder das, was Edgar Morin als die 'Heroisierung' des Mythos definiert hat.

Nach *Zardoz* akzeptierte Sean die Mitarbeit in einem Film, der heute kaum noch zu sehen ist, der aber gelegentlich im amerikanischen oder britischen Fernsehen gezeigt wird und der, vor dem Hintergrund der Ausbreitung des internationalen Terrorismus, den Wert einer Vorsehung erhielt, so dass sogar der Originaltitel *Ransom, die Uhr läuft ab* später in *The Terrorists* umgewandelt wurde. Der Schauspieler hatte das Angebot nicht nur wegen des Regisseurs angenommen, Caspar Wrede, von dem er zusammen mit Tom Courtenay *Ein Tag im Leben des Ivan Denissowitsch* (1971), nach dem Roman von Solschenyzin, bewundert hatte, sondern auch, weil es ihn faszinierte, mit Sven Nykvist, dem Kameramann von Ingmar Bergman, zu arbeiten.

Der Film des finnischen Theater- und TV-Regisseurs entpuppte sich als kommerzielle Enttäuschung, aber die Kritiker applaudierten. In dieser Geschichte um einen Anarchisten und drei Terroristen, die den englischen Botschafter in Skandinavien als Geisel nehmen, spielte Sean glaubwürdig den Part des Oberst Nils Tahlvik. Als Chef der skandinavischen Geheimdienste verhandelt er in Oslo mit der Bande, während eine Boeing bei der Berührung eines Uhrgehäuses, das dem Mechanismus einer Zeitbombe ähnelt, mit einem Zeitzünder in die Luft zu fliegen droht.

Nach diesem umstrittenen Projekt war es für Sean beruhigend, dass er noch im selben Jahr *Mord im Orient Express* zu drehen begann, mit dem vielseitigen Sidney Lumet und einem kleinen Heer großer Schauspieler. Es schien ein Film ganz nach dem Geschmack des Regisseurs, Sohn eines polnischen Juden, über den der große amerikanische Kritiker Andrew Sarris schrieb: »Lumet führt nur den, der geführt werden will, aber er folgt dem Schauspieler, der selbst führen möchte«. Doch auch dieser Film ließ das Publikum ratlos zurück und Francesco Savio bemerkte in »Il Mondo«: »Lumet hat, als Schattenbilder ihrer selbst, eine Gruppe einst berühmter Filmgrößen zusammengebracht. Dieser Eisenbahnwag-

**VON LINKS,
Dirk Bogarde,
Paul Maxwell,
Sean Connery,
Ryan O'Neal
und Gene
Hackman,
Offiziere der
Allierten in
*Die Brücke von
Arnheim*, unter
der Regie von
Richard
Attenborough.**

gon ist eine Arche Noah und der vorzeitig schwächelnde Connery lächelt der fuchsroten und dümmlichen Vanessa Redgrave zu«.

Die rivalisierende Virtuosität der Schauspieler, von Albert Finney als Poirot, vom (ehrwürdigen) Alter des Butlers John Gielgud bis zur offensichtlichen Jugendlichkeit von Jacqueline Bisset, tat niemandem gut und Connery versucht als Colonel Arbuthnott, ein englischer Offizier, der in Indien Dienst tut, seiner Figur etwas Geistreiches zu geben, indem er kühl auf die Fragen von Poirot antwortet. Aber Agatha Christies Roman über ein Verbrechen von Rang, geschrieben, als in Zügen dieses Typs noch Großherzöge reisten, und auf die Leinwand gebracht in einer Zeit, in der kleine Gauner ihr Unwesen in den Waggons trieben, war ein Fiasko, trotz eines Star-Aufgebots wie aus dem 'Gotha' des Kinos. Vielen schien diese Ausgrabung des sagenumwo-

SEAN CONNERY
ZWISCHENSPIFI F
UND
ÜBERGÄNGE

benen Zugs, dessen Ende die internationale Transportkonferenz in Leningrad im Herbst 1960 verfügt hatte, einfach unnötig. Einige Überlebende des alten Europa hatten noch das Vergnügen, die letzten Waggons am 27. Mai 1962 abfahren zu sehen.

Immerhin gingen die Fotos vom Defilee der Kino-Idole am Bahnhof von Istanbul um die Welt. Sie stammten von Lord Snowdon, dem damaligen Ehemann von Prinzessin Margaret und zeigten einen steifen Sean mit pechschwarzem Schnauzer und ebensolchen Brauen, aber einer weißen Strähne in den Haaren.

Nach dem geliebten *Robin und Marian* erwartete Sean ein weiterer Misserfolg, sowohl kommerziell, als auch bei der Kritik: *Öl* (1974), inszeniert von dem amerikanisch-armenischen Regisseur Richard C. Sarafian, der mit einem Auge auf die Realität schaute, mit dem anderen auf eine westernmäßige Politutopie.

Der Schauspieler hatte den Film akzeptiert, weil er den einflussreichen Produzenten Martin Bregman kannte, auf dessen Konto *Serpico* und *Hundstage* gingen und weil man ihm die Garantie gegeben hatte, dass keine Szene in Großbritannien gedreht werden würde, wohin Connery in dieser Zeit wegen einer Steuersache nicht zurückkehren wollte.

Aber der Plot um eine politische Intrige auf hohem Niveau, basierend auf den Versuchen multinationaler Konzerne, gewaltsam alle Friedensverhandlungen im Nahen Osten scheitern zu lassen, funktionierte nicht. Behütet mit einer russischen Fellmütze, konnte Sean sich als fortschrittlicher saudischer Minister Khalil Abdul Muhsen schon aus religiösen Gründen keinerlei

Kapriolen à la James Bond leisten. Jedoch, freilich unter Verzicht auf den Dom Perignon, verschmähte es seine Figur keineswegs, sich von Nicole Scott (Cornelia Sharpe), einer Vertreterin des internationalen Jet Set und Tochter des letzten amerikanischen Botschafters in Großbritannien, hofieren zu lassen. Die Schauspielerin, die in New York als klassische Balletttänzerin mit Seans Freund George Balanchine arbeitete und die die zukünftige Ehefrau von Martin Bregman sein sollte (in Hollywood erzählte man sich, dass der Film nur gemacht wurde, um sie 'durchzusetzen'), wurde eine geschätzte Arbeitskollegin von Connery. Aber ihre Einführung als neue Ursula Andress (die kurvenreiche Nicole erinnerte an die Bond-Girls) war ein Fehl-

Noch eine Szene mit Connery und Dirk Bogarde aus *Die Brücke von Arnheim*.

schlag. Verblüfft konnte man auch sein über Connerys schauspielerische Soli, bei seinen Ansprachen von der Tribüne der UNO in New York. Den Amerikanern missfielen sogar seine fiktiven Reden, welche die Einbeziehung Israels in die Gemeinschaft der Erdöl produzierenden arabischen Nationen proklamierten, im Hinblick auf einen 'eisernen Pakt' mit Jerusalem.

«Connery schmiegt sich fast perfekt der mangelnden Intelligenz der Figur des Khalil an», schrieben die Rezensenten diesseits und jenseits des Ozeans. Sie machten sich damit lustig über den Mangel an Ironie in den Kampfreden dieses Außenministers, der von einer brüderlichen Verbindung zwischen dem arabischen Block und der belagerten Festung Israel fantasierte, obwohl jener damals schon in seiner hypothetischen Existenz in Frage gestellt wurde. Dennoch hatten vier bekannte Namen aus Hollywood am Drehbuch mitgearbeitet und die Person des Khalil als «Tiger mit sanften schwarzen Augen» definiert.

Connery legte nach diesem Film eine zweijährige Ruhepause ein. Abgesehen von dem besonders in Amerika mäßigen Erfolg von *Die Brücke von Arnheim* (1978) und dem eleganten *Der große Eisenbahnraub*, der seine bis heute andauernde tiefe Freundschaft mit dem Autor-Regisseur Michael Crichton bestätigte, erwarteten ihn 1979 zwei weitere kolossale Flops, *Meteor* und *Explosion in Cuba*. Diese wurden lediglich durch seine Mitarbeit an Terry Gilliams *Time Bandits* abgemildert, die für ihn eine willkommene 'Zerstreuung' war.

Inzwischen hatte der Schauspieler gelernt, sich seine Teilnahme an einigen Filmen fürstlich entlohnen zu lassen, zu einem Zeitpunkt, als die Hollywood-Stars begannen, enorme Gagen zu verlangen. Die Studios stürzten sich nämlich gerade in Kolossal-Unternehmungen mit 'astronomischen' Durchschnittskosten und erhöhten die Budgets ihrer Filme auf schwindelerregende Niveaus.

Das europäische Kino war in einer Krise und in Amerika hatten die Studios beschlossen, auf große Leinwandspektakel mit astronomischen Kosten zu setzen. Die Stars passten sich an, hielten die Geldbeutel auf und verlangten Gagen, prozentuale Beteiligungen und Anteile an Koproduktio-

SEAN CONNERY
ZWISCHENSPIELE
UND
ÜBERGÄNGE

nen. In Wirklichkeit war Connery, wie auch schon früher, in unendliche Gerichtsstreitereien verwickelt. Einer dieser Prozesse, der gegen seinen Finanzberater Kenneth Richards, erregte Aufsehen: Kenneth Richards war angeklagt, ungeheuere Geldsummen hinter Seans Rücken in seine eigene Tasche gesteckt und fehlgeschlagene Spekulationsgeschäfte abgewickelt zu haben, ohne Seans Einverständnis. Seine Frau Micheline sagte über Sean: »Er ist sehr gut darin, Geld zu machen, weniger darin, es zu behalten«. Connery gewann den Prozess gegen Richards erst viele Jahre später. Das englische Gericht sprach Connery eine der höchsten jemals gezahlten Entschädigungen zu: Ungefähr 2,8 Millionen Pfund schuldete ihm sein Ex-Finanzberater. Aber Richards, der jetzt in der Schweiz wohnte, erklärte sich mittellos. Connery ging sofort erneut vor Gericht, diesmal in der Schweiz und mit einer Klage gegen Richards wegen Bankrotts.

Connery erklärte seine Entscheidungen, in den falschen Filmen mitzuspielen, folgendermaßen: »Ich hatte nie Mühe, passende Rollen für mich zu finden, weil das Kino immer starke Männer gebraucht hat. Natürlich war meine Auswahl manchmal bizarr, wie zum Beispiel bei *Meteor* und *Explosion in Cuba* aber ich hatte mir vorher ein Sabbatjahr genommen und nach einer

Meteor: In dem Film voller Klischees spielt Connery einen Wissenschaftler, der versucht, die Erde vor dem katastrophalen Zusammenprall mit einem großen Meteoriten zu retten.

Ruheperiode ist man anfällig für die übelsten Sachen. Immerhin schienen die Projekte auf dem Papier verlockend«.

In London, bei der Promotionstour für *Die Wiege der Sonne* sagte er: »Ich habe oft gewagte Schritte unternommen, um 007 zu exorzieren und ich habe bisweilen für Filme ohne Erfolgsgarantie optiert. Aber das waren Erfahrungen, die ich nicht ausradieren möchte und ich übernehme dafür die Verantwortung«.

Connery zögerte nicht, in der schweren Uniform und mit der Baskenmütze des Generals Robert Urqhart zu sterben, in *Die Brücke von Arnheim* (*A Bridge Too Far*, 1979), produziert von Joseph E. Levine und inszeniert von Richard Attenborough, welcher unmittelbar nach der letzten Klappe in den Adelsstand erhoben wurde.

Das Drehbuch des dreistündigen Films, nach dem Roman *Der längste Tag* von Cornelius Ryan, hatte man William Goldman anvertraut, der neben Dutzenden anderer Titel auf den Erfolg von *All the President's*

SEAN CONNERY
ZWISCHENSPIELE
UND
ÜBERGÄNGE

»Du kommst nicht sehr weit, wenn du ohne ein überarbeitetes und korrigiertes Skript drehst«.

Men von 1976 verweisen konnte. Die Besetzungsliste ist wirklich hervorragend, wie man beim Wiederlesen feststellt, und es wäre heutzutage undenkbar, ein solches Orchester großer Namen zusammenzustellen. Was Connery reizte, war die Möglichkeit mit Laurence Olivier zusammenzuarbeiten, den er, ebenso wie Ralph Richardson, immer bedingungslos bewundert hatte. Schließlich spielte auch noch Michael Caine mit, der damals immer öfter mit seiner Frau als Gast in Marbella weilte. Sie war eines der bevorzugten Modelle für Michelines Bilder.

Die Reporter, die auf dem Set in Holland zu Besuch waren, in der Umgebung des mittelalterlichen Städtchens Deventer, wo man aus ganz Europa und Nordafrika Ausrüstungsgegenstände aus dem Zweiten Weltkrieg zusammengetragen hatte, erinnerten sich gut an einen geschwätzigen Connery, der scherzhaft erklärte: »Ich bin im Rang befördert worden. In *Ein Haufen toller Hunde* war ich noch Sergeant, jetzt

bin ich Generalmajor«. Ebenso zeigte er sich höchst interessiert an der politischen Lage in Italien. »Italien«, sagte er dem Wochenmagazin »La Domenica del Corriere« (12. bis 17. April 1974) »ist ein wahres politisches Labor, ich denke da zum Beispiel an den Eurokommunismus. Alles, was bei euch passiert, könnte sich bald auch in England wiederholen«.

In *Die Brücke von Arnheim* ist Connery, wie alle anderen Akteure einschließlich des vielversprechenden Anthony Hopkins, nur eine Schachfigur zwischen Komparsen, den großen Protagonisten und den Truppen, die teilweise von der britischen Armee gestellt wurden. Alle waren damit beschäftigt, die Operation 'Market Garden' zu rekonstruieren, die im September 1944 genau neun Tage gedauert hatte. Eisenhower hatte diesen verwegenen Angriff gebilligt, Montgomery hatte ihn ausgeführt. Es ging um die Eroberung der Brücke von Arnheim, in einem Schlüsselsektor für den Ausgang des Krieges. Dabei wurden 10 000 Fallschirm-

SEAN CONNERY
ZWISCHENSPIELE
UND
ÜBERGÄNGE

springer, meistens Engländer, abgeschnitten und fanden sich eingekeilt zwischen Eisen und Feuer. Am Ende gab es weder Sieger noch Besiegte: Alle hatten verloren, einschließlich des Generalmajors Urqhart, der mit seinen Männern allein gelassen wurde und ohne die versprochene Hilfe von General Horrocks auskommen musste, der von Edward Fox gespielt wurde.

Die Produktionschronik, des Films, der im Verleih der United Artists erschien, weiß von einem Wettstreit zwischen den englischen und den amerikanischen Schauspielern. Es ging darum, wer am besten bezahlt würde: Ob Leute wie Robert Redford, James Caan, Elliott Gould, Gene Hackman, Ryan O'Neal und Arthur Hill, alle aus den USA. Oder die Londoner, Waliser und Schotten: Dirk Bogarde, damals einer der angelsächsischen Stars, die von der Rank-Gesellschaft nach dem Vorbild Hollywoods fabriziert wurden; Sir Laurence Olivier, Symbolfigur des National Theatre und des Old Vic; Michael Caine. Auch Anthony

Hopkins fehlte nicht, dem die Kritiker einen fulminanten Aufstieg voraussagten und in dem sie »das dumpfe Dröhnen eines Vulkans« wahrnahmen, »auf halbem Weg zwischen dem dichten Schatten eines Richard Burton, dem flackernden Licht eines Sir Laurence Olivier und dem Feuerwerk eines Sean Connery und eines Michael Caine«.

Nach Beendigung dieses Films zog Connery im Frühjahr 1978 mit seiner Familie, d.h. mit Jason und seiner Frau Micheline und ihren Kindern für eine gewisse Zeit nach Hollywood, ebenso wie Michael Caine. Sie ließen sich in den Hügeln von Beverly Hills nieder und Sean begann damit, viele Angebote zu prüfen, die sich am Ende als ziemlich katastrophal herausstellten, aber doch irgendwie anregend waren.

In Los Angeles wurde Sean von Dino de

Laurentiis kontaktiert. In der Bilanz des als 'schlauer Fuchs' bekannten Produzenten lösten sich große Erfolge wie *King Kong* und kolossale Misserfolge wie *Mandingo* und *Hurricane* ab. Eigentlich war es ja der Schriftsteller und Regisseur Michael Crichton, der dem (aus Italien) 'importierten' Filmmogul nahe legte, den Ex-Darsteller des James Bond für einen Film zu engagieren, der auf seinem Roman *Der große Eisenbahnraub* basierte. Connery verlangte Garantien und er erhielt sie auch, als John Foreman sich an der Produktion beteiligte. Dieser hatte schon vorher an *Der Mann, der König sein wollte* mitgearbeitet und war in Hollywood ein prestigeträchtiger Name, nicht nur, weil er vor Jahren die einflussreiche ICM (International Creative Management) gegründet hatte, sondern auch, weil er der Vertrauensmann von Paul Newman war. Crichton seinerseits hatte – nach *Andromeda – Tödlicher Staub aus dem All* (*The Andromeda Strain*), das er im selben Jahr wie seine Abschlussarbeit in Medizin geschrieben hatte und dem Bestseller *Der Killer im Kopf* (*The Terminal Man*) – beste Referenzen auf dem Gebiet der Literatur wie auch des Kinos: Er hatte *Westworld* (1973) und den vorzüglichen *Coma* (1978) gemacht.

Der Film, der in Irland gedreht wurde, zwischen Dublin, den Grafschaften Wicklow und Westmeath und der Kent Station von Cork, präsentierte einen Connery in Bestform, als spitzbübischen und in viktorianische Westen gehüllten Edward Pierce. In der Rolle eines hochseriösen Geschäftsmannes antwortet er schon zuvor auf die ihm vor Gericht gestellte Frage »Warum haben Sie dieses abscheuliche und skandalöse Verbrechen begangen?«, ganz ruhig: »Ich wollte einfach nur die Moneten«.

Die Beute bestand aus einer Ladung Gold, die für die Bezahlung des Solds der 1855 am Krimkrieg beteiligten englischen Truppen bestimmt war und der Überfall auf den Zug, der diesen Schatz beförderte, war der erste, der auf einen solchen Eisenbahntransport verübt wurde.

Connery, als Kopf des Unternehmens, gab einen wendigen und sympathischen, gegen den Strich gebürsteten 007 des 19. Jahrhunderts ab: Zwischen alten Dampflokomotiven, Unterwelt und Gefängnissen, öffentlichen Hinrichtungen durch den Strang, reizenden Damen in Reifröcken, Slums, aristokratischen Clubs, Freudenhäusern, spektakulären Sequenzen und der Suche nach den vier Verstecken, in denen sich die vier Schlüssel für die unbezwingbaren Panzerschränke verbargen, bekräftigte er seinen Hang zum brillanten Komödiantentum. Seine Ausritte zu Pferd, mit schwarzem Zylinder, Bartkranz, Schnauzer und phlegmatischem Humor; seine Verbindung mit der Geliebten und Komplizin Miriam (Lesley-Anne Down), die sich nacheinander in eine große Dame, eine Zofe mit Cockney-Akzent, ein Straßenmädchen und eine hochgestellte französische Hofdame verwandelt; seine Flucht über das Zugdach und sein Duett mit seinem Komplizen (dem tüchtigen Einbrecher und Taschendieb Agar, dargestellt von Donald Sutherland):

SEAN CONNERY
ZWISCHENSPIELE
UND
ÜBERGÄNGE

Das europäische Kino war in einer Krise und in Amerika hatten die Studios beschlossen, auf große Leinwandspektakel mit astronomischen Kosten zu setzen.

All das funktioniert prächtig und es wird unterstützt von den raffinierten Kostümen und vor allem vom Chefkameramann Geoffrey Unsworth, der schon den Oscar für *Cabaret* bekam. Ihm, mit dem Connery schon in *Duell am Steuer*, *Zardoz* und *Die Brücke von Arnheim* gearbeitet hatte, ist der Film gewidmet.

Allerdings rächten sich die Engländer an diesem Schotten, der Großbritannien aus Steuergründen Ade gesagt hatte und nun mit Volldampf in Hollywood arbeitete. Im »Observer« konnte man lesen: »Weder Sean Connery noch der Kanadier Donald Sutherland treffen den Stil, den ihre Rollen verlangen«.

Die erste wirkliche Katastrophe in Hollywood war ein Thriller, der von einem abenteuerlustigen jungen Produzenten angestoßen worden war: Sandy Howard verbündete sich zu diesem Zweck mit der Run Run Shaw-Gesellschaft und überredete dann sogar Burt Lancaster, ein Remake von *Die Insel des Dr. Moreau* zu drehen.

Meteor, inszeniert von Roland Neame, wurde nach dem unterschiedlichen Erfolg von Filmen wie *Hurricane*, *Airport '80-Die Concorde* und *Avalanche* realisiert, zu einer Zeit als Produktionen wie *Alien-Das unheimliche Wesen aus einer fremden Welt* in Arbeit waren. Nach den Vorstellungen der Warner Bros hätte der Streifen den gera-

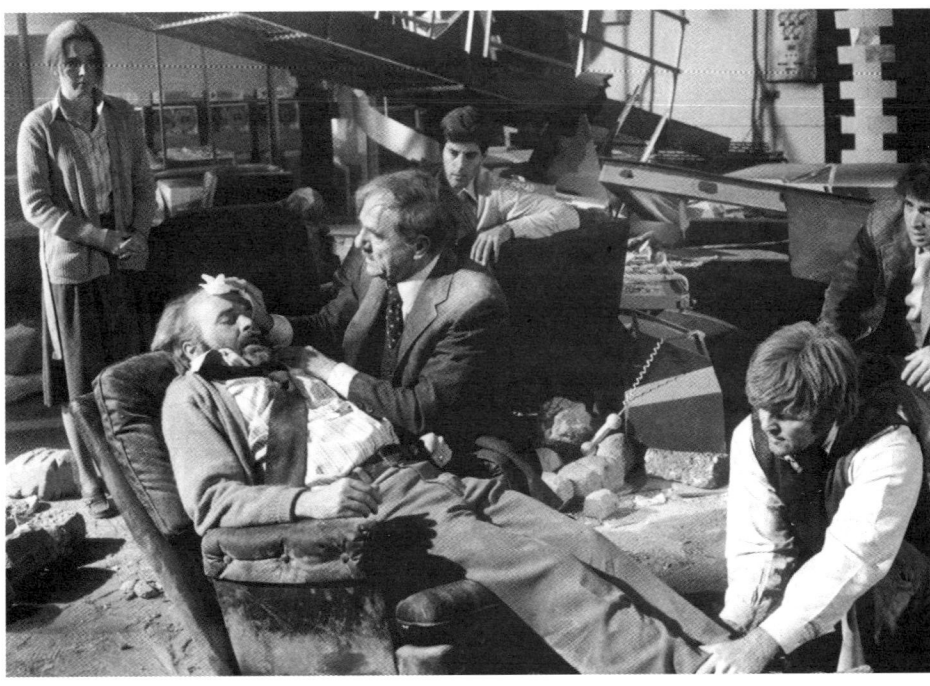

SEAN CONNERY
ZWISCHENSPIELE
UND
ÜBERGÄNGE

de im Dreh befindlichen Horror-, SF- und Katastrophenfilmen anderer Major-Studios Konkurrenz machen sollen.

Neame konnte sich die beträchtlichen Einnahmen für *The Poseidon Adventure* (1972) zugute halten. Sein Ruf war unangefochten und er war einer jener vielseitigen Engländer, die in jungen Jahren in die Elstree Studios aufgenommen worden waren. Als Kameramann, Drehbuchschreiber, Produzent, Schriftsteller und Regisseur pendelte er seit Jahren zwischen den beiden Kontinenten hin und her. Er war per Du mit Noel Coward (und engagierte sogar Trevor Howard, der in *Begegnung* nach Cowards Einakter *Ruhiges Leben* gespielt hatte), hatte verschiedentlich Oscar-Nominierungen erhalten und ebenso viele für seine Schauspieler herausgeholt.

Es ist sehr interessant, in den Originalunterlagen der Warner Bros, die nur der Presse in Hollywood ausgehändigt wurden, Connerys Erklärungen nachzulesen: »Nie hätte ich gedacht – sagt der Schauspieler – einmal soweit zu kommen, als Sohn der Arbeiterklasse. Früher war das Establishment vollständig unter Kontrolle, das Monopol der Theaterbühne spiegelte die Macht von Schauspielern wieder, die von den Launen und Phobien der sogenannten 'upper class' zeugten. Ein Schauspieler hatte überhaupt keine Chance, wenn er nicht dem Stereotyp des Gentleman entsprach – wie es Ronald Colman, Noel Coward, Rex Harrison und Leslie Howard taten. Zugeben – das waren große Schauspieler, aber sie bewegten sich alle innerhalb des Klischees vom 'englishman'. Dann hat John Osborne *Blick zurück im Zorn* (1956) geschrieben und die Dinge änderten sich. Das Publikum begann, sich mit Figuren zu identifizieren, die keine Helden oder Snobs waren. Auf diese Weise waren Leute wie Michael Caine, Anthony Newley, Terence Stamp und Peter O'Toole erfolgreich«.

Connery fügte seinen Namen dieser Liste nicht hinzu.

Meteor, der 17 Millionen Dollar gekostet hatte, wurde als Actionfilm mit solidem wissenschaftlichem Hintergrund verkauft. Man engagierte Connery für den Part des Raumfahrtexperten Paul Bradley, den die Nasa aus einer gerade laufenden Segelregatta herausholt.

Seine Aufgabe war es, einen Notfallplan zu entwickeln, um einen Meteoriten von riesigen Ausmaßen von seiner Flugbahn abzubringen. Der zehn Kilometer breite Koloss bewegte sich auf Kollisionskurs mit der Erde und schickte kleine Teile als zerstörerische Vorhut voraus. Es gab bemerkenswerte Szenen – abgesehen von den Seite an Seite mit der roten Fahne flatternden Stars and Stripes und den Spezialeffekten – die auch an Connery nicht spurlos vorübergingen und die ihm zwei Tage Zwangsaufenthalt in einer Klinik einbrachten: Die Auseinandersetzung zwischen Bradley und dem US-Präsidenten (Henry Fonda), die Treffen mit den beiden russischen Wissenschaftlern (Natalie Wood und Brian Keith) und die Sequenz, in der Sean Natalie fragt: »Hatten Sie Angst?«, und damit unweigerlich Lachanfälle beim Publikum auslöst: Nur wenige Sekunden zuvor hätte nämlich beinahe eine Naturkatastrophe einen ganzen Landstrich von der Erde getilgt.

Die Klatschkolumnen von Los Angeles und einige Fotos, die in »Hollywood Stars«, dem Wochenmagazin von Rhona Barrett erschienen, belegen, dass Connery, nachdem er nach Kalifornien zurückgekehrt war, Unterricht bei Steven Seagal nahm. Der hatte gerade ein Studio für Aikido und spirituelle Übungen in fernöstlichen Kampfsportarten (Martial Arts) eröffnet (Seagal hat, als er in Italien war, diese Information bestätigt und erklärt, dass er in seinem Kurs die Ten Shin-Methode lehrte, die auch als Divine Spirit of the Heart bekannt ist). Daneben sickerte keine einzige weitere Indiskretion über das beschauliche Dasein von Sean durch, der nie am mondänen Leben von L.A. teilnahm. Auf der anderen Seite erledigte er in dieser Zeit ein dichtgedrängtes Arbeitspensum. Kurz hintereinander hielten ihn *Meteor* und *Explosion in Cuba* auf Trab.

Der letztere ist der einzige Film über den Connery Folgendes eingestand (»Première«, Dezember 1986): »Es war die enttäuschendste und frustrierendste Erfahrung in meinem Berufsleben. Vergleichbar nur mit der Tatsache, dass ich angefangen hatte in *Herz ohne Hoffnung* mit Lana Turner zu spielen, indem wir den Film mit dem Ende begannen, (wo ich nicht mehr dabei war, weil ich im ersten Teil starb) und wir dann von hinten zurück zum Anfang drehten«.

Sean schien voller Begeisterung bei dem Gedanken, mit Richard Lester, dem Regisseur, der ihm in *Robin und Marian* seine Heldenaura genommen hatte, *Explosion in Cuba* zu drehen, einen Abenteuerfilm mit einem Hauch von Hemingway. Nach den Dreharbeiten, die in Spanien stattfanden, um die Kosten niedrig zu halten, da die United Artists nicht zuviel Geld in das Projekt stecken wollte, erklärte Sean dem »Time«-Magazin: »Die starke Grundidee des Skripts von Charles Wood, den ich kenne und schätze, hatte mich überzeugt. Aber

AUF DIESEN SEITEN: Connery ist mit Brooke Adams in *Explosion in Kuba* unter der Regie von Richard Lester. Im Film geht es um einen von der Kubanischen Regierung angeworbenen englischen Offizier, der auf die Seite der Rebellen übergeht. Adams ist die ehemalige Geliebte der Hauptfigur, die bereit ist, mit ihm die frühere Beziehung wiederaufzunehmen.

Lester hätte mehr am Drehbuch arbeiten müssen, hat es aber nicht getan; dazu gab es Änderungen an der ursprünglichen Besetzung. Unser Fehler war, dass wir glaubten, wir würden keine Probleme haben, da wir ja ein gutes Thema und einen ausgezeichneten Drehbuchautor hatten. Wir begannen unter unsicheren Bedingungen zu drehen, was ein Fehler war, weil du nicht sehr weit kommst, wenn du ohne ein überarbeitetes und korrigiertes Skript drehst«. Der Protagonist, Robert Dapes, ist eine Art pensionierter Agent 007, ein Söldner von Fulgencio Batista. Er wird angeworben von General Bello (Martin Balsam) – wir schreiben das Jahr 1959 – um die Guerilleros zu stoppen und die Anhänger von Fidel zu töten. Aber das Spiel ist schon schmutzig geworden, die gesellschaftlichen Konflikte vertiefen sich, Fidel Castro ist nahe daran, sich seine Führungsrolle zu erobern und Robert trifft eine inzwischen verheiratete Frau wieder (Brooke Adams), mit der er erneut eine Affäre beginnt. Währenddessen gehen die Zuckerrohrfelder in Flammen auf.

Connery erinnert sich, dass Lester ihm zusammen mit dem Drehbuch auch einen Artikel des Historikers, Harvard-Professors und Pulitzer-Preisträgers Arthur Schlesinger überlassen hatte, der von Präsident Kennedy 1961 mit der Analyse der politischen Situation in Lateinamerika beauftragt worden war. Der Artikel fasst die Lage folgendermaßen zusammen: »Die Raubgier der Führungsschicht, die Korruptheit der Regierung, die Brutalität der Polizei, die Gleichgültigkeit des Regimes gegenüber den Bedürfnissen des Volkes, all das und einiges mehr stellte in Kuba geradezu eine Einladung, einen Aufruf zur Revolution dar«.

Beim Festival von La Baule in Frankreich, wo er 1990 Jury-Mitglied war und wo eine Retrospektive seiner Filme gezeigt wurde, sagte Richard Lester: »Sean schien mir der ideale Repräsentant für einen Abschnitt der Geschichte, den ich unbedingt auf die Leinwand übertragen wollte: Den Moment, in dem ein Regime durch ein anderes ersetzt wird. *Explosion in Cuba* entstand vor dem Hintergrund dieser Wachablösung und der Analyse von Arthur Schlesinger. Sean gefiel auch der Gedanke sehr, wieder

in Spanien zu arbeiten, in einem vollkommen amerikanisierten Jerez de la Frontera, mit Cadillacs, Plymouths, Fords, Panzerfahrzeugen, ja sogar TV-Programmen und –Ansagen, amerikanischen Reklameschildern und Zigarrenbanderolen, die zwanzig und mehr Jahre alt waren. Wir arbeiteten mit Begeisterung und Ironie an der Rekonstruktion des 'fidelismo'. Ich glaube, dass Sean diesen Film wiedersehen und neu bewerten sollte. Sicher – soviel kann ich sagen – hat ihn das Ergebnis enttäuscht. Ich bleibe aber dabei, dass *Explosion in Cuba* den folkloristischen Aspekt, aber auch den Zynismus und die Geschäftemacherei jener Zeit des Übergangs treffend eingefangen hat«.

Wenn man, aus dem zeitlichen Abstand heraus, die Darstellung Connerys untersucht, zeigen sich darin viele Merkmale, die der Schauspieler auch in anderen reifen und lebensklugen Figuren herausgestellt hatte, das Gleichgewicht haltend zwischen den Eigenheiten des Abenteurers und den persönlichen und sozialen Einsichten eines erfahrenen Mannes. Beispielsweise hat der Protagonist von *Das Russlandhaus* einige Berührungspunkte mit dem Film von Lester, etwa die gleiche verletzliche Ernüchterung ohne Gefühlsduselei, aber mit idealistischen Akzenten, die man auch in *Die letzten Tage von Eden* und mehr als irgendwo sonst in *Im Sumpf des Verbrechens* entdecken kann.

Nach all diesen Filmen, die ihn im Grunde enttäuscht hatten, beschloss Connery, sich etwas Urlaub zu leisten, während er darauf wartete, dass andere Projekte heranreiften. Er schenkte sein Vertrauen dem jungen Terry Gilliam, einem Amerikaner aus Minneapolis, den es nach London verschlagen hatte, einem 'schrecklichen' Burschen von der etwas zügellosen Genialität der Gruppe Monty Python.

Connery hätte vielleicht sowieso in *Time Bandits* (1980-81) mitgespielt, weil der Dreh in Marokko geplant war, in der Nähe des renommierten Aloha Gold Course. Dazu kam aber noch, dass sich zwischen ihm und Gilliam ein Gefühl gegenseitiger Sympathie einstellte. Ein Gefühl, das später unterbrochen wurde, als Gilliam Sean für die Rolle des Königs in *Die Abenteuer des Baron Münchhausen* engagiert und seinen

»Sean schien mir der ideale Repräsentant für einen Abschnitt der Geschichte, den ich unbedingt auf die Leinwand übertragen wollte: Den Moment, in dem ein Regime durch ein anderes ersetzt wird«.

RICHARD LESTER
(Über
Explosion in Cuba)

Namen schon auf die Credits gesetzt hatte (man begann schon 1987 von dem Film zu sprechen, er kam dann 1989 heraus), dann aber einen Rückzieher machte und Robin Williams verpflichtete.

Trotzdem spricht Connery auch noch heute in freundlichen Worten von dem Regisseur. In einem Fernsehinterview mit David Letterman, für dessen Show auf dem CBS-Kanal, erklärte er: »Es stimuliert mich, mit Regisseuren zu arbeiten, die ein reiches visuelles Talent und Vorstellungsvermögen haben, wie Russell Mulcahy und Terry Gilliam. Es ist gleichsam eine Herausforderung für mich und ich fühle mich selbst jedesmal darin verwickelt – das ist das richtige Adjektiv. Es ist, als ob ich als Erster verstehen wollte, was diese Filmautoren mit und aus mir machen können. Gilliam, der für den Film auch als Produzent verantwortlich zeichnete, fehlten fünf Millionen Dollar, um *Time Bandits* zu machen. Mir, der ich den Humor der Monty Python schätzte, schien es unglaublich, dass in Hollywood, wo Milliarden und Abermilliarden ausgegeben werden, niemand Vertrauen in Terry setzte. Also beschloss ich, eine Rolle in diesem verrückten Skript zu übernehmen, das mir sehr gefallen hatte. So wurde ein Verleih gefunden und andere Schauspieler zogen nach. Von Ralph Richardson bis Shelley Duvall, Ian Holm und David Warner. Es war ein echtes Vergnügen für uns, aber eines mit Sinn«.

Es war auch einer der ersten *Cameo-Auftritte* für Connery, in der Rolle des vornehmen Königs Agamemnon. Als er sich nach dem Kampf mit dem Minotaurus den Helm absetzt, in einer staubigen Ebene des alten Griechenland, enthüllt er dem kleinen Kevin (Craig Warnock), dass dieser Krieger niemand anderer ist als 007, der ehemalige Agent Seiner Britischen Majestät.

Mit seinem gebräunten Gesicht demonstriert Connery, dass er sich offenkundig wohl fühlt in dieser fröhlichen, sonnigen und äußerst bunten Szenerie, die gut mit der Magie zusammenpasst. Gedreht wurde vor den Aufnahmen von *Outland – Planet der Verdammten* und Denis O'Brien, der ausführende Produzent, war zusammen mit George Harrison eigentlich ohne besondere Zuversicht nach Los Angeles gereist, um Connery persönlich für dieses Märchen zu

gewinnen. Tatsächlich bekam er fast sofort eine Zusage.

Fantasy und Science Fiction waren wichtige Elemente in diesem Film – *E.T.* hatte Schule gemacht, auch wenn hier von Gnomen die Rede ist, guten und bösen Zauberern, Schatzinseln und Kindern mit Zuneigungsdefiziten, deren Eltern vor allem elektrische Haushaltsgeräte lieben. Es ist quasi eine Farce auf der Landkarte von Connerys Kinokarriere und auch auf der Karte der kosmischen Unzulänglichkeiten, die man dem Lieben Gott persönlich gestohlen hat. Der elf-jährige Kevin sieht nämlich eines nachts, wie eine Gruppe winziger Kerle aus dem Schrank steigt, welche die fragliche Karte in Händen halten und die er unverzüglich auf ihrem Ausflug durch die Zeit begleitet. Der Junge weiß noch nicht, dass es sich um spezielle Diebe handelt, sieben Räuber auf der Suche nach den schwarzen Löchern, durch deren Eingänge man sich in verschiedene Zeitalter und Kontinente begeben kann.

Connery urteilt positiv über die Periode, die ihn mit *Time Bandits*, *Outland – Planet der Verdammten* und *Flammen am Horizont* verbindet.

Nach *Robin und Marian* waren ihm nur miese Drehbücher angeboten worden. Zu »Première« sagte er: »Nach *Time Bandits* spielte ich in drei Filmen, die ich sehr mochte. Nach *Outland*, *Flammen am Horizont* und *Am Rande des Abgrunds* war ich so energiegeladen, dass ich überzeugt war, in *Sag niemals nie* noch einmal einen äußerlich gereiften James Bond abgeben zu können«. Mit diesen Worten verteidigte Connery den umstrittenen *Flammen am Horizont* (*Wrong is Right*, 1982). Gedreht wurde der Film von dem in Philadelphia geborenen Ex-Reporter Richard Brooks, der auch Romanautor, Theatermann und vor allem ein echter, kaltblütiger Humanist ist, bitter, klarsichtig und in der Lage, die Probleme Amerikas darzustellen, indem er sie in Werken mit echtem erzählerischen Atem verarbeitete.

Der Film, nach dem Roman *The Better Angels* von Charles McCarry, bot Sean Connery eine große Rolle, die eines berühmten TV-Reporters. Die einzige Waffe dieses Mannes ist seine Kamera, wenn er sich mit einer Welt voll von versteckten Mikrofonen, Spionagesatelliten und internationalen Konflikten herumschlagen muss, die den Dritten Weltkrieg auszulösen drohen.

Es erstaunt nicht, dass Connery bis heute diesen Film zitiert, um Gewalt als Spektakel für die Masse zu denunzieren. Es sollte genügen, an den Satz aus dem Schlussteil zu erinnern, um sich der Modernität dieser explosiven Filmkamera in den Händen von Patrick Hale (Sean) bewusst zu werden: »Alles, was auf der Welt passiert, passiert nur, wenn es im Fernsehen gezeigt wird«.

Hale ist immer da, wo er sein muss: in Washington, New York, Marseille, Rom, im ölreichen Mittleren Osten. Um ihn herum dreht sich das Karussell der politischen Führer, der schönen, dekorativen Frauen, die sie vor und hinter den Kulissen begleiten, der internationalen Geheimagenten, der CIA-Komplotte...

Neben Connery spielen auch Leslie Nielsen, als amerikanischer Präsidentschaftskandidat, und Robert Conrad als General Wombat, dessen Maxime lautet: »Amerika mag manchmal nicht Recht haben, aber es hat nie Unrecht«.

Man müsste heute, in einer Zeit, in der man so viel von der Entertainment-Gesellschaft spricht, diesen Film noch einmal anschauen und den Sensationshunger des TV-Reporters Sean Connery untersuchen, der der action-dominierten Erzählung auch die Leichtigkeit der Komödie zu vermitteln weiß. Vor allem am Ende, als er sich die Perücke abnimmt, um allen dadurch mitzuteilen, dass in unserer Welt des Scheins vielleicht niemand der ist, der er zu sein scheint.

Connery, durch die ersten 007-Filme Bannerträger des 'kalten Krieges', zeigt hier außerdem den Alptraum des Pulverfasses 'Mittlerer Osten', wo jede Ölquelle eine Zeitbombe ist und wo der Journalist Zeit findet, seine Protagonisten »an den Raum für die Werbung« zu erinnern, während er sie aufnimmt. Seien es nun Täter, Opfer, Haupt- oder Nebenfiguren oder durch den Watergate-Skandal erschrockene Präsidenten.

»American Film« schrieb: »Mit Hilfe seines Hauptdarstellers Sean Connery hat Richard Brooks einen Film inszeniert, der, in einer Art Fusion, *Dr. Seltsam oder wie ich lernte, die Bombe zu lieben* und *Citizen Kane* ins Gedächtnis ruft«.

In Amerika war die Kritik uneins über den Film, während sie in Frankreich den Daumen senkte und in Italien, mit Vorbehalt, der potentiellen entmythisierenden Kraft des Films applaudierte. Connery ging als Sieger hervor, wie seine Sondersendungen, die eine Milliarde Zuschauer am Tag erreichten (und damals war CNN noch nicht verbreitet) und die Einschaltquoten in astronomische Höhen trieben.

Mit siebzig Jahren ließ der Regisseur, der in *Süßer Vogel Jugend* (1962) von einer Enttäuschung erzählt hatte und in *Elmer Gantry* (1960) vom Fanatismus eines Predigers, Connerys 'Aktienkurs' noch einmal hochschnellen. Diese zukunftsweisende Geschichte ist heute Realität und der von Connery gespielte Journalist gibt ein zeitgenössisches Porträt vieler 'Anchormen' ab. Der Schauspieler, ständig zwischen Drama und Sarkasmus balancierend, ist eine Art unruhiger Globetrotter. Hinter der neugierigen Brutalität seiner Bilder steht ein einziges Motto: »Everyone everywhere«.

Noch zwei Filme und Connery wird dazu übergehen, Vaterfiguren zu spielen, Seite an

In *Flammen am Horizont* ist Connery Patrick Hale, ein berühmter Fernsehjournalist, dessen einzige **Waffe** die Fernsehkamera ist. **Er muss sich mit einer Welt herumschlagen, die aus versteckten Mikrophonen, Spionagesatelliten, internationalen Konflikten, die einen dritten Weltkrieg auszulösen drohen, besteht. OBEN, Hale mit der Kollegin Sally Blake (Katharine Ross).**

Juan Villa-Lobos Ramirez ist in *Highlander* der spanische Adlige, der Connor McLeod im sechzehnten Jahrhundert seine Unsterblichkeit enthüllt hat.

Seite mit den neuen Generationen von Schauspielern und mit den Stars mittleren Alters, wie Harrison Ford. In seiner 007-Figur hatte er ein Rollenmodell, das man bald ablehnte, bald hochleben ließ, aber jedenfalls immer wieder neu erfand, auch dank Schriftstellern wie Tom Clancy und John Le Carré, mit Filmfiguren wie den neuen Analytikern der CIA oder durch die einflussreiche Figur des Rechtsanwalts, der wie ein Detektiv gesehen wurde, ein Machtmensch, ein Türöffner der Gesellschaft.

Merkwürdig, aber auch wiederum nicht zu sehr, war die Entscheidung Connerys, gleich nach *Sag niemals nie* aber noch vor *Highlander-Es kann nur einen geben* einen Auftritt in *Camelot – Der Fluch des goldenen Schwertes* (1983) zu akzeptieren. In diesem Kitsch-Märchen, inszeniert von Stephen Weeks, ist Connery der geheimnisvolle Grüne Ritter. Der Film wurde in vielen Ländern überhaupt nicht verliehen und auf Video von der Gesellschaft Golan-Globus-Cannon Films herausgebracht.

Der Regisseur war kaum 30 Jahre alt, ein Liebhaber der Kultur des Mittelalters, und er hatte ganz allein das Drehbuch geschrieben, das auf dem mittelalterlichen Gedicht *Sir Gawain und der Grüne Ritter* beruhte. Er hatte Connery seine Bearbeitung der keltischen Sage zukommen lassen, die auf eine Art ins 20. Jahrhunderte verlegte *fairy-tale-fantasy* hinauslief. Und zumindest auf dem Papier sollte es eine Kombination von Comic-Strip-Sprache und höfischer Erzählung werden.

Sicher wollte Sean wissen, wie und bis zu welchem Grade dieser junge Enthusiast sich seiner bedienen würde. Das passierte nachher auch mit Russ Mulcahy und es war schon mit Terry Gilliam so gewesen. Darüber hinaus schützte Connery die Vertragsklausel, die ihm zusicherte, dass für den Film nicht mit ihm als Hauptdarsteller Reklame gemacht würde, vor Überraschungen. Er hatte damit die Garantie, einen eventuellen Prozess zu gewinnen, falls die Vereinbarungen nicht eingehalten würden.

Das Ziel der Cannon war es, einen Film 'à la Errol Flynn' zu drehen, unter Ausnutzung des Namens 'Connery'.

In Cannes wurde *Camelot – Der Fluch des goldenen Schwertes* unter dem Etikett »Tar-

»Ich ziehe die Figuren vor, die in einem märchenhaften Kontext als Führer dienen«.

zan trifft 007« auf dem Filmmarkt vorverkauft, mit einer Besetzung aus ergrauten Berühmtheiten und einem jungen Schauspieler, Miles O'Keefe. Er war in der Neuauflage von *Tarzan* dabei gewesen, der von John Derek inszeniert wurde und in dem dessen Frau Bo mitspielte. Sean ließ sich auch von der Möglichkeit verlocken, in aller Ruhe und bei nur sechs äußerst gut entlohnten Tagen Drehzeit im Schloss Pierrefond bei Compiègne zu arbeiten, in dessen Turm Johanna von Orleans eingekerkert war, sowie in der Bretagne. Überdies wusste Connery, dass er mit seiner Anwesenheit auch seinem Freund Trevor Howard helfen würde, der für die Rolle des König Artus engagiert worden war. Howard war schon krank, aber es war lebenswichtig für ihn weiterzuarbeiten. Auf der Besetzungsliste waren auch Namen wie Peter Cushing, Lila Kedrova (die Madame Hortense in *Alexis Sorbas*), David Rappaport, der in *Time Bandits* gespielt hatte und Leigh Lawson, der mit Franco Zeffirelli und

Roman Polanski gearbeitet hatte und der ein sehr geschätzter Shakespeare-Darsteller war.

Unter vielen Gesichtspunkten führte die Figur des Grünen Ritter Connery auf die 'Startbahn' von *Highlander*, obwohl die Produktionsformel anders war.

Es handelt sich nicht um erlesene Entscheidungen und der Schauspieler hat immer zugegeben: »Ich ziehe die Figuren vor, die in einem märchenhaften Kontext als Führer dienen«. Außerdem hat Connery immer eine echte Neugier und Bewunderung für Russel Mulcahy gezeigt, als wäre er angezogen von dessen kindlicher, moderner, junger Art Kino zu machen. Diese war neu für ihn und später wurde sie ihm auch unter großem Werbeaufwand von Steven Spielberg in *Indiana Jones und der letzte Kreuzzug* angeboten.

Einleuchtend ist das, was er bei der Premiere von *Highlander* in Paris eingestanden hat. Dort, wie in ganz Europa, zeigte der Film sofort, dass er einen großen Eindruck auf das junge Publikum machte. In Amerika dagegen wurde er zu einem Fiasko, das mit

AUF BEIDEN SEITEN: Das Sequel von 1991, *Highlander II – Die Rückkehr* zeigt nochmals Connery und Lambert zusammen. Connery nimmt am dritten Teil der Serie nicht teil.

einem zweiten Kinostart aufgefangen wurde.

Connery gestand, dass die Möglichkeit, den Ramirez auf eine realistische Weise und in einem *Fantasy*-Rahmen zu spielen, ihm sehr großes Vergnügen bereitet hatte. Er erklärte seine Achtung »für den brillanten Mulcahy« und fügte hinzu, was er bei vielen Gelegenheiten auch bestätigte: »Russel ist nicht besonders geschickt mit den Schauspielern, aber nur weil er wenig Erfahrung hat und als Regisseur von Videoclips gewohnt war, mit 'pop guys' wie Micky Jagger zu arbeiten. Bei Mulcahy zählt der Eindruck, die Wirkung, der Schock. Der Bursche ist aber sehr begabt. Hollywood wollte Russ, genauso wie Terry Gilliam, kein Vertrauen schenken und hat dadurch seine Blindheit und seine Taubheit gezeigt«.

Im Mantel des strahlenden spanischen Adligen Ramirez ist Connery mehr als pure Präsenz. Er ist eine machtvolle Idee– wenn er Conner McLeod (Christopher Lambert), dem Erben einer großen Familie von schottischen Highlanders erklärt, dass sie unsterblich seien. Ihr gemeinsames Schicksal sei, durch die Jahrhunderte hinweg, alle anderen Unsterblichen zu finden, einen nach dem anderen, um sie zum Zweikampf herauszufordern, bis zum letzten 'gathering', dem letzten Kampf um die Macht jenseits aller Grenzen der Vorstellung.

Highlander sollte hauptsächlich in Schottland gedreht werden. Das hätte genügen sollen, um Sean zu überzeugen, den Vertrag zu unterschreiben. Noch dazu hatte der Chefkameramann Gerry Fisher, auch an *Sein Leben in meiner Gewalt* teilgenommen. Er war ein sensibler und gebildeter Profi der mit Joseph Losey gearbeitet hatte und für eine Art von Kino, von dem Sean als Schauspieler ignoriert wurde, weil er noch unbekannt war. Connery hatte großes Vertrauen in ihm.

Hinter diesen Entscheidungen des Schauspielers für Fantasy und mythologische Stoffe verbargen sich außerdem, wie Freunde und vor allem seine Frau Micheline bestätigten, seine Jugenderinnerungen, als er die Nachmittage mit dem Anschauen eines Western verbrachte oder sich mit den Geschichten von Flash Gordon amüsierte. Es sind Entscheidungen, die auch sein Interesse für bestimmte 'spirituelle'

Lektüre wiederspiegeln. In der Tat, als man ihn »Interessieren Sie sich für östliche Philosophie?«, fragte, antwortete der Schotte aus Fountainbridge: »Ich habe diese Phase durchgemacht. Ich habe *I Ching, In Search of the Miraculous, Das Tibetanische Totenbuch* gelesen. Am Ende schienen mir alle diese Bücher nicht weit entfernt von der *Bibel.* Außerdem erreicht man mit den Prinzipien *Yin* und *Yan* Entwicklungsstadien und Erklärungen, die man in unterschiedlichen Situationen anwenden und in vielen spirituellen Lehren wiederfinden kann«.

In *Highlander II* spielt Connery erneut Ramirez, der als Freund und Menthor von Connor MacLeod auf dem Planeten Zeist diesen zum Anführer ernennt. Auch dieser Film von 1991 wurde von Mulcahy gedreht und kam mit dem Titel *Highlander II – Die Rückkehr* in den Verleih.

Mit langen, zu einem Pferdeschwanz gebundenen Haaren, der damals, unter den jungen Leuten in Kalifornien und später in der ganzen Welt sehr in Mode war, kleidet sich der spanische Adlige wie ein Gentlemen auf abenteuerlichem Feldzug. Nachdem Connery erklärt hatte: »Ramirez ist

Connery wird dazu übergehen, Vaterfiguren zu spielen, Seite an Seite mit den neuen Generationen von Schauspielern und mit den Stars mittleren Alters.

ein Weltmann. Er war in China, in Griechenland, in Babylonien« hat er ihn kokett in einen wortgewandten und geistreichen Weisen verwandelt, der 2766 Jahre alt ist.

Hinter dieser teilweise auch populären und kommerziellen Wahl von Connery, verstecken sich auch ökologische Gründe, weil der zweite Film dieser Serie (im dritten spielt Connery nicht, da er im zweiten auch sich selbst mit dem Schwert und der aus seinem Körper fließenden Energie vernichtet) eine Welt präsentiert, die von einem Schild eingehüllt wird, das die Sonnenstrahlen abweist.

Laut dem Schauspieler, schafft der Film eine »Stimmung, die A. L. Huxley würdig wäre« dem Verfasser von *Schöne neue Welt,* und enthielt viele ökologische und mystische, wissenschaftliche und ästhetische Appelle zum Kampf gegen die Umweltverschmutzung. Jedenfalls, hat Connerys Entscheidung in *Highlander* aufzutreten, ihn dem jungen Publikum näher gebracht. Ein geschickter Schachzug in seiner Karriere, der einem aufgeblasenen James Bond die Jugendlichkeit eines ökologischen Supermanns verliehen hat.

Opa Jessie (Connery) ist wirklich eine unverbesserliche Kanaille und ein Idol für seinen Enkel Adam (Matthew Broderick), der von der Normalität seines Vaters Vito, einem ehemaligem nun geläuterten Dieb (Dustin Hoffmann), gelangweilt ist. Auf dem Bild die drei Hauptdarsteller von *Family Business*.

IM NAMEN DES VATERS

Der vorletzte Abschnitt der Karriere Connerys steht anfangs ganz im Zeichen des Vaters. Es sind drei Filme, in den Jahren 1988 und 1989, in denen er in der Rolle des Elternteils auftritt: *Family Business*, *Presidio* und *Indiana Jones und der letzte Kreuzzug*.

»Ich habe kein Problem damit, die Vaterrolle zu übernehmen und es hat viel Spaß gemacht, sie für Harrison Ford und Dustin Hoffman zu 'spielen'. Dusty und Ford sind zwei sehr unterschiedliche Persönlichkeiten: Der Erste besitzt Humor, der ihn extrovertiert wirken lässt, der Zweite ist viel nachdenklicher, introvertierter. Was *Presidio* betrifft, interessierte mich die Figur sehr, eine Art Hüter des militärischen Nachwuchses, der in der Familie als Witwer versucht, ein gutes Verhältnis zu seiner Tochter, Meg Ryan, aufzubauen«, sagte Sean in Los Angeles auf dem Set, dessen Innenaufnahmen in den Studios der Formosa Avenue gedreht wurden.

Und er fügte hinzu: »Es faszinierte mich auch, eine Rolle zu spielen, die nach dem echten Kommandanten des Militärstützpunkts von San Francisco geschaffen worden war. Ein nach Amerika emigrierter Russe, der, nachdem er das Für und Wider dieser Gesellschaft abgewogen hatte, entschied, in seinen Systemen eingebunden zu bleiben, und Kommandant wurde. Die Idee schließlich, dass ein Mann ein guter Soldat sein kann, aber nicht notwendigerweise ein guter Vater, rief eine tiefgreifende, aktuelle Debatte hervor. Die Vaterpflicht sehe ich altmodisch. In Schottland sagt man: 'Es ist besser, Söhne als Töchter zu ha-

> **»Die Vaterpflicht sehe ich altmodisch. In Schottland sagt man: 'Es ist besser, Söhne als Töchter zu haben, weil die Söhne den Töchtern anderer Unglück bereiten'«.**

ben, weil die Söhne den Töchtern anderer Unglück bereiten'. Und tatsächlich bin ich in *Presidio* ein ängstlicher Papa, als Henry Jones habe ich mich hingegen nicht besonders um diesen unvernünftigen Indiana gekümmert. Mich überzeugten daran die Krimi-Handlung mit der psychologischen Zeichnung der Figuren und die Möglichkeit, nach *Outland – Planet der Verdammten* wieder mit Peter Hyams und nach *Die Unbestechlichen* mit der Paramount zusammen zu arbeiten«. Vor *Presidio* hatte Sidney Lumet als Erster Sean die Rolle eines Vaters und das Drehbuch von *Family Business* angeboten, das nach einem Roman von Vincent Patrick vom Autor selbst für den Film bearbeitet worden war.

In Wirklichkeit könnte Sean Connery, Jahrgang 1930, schwerlich der Vater Dustin Hoffmans, Jahrgang 1937, sein, der *Die Reifeprüfung* spielte, als Connery selbst 1967 James Bond in *James Bond 007 – Man lebt nur zweimal* war.

Family Business ist nach Sidney Lumet »grundsätzlich eine Geschichte der Übergangs-Riten«. Die Geschichte eines Jungen, Adam (Matthew Broderick), der das Alter erreicht hat, in dem er so weit ist, seine Persönlichkeit dem Vater Vito

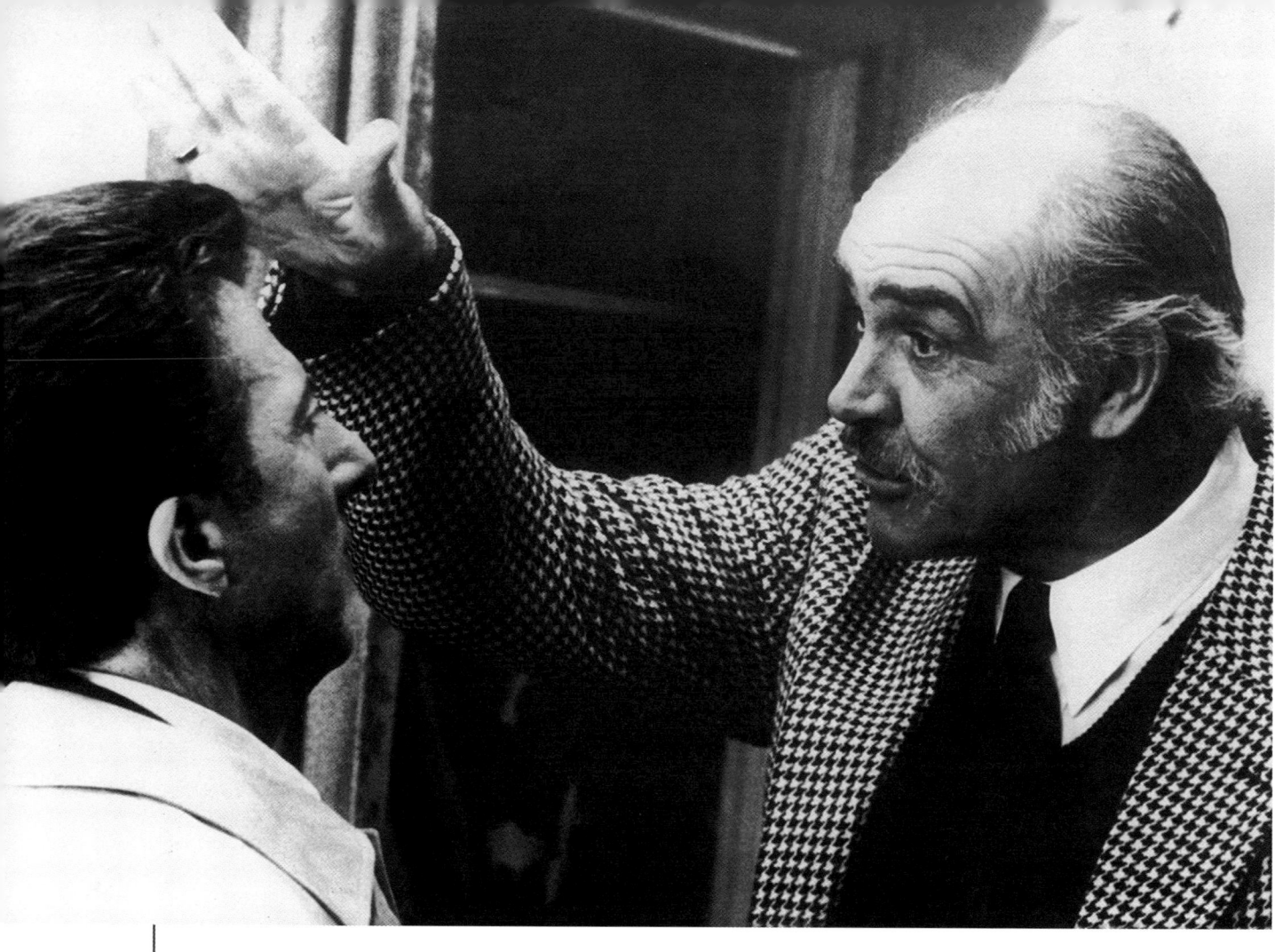

(Hoffman) gegenüber zu behaupten. Aber es ist auch das Bild der Schwierigkeiten Vitos, die er mit seinem Vater Jessie (Connery) hat, also noch eine Vater-Sohn-Beziehung: Dustin Hoffman würde alles tun, was in seiner Macht steht, um seinen Jungen vor dem zu beschützen, was er als schlechten Einfluss bezeichnet, aber er ist blind angesichts der wahren Werte seines Sohnes, seiner Freiheit und seines Vertrauens in sich selbst.

Was soll ein langjähriger Übeltäter tun, wenn er bemerkt, dass er ein Kind hat, das ganz anders ist als er, und dafür entdeckt, dass der Enkel die kriminellen Gene vom Großvater geerbt hat, in dem er sich vollkommen wiedererkennt? Als Jessie-Connery vorläufig freigelassen wird, nimmt er Kontakt mit dem Enkel Adam-Broderick auf und ruft so die Enttäuschung Vito-Hoffmans hervor, der schon besorgt ist, weil sein

SEAN CONNERY
IM NAMEN
DES VATERS

Sohn die Schule aufgeben will. Mit dem Großvater bei einem kriminellen Projekt mitzumachen, gibt dem jungen Adam ein Gefühl der Unabhängigkeit. Die bürgerlichen Werte des Vaters abzulehnen und die des Großvaters anzunehmen, bedeutet für ihn, sich von der Unsicherheit der eigenen Persönlichkeit zu befreien.

Und Jessie hat ihn schließlich von einer seiner alten Regeln überzeugt: Ein Ruchloser ist viel anständiger als ein ehrlicher Mann, der versucht, in einer legalen Gesellschaft zu leben. Paradoxerweise und voller Ironie erklärt uns der Film, dass jeder rechtschaffene Mann ein potentieller Dieb sein könnte. Offenbar schien Sean während der Vorbereitungen allen der ideale Mann und Schauspieler, um die Faszination und Attraktivität des charismatischen Großvaters darzustellen.

Alle Figuren sind auch in ihrer ethnischen Herkunft klar definiert: Jessie ist schottisch-amerikanisch, mit starkem Akzent und mit einer Sizilianerin verheiratet. Vito hat eine jüdische Frau.

Die Proben fanden nach Gewohnheit des Regisseurs in einem Loft im Lower East Side von New York statt und die Aufnahmen begannen am 14. November 1988. Lumet schien auch sehr glücklich, seinen neuen Film an denselben Plätzen von *Citizen Kane, Serpico* und *Hundstage* spielen zu lassen.

Der Misserfolg des Films, der in der Zusammensetzung des Casts und inhaltlich alle Elemente zu vereinen schien, um ein sehr breitgefächertes Publikum zu erobern, traf besonders Sean, welcher in »Première« erklärte: »Der Film war eine Katastrophe und einige dachten, dass vielleicht die Schuld dem Verleih zuzuschreiben war, da *Family Business* zu Weihnachten herauskam. Ich persönlich beurteile ihn als einwandfreie Arbeit, auch wenn ich während der Dreharbeiten Sidney eine andere Auffassung bezüglich des Finales mitgeteilt habe«.

Auch *Presidio* entsprach nicht den Erwartungen und in beiden Fällen musste Hollywood anerkennen, dass irgendetwas nicht funktioniert hatte, obwohl die Alchimie des Casts ausgeklügelt worden war und die Paramount viele Millionen Dollar in die Werbung investiert hatte. Im Film von Hyams zum Beispiel spielen zwei sehr bekannte junge Schauspieler, Meg Ryan und Mark Harmon, an der Seite des Starschauspielers und sie unternahmen die größten Anstrengungen, um in der ganzen Welt die Werbetrommel zu rühren, vor allem auf dem asiatischen Markt.

In diesem Film gibt es einen grundsätzlichen Gegensatz, wie in vielen Geschichten Hollywoods, die Männergeschichten mit romantischem Einschlag anbieten. Mark Harmon stellt einen jungen Detektiv dar, der keine Rücksicht nimmt; Sean Connery einen Oberstleutnant, der den Regel-Kult lebt. In das Duett der beiden Hauptfiguren, in das sich später auch die Tochter des Militärs einfügt, ist der Vietnam-Konflikt, der hier nicht als Vorwand dient, mit seinen Gewissenskonflikten und polemischen

SEAN CONNERY
IM NAMEN
DES VATERS

»Nach Vietnam, schienen die Amerikaner über die vielen Drehbücher voller Blut und Schießereien vergessen zu haben, dass auch das Heer aus Menschen besteht«.

Nachwirkungen in Zusammenhang mit dem Embargo eingebaut. Die Gespenster der Verschwörung kommen von weit her, von den Philippinen und dem »schmutzigen Krieg«, wie er noch einmal im Drehbuch definiert wird.

Mit noch größerer Dringlichkeit versuchte der Film den Erfolg der Streifen mit den beliebtesten Polizisten-, Detektiv- oder Action-Held-Paaren zu wiederholen, und nicht zufällig hatte der Drehbuchautor Larry Ferguson zuvor *Beverly Hills Cop 2* und *Highlander – Es kann nur einen geben* geschrieben.

Der Altersunterschied, die Konfrontation der gegensätzlichen Werte und Vorstellungen der beiden Männer werden von Connery mit Sicherheit in der für Verfolgungsjagden idealen amerikanischen Großstadtkulisse gemeistert. Eine Glanznummer des Drehbuches, die auch Connery gewollt hatte, ist die glänzende Grabrede beim Militärbegräbnis vor dem Sarg des alten Kameraden. Stolz und ernst vergießt Sean sogar ein paar Tränen für den alten Kriegskameraden Jack Warden. Die ganze zweite Hälfte des Films scheint

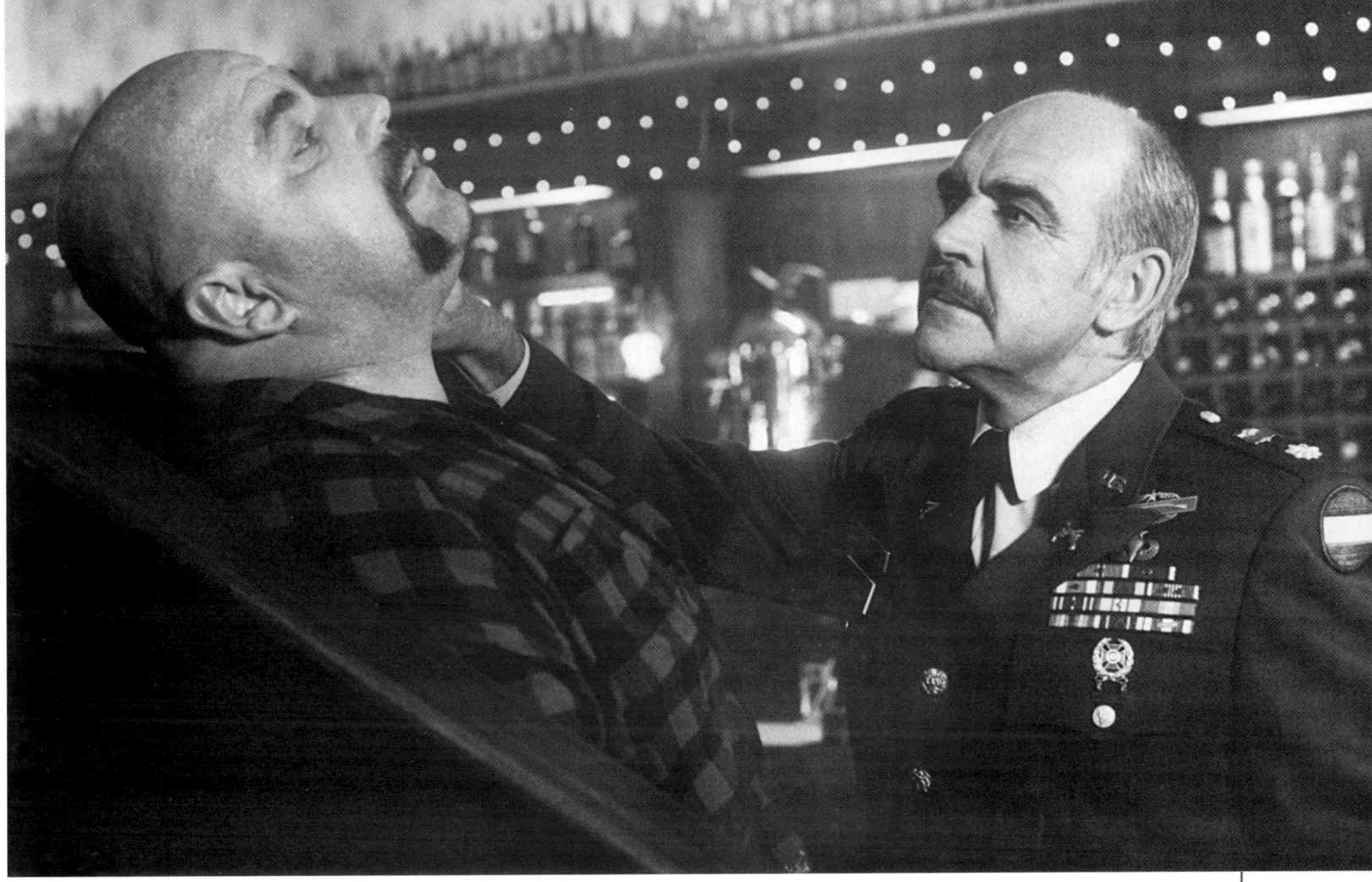

In *Presidio*, reichte die wirkungsvolle Charakterisierung Connerys (er spielt einen störrischen Oberstleutnant, der einen Regel-Kult betreibt) nicht, um die kommerziellen Qualitäten eines Films zu verstärken, der einfach wenig anregend war.

nur für diesen emotionalen Höhepunkt gemacht.

»Nach Vietnam«, sagte Connery, »schienen die Amerikaner über die vielen Drehbücher voller Blut und Schießereien vergessen zu haben, dass auch das Heer aus Menschen besteht«.

Während der Dreharbeiten sendete das amerikanische Fernsehen ein Interview von Barbara Walters, der berühmtesten amerikanischen *anchor woman*, mit Connery, in dem er mit einer Bemerkung über die Zweckmäßigkeit, Frauen zu schlagen, großen Aufruhr erzeugte.-

Die Bemerkung ging, aus dem Zusammenhang gerissen, um die Welt und lautete genau so: »Eine Frau zu schlagen, ist nicht das Schlimmste, was ein Mann tun kann. Eine gesunde Ohrfeige hat noch nie jemandem geschadet«.

Acht Monate später, als er in Paris seinen Film präsentierte, stellte Connery klar: »Meine Worte sind missverstanden worden. Ich wollte sagen, und ich war

SEAN CONNERY
IM NAMEN
DES VATERS

deutlich gewesen, dass es besser ist, eine Frau zu schlagen, als sie moralisch zu quälen. Die Reaktion der Leute war unglaublich. Am Tag nach der Ausstrahlung des Interviews war ich auf dem Weg zu den Studios zu den Aufnahmen für *Presidio* und sah ein paar Schwarze und Puertoricaner, die mir eindeutige Zeichen phallischen Stolzes machten. Kurz darauf blieb ein Auto neben dem meinen stehen, und eine Frau beugte sich heraus um mich zum Teufel zu schicken«.

Dieser Umstand war eine der wenigen Gelegenheiten, bei denen Connery von seinem Verhältnis zum weiblichen Geschlecht sprach. Eine weitere dieser seltenen Situationen, in denen er sich zu Vertraulichkeiten hinreißen ließ, gab es im Laufe eines Interviews mit »Playgirl« (September 1987), als er auf die Frage nach dem 'ersten Mal' gesagt hatte: »Die 'entscheidende' Begegnung passierte auf der Straße. Es war Krieg und in Edin-

mes Bond hätte, laut Spielberg, die Figur zum Leben erwecken können, welche die neue 'Jagd nach dem Schatz', oder besser gesagt nach dem heiligen Gral, dem in der Ritterlegende des König Artus vielgesuchten Kelch mit dem Blut Christi, anführt.

Das Drehbuch zwischen Komödie und Melodram gefiel dem Schauspieler, der seinerseits lange schon seine Bewunderung für George Lucas und Spielberg ausgedrückt hatte. Beide, sagte er, hatten im spektakulären Kino voller Spezialeffekte immer gezeigt, dass sie die Inhalte und menschlichen Werte nicht vergessen wollten.

Sean verwandelte sich mit Hut und Augengläsern und dem Namen Henry in einen Archäologen, einen großen Kenner des Mittelalters, der seit Jahren hinter dem Gral her ist. Indy hat beinahe die Beziehung zum Vater abgebrochen, einem streitsüchtigen und viktorianisch geprägten Mann, der ihn immer noch *Junior* nennt, für den er aber eine große Bewunderung und eine tiefe Zuneigung besitzt. Und gerade der Vater wird Indy retten, während der Gral in dem mysteriösen Tempel zurückbleibt. Professor

In *Presidio* hatte Connery zwei viel versprechende Schauspieler an seiner Seite: Mark Harmon und Meg Ryan. Aber weder der eine noch die andere bekamen durch den Film einen Anstoß im Hinblick auf ihre Karriere.

burgh gab es oft Luftangriffe. Ich bemerkte, dass mir eine Frau der ATS, des weiblichen Zweigs der Armee, gefolgt war. Ich war ungefähr vierzehn Jahre alt und gerade mit der Schule fertig. Wir endeten zusammen im Luftschutzkeller. Ich erinnere mich hauptsächlich daran, dass es dort sehr feucht war«.

Nach *Presidio* nahm Sean mit großem Enthusiasmus die Rolle in *Indiana Jones und der letzte Kreuzzug* an. Steven Spielberg hatte beschlossen, eine neue Folge der Serie zu drehen. Denn, erklärte er: »Ich war mit dem zweiten Film nicht zufrieden. *Indiana Jones und der Tempel des Todes* war zu untergründig und grauenerregend, es war darin keine Spur von meinen Gefühlen. Mir kam ein Satz in den Sinn, wie ihn Kinder oft sagen: '*Tell me a story, Dad* – Erzähl mir eine Geschichte, Papa'. Und ich habe sofort an Sean für die Figur des Vaters gedacht«.

Niemand anderer als der ehemalige Ja-

Das Paar Ford-Connery ist der eigentliche Trumpf von *Indiana Jones und der letzte Kreuzzug*, 1989 von Steven Spielberg gedreht. Hierfür war Sean bereit, sich mit Hut und Brille in den Professor Henry Jones zu verwandeln, einen Archäologen, der seit Jahren auf den Spuren des Grals ist.

Henry sagt tatsächlich in einer der letzten Szenen: »Lass ihn, wo er ist«.

Alle Dialoge der Figuren stehen im Zeichen der Ironie. Ein Beispiel? Dem Vater, der ihn fragt, »Worüber willst du sprechen? Wir haben so viel zu tun«, antwortet Indiana, »Tatsächlich fällt mir auch nichts ein«.

Emblematisch ist ein Ausspruch des Professors: »Die Suche nach dem Heiligen Gral... ist überhaupt nicht archäologisch. Sie ist ein Wettkampf mit den Mächten des Bösen. Wenn er in die teuflischen Hände der Nazis geriete, würden die Heere der Finsternis überall auf der Erde marschieren«. Als er von seinem Tagebuch spricht, das er dem Sohn geschickt hat, sinniert der Professor: »Wenn ich es den Marx Brothers geschickt hätte, wäre es besser gewesen. Ich hätte es statt dir den Marx Brothers schicken sollen«.

Die drei Aufgaben, die der Vater dem Sohn stellt, sind: »Die erste: der Atem

Ein Porträt der Jones.

Gottes. Nur der reuige Mensch kann ihn durchqueren. Die zweite: das Wort Gottes. Nur auf den Spuren Gottes kann er weiter gehen. Und die dritte: der Weg Gottes. Nur durch einen Sprung vom Kopf des Löwen, zeigt er, dass er würdig ist und seinen Wert. Ich weiß nicht, was es bedeutet, aber das bekommen wir dort heraus«.

Connery gefiel es sehr, bei diesem Dreh zu arbeiten, der auch eine Rückkehr in eine vergangene Zeit bedeutete, mit alten Zügen, Automobilen und Pferden. Sein Professor war eine Art Gegenstück zu Indy, der zwar schon älter geworden, aber trotzdem noch romantisch, kühn, unbeugsam und, nach Bedarf, egoistisch war. Aber eines seiner Ziele war gewesen, wie der Schauspieler erklärte, eine Vaterfigur mit mehr europäischer als amerikanischer Prägung zu skizzieren: »Ein Typ, der sich schämte, aufmerksam und nachsichtig mit dem groß gewordenen Kind, einem Mann, zu sein. Ein von der Tatsache, dass Indy immer getröstet und geführt sein will, etwas ermüdeter Vater«.

Dieser exzentrische und egozentrische Henry schaffte es, nach der Meinung von Seans Freunden, auch deswegen, ihn zu begeistern, weil er ihm gestattete, dem Publikum eine Figur, »mit Interessen jenseits der normalen und gesellschaftlichen Mentalität, a là 'Saturday Evening Post'« zu schenken. Connery gab auch zu, dass Indiana Jones und James Bond sich in ihrer Art und Extravaganz ähneln, denn der Held, oder besser der Archetyp des Helden, muss rasche Entscheidungen treffen und sich selbst aus der Affäre ziehen, wenn die physischen und äußerlichen Bedingungen es auch zu verbieten scheinen. Sean beobachtete scharfsinnig: »Es gibt einen sexuellen Unterschied zwischen den beiden Figuren, der wahrscheinlich viele Veränderungen der weiblichen Gewohnheiten und Verhaltensweisen in den Beziehungen und, allgemeiner, in der Gesellschaft wiederspiegelt. Die Mädchen umwerben Indiana Jones, aber er ist ängstlich und läuft vor ihnen davon. James Bond hingegen hätte sie am liebsten alle vernascht!«.

»Ich habe meine Pflicht getan. Mit Harrison bin ich bei voller Fahrt von einem Beiwagen in ein bombardiertes Flugzeug umgestiegen; ich bin über Gräben gesprungen und wurde wie eine Salami auf einen Stuhl mitten im Feuer geschnürt«.

(Über *Indiana Jones und der letzte Kreuzzug*)

Der Riesenerfolg des Films auf der ganzen Welt führte dazu, dass der amerikanische Agent Connerys buchstäblich unter einer Lawine von verschiedensten Drehbüchern begraben wurde. Sean seinerseits gab zu, dass er, als er Henry spielte, einige Aspekte einer Figur, die er schon lange darstellen wollte, nämlich die des Forschers Sir Richard Burton, in den Charakter einfließen hatte lassen. Als junger Schauspieler war es ihm nicht gelungen, sie zu spielen und dann hatte die Zeit sie ihm weggenommen. Wenn er auch mit einer Spur von Sarkasmus bei der Präsentation des Spielberg-Films in Los Angeles vor der ausländischen Presse hinzufügte: »Ich habe meine Pflicht getan. Mit Harrison bin ich bei voller Fahrt von einem Beiwagen in ein bombardiertes Flugzeug umgestiegen; ich bin über Gräben gesprungen und wurde wie eine Salami auf einen Stuhl mitten im Feuer geschnürt«.

Die Bekanntschaft mit dem mächtigen Agenten Michael Ovitz sollte ihm nach *Presidio* und *Indiana Jones und der letzte Kreuzzug* ein weiteres verlockendes Angebot bringen: *Jagd auf Roter Oktober (The Hunt for Red October*, 1990), aber zuvor musste er sich einer ärztlichen Kontrolle unterziehen, da er bei den letzten Szenen des Films mit Harrison Ford Probleme mit der Stimme gehabt hatte.

Erst nach der ersten Operation an den Polypen begann Sean am 22. Mai 1989 den Film nach dem Bestseller von Tom Clancy, dem vom Pentagon hoch geschätzten Schriftsteller. Der Verzicht, *Rosencrantz und Guildenstern* mit Tom Stoppard zu spielen, war nicht leicht gewesen und noch mühsamer war es gewesen, sich der Neugier der Welt zu entziehen, als Gerüchte über die Möglichkeit eines Krebses im fortgeschrittenen Stadium laut wurden. Hingegen erschien Connery nach einer Zeit auferlegten Schweigens, Behandlungen und intensiven Stimmtrainings allen wiederhergestellt.

Der erste Satz im Film, den seine Figur, Marko Ramius, ausspricht, lautet: »Sehr gut, Genosse Borodin: Ich übergebe ihnen das Kommando«.

Jagd auf Roter Oktober leitet zu den neuesten schauspielerischen Leistungen Connerys über. Die Filme lassen sich wieder in Kassenschlager und Flops unterteilen, denen jedoch immer bedeutende Drehbücher zu Grunde liegen. Es sind viele darunter, die auf Bestsellern basieren oder sich an sagenumwobenen Figuren wie König Artus inspirieren.

Bei Beginn der Dreharbeiten zu *Jagd auf Roter Oktober* (der Film hatte es geschafft, die Paramount zu überzeugen, 33 Millionen Dollar zu investieren) sagte der Kommandant der U.S. Navy: »Hoffentlich erreicht dieser Film dasselbe für die amerikanische Marine, was *Top Gun* für die Luftwaffe erreicht hat«.

Der Film kam 1990 heraus und war ein großer Erfolg, obwohl das Klima des Kalten Kriegs mittlerweile durch die jüngsten Ereignisse im Osten überwunden war. Die *Glasnost* war für Hollywood ein Geschenk des Himmels an Inspiration gewesen und in gewisser Weise wurde sie im Film von Connery zu Grabe getragen. Nicht zufällig weist der Vorspann darauf hin, dass die Geschichte auf das Jahr 1984 zurückgeht, auf die Zeit vor Gorbatschow. Und wie es die Ironie wollte, arbeitete Sean (als der Film herauskam) schon an *Das Russland-Haus*, einem »Post-Gorbatschow«-Thriller nach einem Roman von Clancy, der allein in den USA mehr als fünf Millionen Kopien verkauft hatte.

Tom Clancy, der Angestellte, der sein Leben verändern wollte und deshalb in seinem ersten Buch die Geschichte eines Mannes erzählt, der durch einen Richtungswechsel seine Existenz verändert (ein Russe, der desertiert), ist der Schriftsteller,

ABENTEUER UND FANTASIE

»Ich wollte sichergehen, dass meine Figur in **Jagd auf Roter Oktober** *nicht einem Amerikaner gleicht. Ramius ist eine Kreuzung zwischen Stalin und Samuel Beckett«.*

der die Kernpunkte der Perestrojka in *The Cardinal of the Kremlin* vorwegnahm und der mit einer Realität Schritt hielt, welche die Fantasie noch übertreffen sollte.

Das Buch des Schriftstellers aus Baltimore, der eine außergewöhnliche Waffensammlung besitzt und der meint, »Ich schreibe, um Geld zu machen: Damit stehe ich in einer ehrbaren Tradition, man denke nur an Shakespeare«, war in den USA von der Naval Institute Press von Annapolis, Sitz der Marineakademie, publiziert worden und wurde erst nach seinem eher verstohlenen Erscheinen heftig diskutiert. Jenes Buch ermöglichte der Paramount, einen der ersten militärischen Techno-Thriller mit politischem Hintergrund zu realisieren, welche es fertig brachten, in der filmischen Darstellung die Gegensätze zwischen Erzählung und Ideologie zu verwischen. Die Idee war dem Autor nach dem Lesen eines Artikels in der »Washington Post« gekommen, in dem ein nie bestätigter Vorfall aus dem Jahr 1975 erzählt wurde, bei dem sich ein Offizier an Bord des Panzerschiffs Stroscevoi des Schiffs bemächtigt hatte,

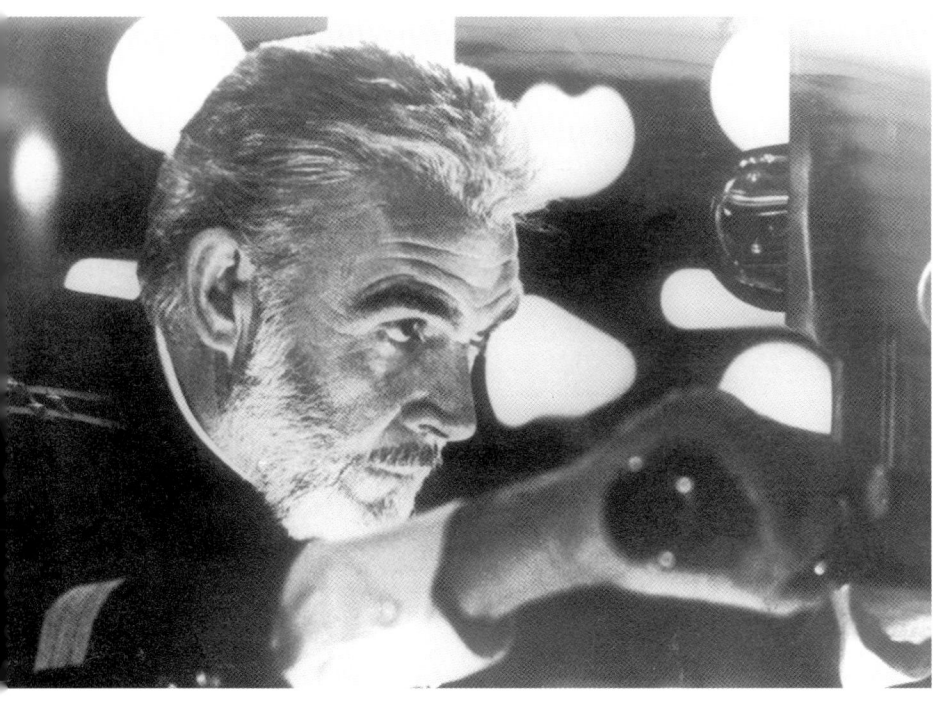

nachdem er den Kommandanten in die Kabine gesperrt und den Großteil der Mannschaft an Land gebracht hatte. Die Meuterer wurden festgenommen und vor Gericht gestellt, Sablin zu Tode verurteilt und erschossen.

Im Film wird das Panzerschiff zum Unterseeboot Roter Oktober, Prototyp einer tödlichen Waffe, die dank eines speziellen Antriebssystems, das vom US-Sonar nicht registriert wird, den Feind zerstören kann. In dieser 'elektronischen Kathedrale' – wie in einem modernen *Zwanzigtausend Meilen unter dem Meer* – verkörpert Connery den Kommandanten Marko Ramius und vereint unter seinem weißen Bart Hightech mit Menschlichkeit. Die Handlung spielt über und unter den Meeren, wurde jedoch fast zur Gänze im Studio gedreht. Anlässlich der Erwerbung der Rechte hatte der Produzent Mace Neufeld, der Connery persönlich kontaktiert hatte, gesagt: »Unter dem Ozean zu reisen ist genauso faszinierend, wie durch den Weltraum zu fahren. Das Buch bietet uns nicht nur Einsicht in die Welt der Unterseeboote, sondern auch eine außergewöhnliche Story«.

»Das Geheimnis der Unterseeboote liegt darin, dass man nie genau weiß, wo sie sind und was sie tun. Ein Unterseeboot ist ein Jäger, und es geht immer nur darum, wer wen jagt«, brachte es Clancy auf den Punkt.

»Der Hauptdarsteller von Das Russland Haus gefällt mir und passt zu meinem Alter. Wie ich liebt er Jazz, ist Ikonoklast und macht sich keine Illusionen«.

»Wir brauchen weder Moskau noch die sowjetische Flotte zu fürchten. Ich kenne deren Taktik, ich bin ihnen gegenüber im Vorteil. Nein, die Amerikaner sind das Problem. Wenn wir auf die richtigen Typen treffen, wird alles nach Plan laufen. Aber wenn wir es mit irgendeinem Fanatiker zu tun haben?«, sagt Ramius zu Kapitän Borodin, dem australischen Schauspieler Sam Neill.

»Ramius ist ein Dissident. Was hat ihn zur Flucht bewegt? Die Blaupause eines Schiffes, das dazu bestimmt war, mit einem einzigen Schlag die größte Stadt der Vereinten Staaten auszulöschen. Die Roter Oktober ist keine Verteidigungswaffe sondern eine Angriffswaffe«, erklärte Sean Connery. Sicher ist, dass Connery in diesem Film eine Art Helden spielt, jemanden, der, wie Clancy es ausdrückte, »eine notwendige Sache macht, die gefährlich werden kann«. Wieder einmal war es Connery gelungen, den höchst spektakulären Inhalt eines Films mit seiner faszinierenden Figur in Einklang zu bringen. Nach der Vorpremiere in Washington im Januar 1990, die großen Beifall gefunden hatte, erzählte Sean – während der Kabinetts-Chef der Regierung Bush, John Sununu erklärte, dies sei »ein großartiges Buch und ein noch großartigerer Film«, – unter den Blitzlichtern der Fotografen von den Jahren, in denen er sich, kaum der Kindheit entwachsen, »in der Hoffnung auf eine bessere Zukunft«, freiwillig bei der Marine gemeldet hatte. Und er sagte: »Ich wollte sichergehen, dass meine Figur nicht einem Amerikaner gleicht. Ramius ist eine Kreuzung zwischen Stalin und Samuel Beckett«. Für die Rolle hatte er fünf Millionen Dollar bezahlt bekommen.

Gleich nach *Jagd auf Roter Oktober* begann Connery mit *Das Russland-Haus (The Russia House, 1990)*. Regie führte der Australier Fred Schepisi nach einem Buch John Le Carrés, des Königs des Spionageromans. Der Roman gründet sich auf eine eiserne Regel des Genres: Die Interaktion von Realität und Selbsttäuschung, die sich im Herzen vieler geheimer Existenzen wiederfindet. Das Drehbuch stammt von Tom Stoppard, die Produktion übernahm die wiederaufblühende MGM/Pathé Entertainment. Zu Beginn der Dreharbeiten fasste

Während in die Kinos der ganzen Welt *Jagd auf Roter Oktober* kam (AUF DIESER SEITE) war Connery bereits mit den Aufnahmen von *Das Russland-Haus* (NEBENAN mit Michelle Pfeiffer) beschäftigt. Der zweite Film spielte, im Unterschied zum ersten, schon in der 'Post-Gorbatschow' Zeit.

der Schriftsteller einen Artikel in Form eines Appells für die »New York Times« ab, in dem er sich zwei Fragen stellte: »Was ist Amerika? Was ist Russland? Amerikanische Falken, kämpft für Gorbatschow«. »Ich hätte nie gedacht«, erklärte schließlich Le Carré, als der Film herauskam, »dass ich das politische Tauwetter noch erleben würde. Aber es ist geschehen und hat mich und meine Arbeit verändert. Mit 57 Jahren fange ich neu an. Unbegrenzte Möglichkeiten liegen vor mir«.

Der Film brachte, nach *Das rote Zelt*, Sean Connery wieder nach Russland und bot dem Schauspieler die komplexe Figur Barley Blairs, der wieder einmal den Einfluss Joseph Conrads innerhalb des Werks Le Carrés enthüllt, welcher meisterhaft die Metapher der heutigen, an Wahrheit so armen Welt, in die Welt des Geheimdienstes versetzt. Fast zur Gänze jenseits des Eisernen Vorhangs gedreht, wurde der Film von »Variety« als das spektakuläre Debüt

»Schenken ist eine sehr persönliche Handlung, von der man sich keinerlei Werbung erwarten darf«.

Russlands in einer inoffiziellen Koproduktion mit Hollywood begrüßt. Sean spielt einen englischen Verleger, dem von einer jungen Frau namens Katya (Michelle Pfeiffer) ein von der britischen Spionageabwehr abgefangenes Manuskript zugeschickt wird. Das Manuskript, Werk eines bekannten Physikers (Klaus Maria Brandauer) enthüllt die atomaren Geheimnisse der Sowjetunion. Vom Intelligence Service angeworben, muss Blair herausfinden, ob das Manuskript der Wahrheit entspricht oder ob es sich vielleicht um eine Falle des KGB handelt.

Die Kritik verhielt sich teils wohlwollend, teils ratlos. In der »Los Angeles Times« betonte Peter Raines die »atemberaubende« Schönheit Russlands, schrieb aber: »Die Liberalisierung der sowjetischen Gesellschaft entwickelt sich parallel zur Liebesgeschichte zwischen Barley und Katya, eines ist Metapher des anderen. Es braucht eine verschwörerische Anteilnahme sei-

tens des Zuschauers, um den Verwicklungen auf der Leinwand zu folgen. Geduld und Aufmerksamkeit werden, zum Teil, belohnt«. Und in der »Time« fragt sich Richard Schikel: »Wo sind die Bösewichte, die man immer an ihren schwarzen Ledermänteln erkennen konnte?«.

Sean sprach viel von diesem Film und auch von seiner Rückkehr nach Russland. »Ich hatte«, sagte er »den Entwurf für das Drehbuch gelesen und dachte, dass meine Figur sich von vielen anderen unterscheiden könnte und es sich wirklich lohnen würde, sie zu spielen. Dass ich mich von der Geschichte einnehmen ließ, war auch der Verdienst Tom Stoppards, dem es gelungen war, höchste Spannung zu erzeugen, mindestens so wie im Buch, meinem Lieblingsbuch von Le Carré. Mir hatte auch Alec Guiness im Fernsehen in der Rolle des Smiley gefallen, aber ich kannte das Buch Der Maulwurf nicht. Ich hatte kein Problem damit, Das Russland-Haus zu lesen. Sicher, seit der Zeit von Das rote Zelt habe ich sehr große Veränderungen in Russland vorgefunden. Diesmal waren die Russen unsere Verbündeten. Sie hätten nicht entgegenkommender sein und sich nicht mehr bemühen können. Die U-Bahn ist für sie wie ein Museum. Die Atmosphäre ist vollkommen anders, als ich sie beim ersten Mal empfunden habe. Früher wurde man durch die Straßen geführt, dir wurde gesagt, was du zu tun hast, man sah nirgendwo Bettler. Der KGB war immer gegenwärtig, wachsam, und es war schwierig, seine Leute zu erkennen. Bald wird auch zu ihnen James Bond 007 – Sag niemals nie kommen, und es laufen Verhandlungen für alle übrigen James Bond-Filme«.

»James Bond 007«, fuhr er fort, »war eine definierte Persönlichkeit, in den Büchern änderte er sich nie. Ich versuchte ihn humorvoll, frivol und raffiniert darzustellen. Im Fall von Das Russland-Haus ist der Protagonist ein Müßiggänger, sicherlich keine positive Figur, hat nichts Heroisches an sich. Es wäre besser gewesen, ihn als Mitglied einer Jazzband zu beschreiben, das immer auf Tournée ist, und ihn mit 35 sterben zu lassen. Er gerät in einen Schlamassel, kommt nicht mehr heraus, aber das Schicksal ist wieder auf seiner Seite und die Umstände verwandeln ihn in einen Helden. Ja dieser Mann gefällt mir und passt zu meinem Alter. Wie ich liebt er Jazz, ist Ikonoklast und macht sich keine Illusionen«.

Trotz allem traf der Film nicht den Geschmack des amerikanischen Publikums. Wieder einmal hatte der Kritiker von »The Hollywood Reporter« es vorausgesehen, als er erklärte: »Die Figuren Le Carrés sind manchmal, wie auch in diesem Film, finstere, graue Gestalten. Sicherlich wird die so gewissenhaft konstruierte Geschichte nicht den Geschmack des amerikanischen Publikums treffen«.

Nach dem Intermezzo von Highlander 2 – Die Rückkehr, das ihm viel Spaß gemacht hatte, akzeptierte er einen anderen Cameo-Auftritt, den des Kreuzfahrer-Königs Richard in Robin Hood, König der Diebe unter der Regie Kevin Reynolds mit Kevin

In *Die Wiege der Sonne* spielt Connery die Rolle eines Experten der japanischen Welt, der helfen soll, einen Mordfall zu klären, in welchen ein japanischer Multi verwickelt ist.

Costner, bei dem der Schauspieler im Heldenkostüm Richard Löwenherz', eigentlich nur als Gaststar, für eine Gage von einer halben Million Dollar für einen Drehtag, der allerdings die Ehre des Schlusswortes vorsah, mitmachte. Von einer gigantischen Werbekampagne getragen, fand der Film zwar nicht die Zustimmung der amerikanischen Kritik, brach jedoch in den ersten drei Tagen einen Rekord von 20 Millionen Dollar an Einnahmen.

Sicher trug die Liebe, die das Publikum Connery entgegenbringt, – denn unbestritten handelt es sich um Liebe, man denke an die Kassenflops und seinen unveränderten Ruf – nach *Batman* und *Dick Tracy* zur Verbreitung einer gewissen Vorliebe fürs Altmodische bei, die bald darauf Connery die Rolle des König Artus in *Der erste Ritter* einbringen sollte.

Der Film Reynolds gehört ganz Kevin Costner. Costner forderte die Studios heraus, indem er mit der *mini-major* Morgan Creek produzierte und auch die Mächtigen des Film-Mekkas, indem er mit Connery, der einstimmig als »der beste Richard Löwenherz der Filmgeschichte« bezeichnet wurde, das Ass aus dem Ärmel zog.

Viel interessanter in der reichen Filmografie Seans sind jedoch die folgenden Filme, auch wenn der Auftritt Connerys im Ritterkostüm immerhin, bezüglich seiner Gage, viel Kritik hervorgerufen hatte. Micheline wies lapidar jegliche Anschuldigung mit der Begründung zurück, dass der Großteil des Geldes für wohltätige Zwecke verwendet worden war. Die Ankündigung wurde anlässlich der Verleihung der Ehrenbürgerschaft von Edinburgh an Connery gemacht, der lakonisch nichts weiter hinzufügen wollte. Er sagte lediglich zwischen den Feierlichkeiten: »Schenken ist eine sehr persönliche Handlung, von der man sich keinerlei Werbung erwarten darf«.

Beim selben Anlass bezeichnete der Schauspieler die Anschuldigung, er bezahle keine Steuern, als »absolut falsch«. Und er fügte hinzu, ohne auf die Ausreise von 1974 anzuspielen: »Ich bezahle meine Steuern in Großbritannien und den Vereinigten Staaten, wo ich arbeite, ohne die Vorteile der Einheimischen zu genießen«. Er sagte das, während sich auf der anderen

Connery lässt sich bei der Wahl seiner Filme von sensiblen Antennen leiten, die – auch wenn sie nicht immer die gesteckten Ziele erreichen – immer gerade entstehende Tendenzen und Modeerscheinungen aufgreifen.

Seite des Ärmelkanals die Polemiken über einen Richard »Gaunerherz« entzündeten, der Nutznießer eines unverdienten Ruhmes sei, da er in Wirklichkeit, nach Meinung einiger Forscher, ein machtgieriger und blutrünstiger Mann gewesen sei. Terry Jones, Autor einer vierteiligen Dokumentation der BBC ironisierte den guten König Connerys: »Lebte Richard heute, wäre er ein Punk und obendrein homosexuell. Die Kreuzzüge boten ihm die Möglichkeit seine zweite große Leidenschaft, den Krieg, zu befriedigen«.

Sean gab von den Vereinigten Staaten aus, wo er sich bei den Vorbereitungen für *Die letzten Tage von Eden* befand, keinen Kommentar. Es erwartete ihn ein sehr anstrengender Film, bei dem er auch Produzent war und in den er, zumindest auf dem Papier, große Hoffnungen setzte. Der Film sollte ihn für viele Wochen nach Amazonien, in ein subäquatoriales Klima bringen, und John McTiernan sollte wieder Regie führen.

Die letzten Tage von Eden wurde nach einem ähnlichen Produktionsverfahren wie der Film mit Kevin Costner realisiert und im Voraus an verschiedene Gesellschaften in viele Länder verkauft: Connery, der stolz war, ausführender Produzent zu sein,

wusste nicht, dass er während der langen Dreharbeiten mit enormen Schwierigkeiten konfrontiert sein würde. Die Arbeiten mussten zwei Mal aus klimatischen Gründen unterbrochen werden. Seinen Ärger darüber, dass viele Dinge nicht so gelaufen waren, wie er es gewollt hätte, lässt auch ein Interview in der amerikanischen Ausgabe von »Première« durchblicken, auf dessen Titelseite er mit von Müdigkeit gezeichnetem und weißbärtigem Gesicht thront.

Auf die Frage: »Haben Sie denn gar keinen Spaß beim Drehen dieses Filmes gehabt, den sie doch unbedingt machen wollten?«, antwortete Sean eisig: »Na gut, einige Szenen waren unterhaltsam, *fun*«. Und dabei hatte der Schauspieler selbst dafür gekämpft, die Rechte für den Roman Tom Schulmans für über drei Millionen Dollar zu erwerben.

Das Verhältnis zwischen McTiernan und der Hauptdarstellerin Lorrain Bracco bei

den Dreharbeiten war nicht gut, aber von Connery genoss sie bedingungslose Unterstützung. »Ich hatte sie in *Goodfellas* von Martin Scorsese gesehen und sie in der Rolle großartig gefunden«, meinte Connery knapp und spottete über die Tatsache, dass McTiernan eine Schauspielerin wie Katharine Hepburn in *African Queen*, John Hustons legendärem Film von 1951, haben wollte.

Wie viele amerikanische Zeitungen bezeugten, zog sich die Tortur der Dreharbeiten im tropischen Dschungel unverhältnismäßig in die Länge, bei 40 Grad im Schatten und 85 Prozent Luftfeuchtigkeit, feindlichen Eingeborenen, Insektenschwärmen und überall Schlangen. Und doch ist jener Arzt, der sich im Dschungel verkriecht, um ein Mittel gegen Krebs zu finden, eine außerordentliche Figur, die mit Hilfe von Lianen und dank seiner Jugendlichkeit auch auf Bäume klettert. Er ist der wahre gute und menschliche König des

Der Psychothriller *Im Sumpf des Verbrechens* beruht auf einem Roman von John Katzenbach. Dieser wird als der Rivale schlechthin von Thomas Harris gesehen, dem Kult-Autor aller Liebhaber dieses Genres (*Das Schweigen der Lämmer* ist von ihm). In dieser Szene ist Connery zusammen mit der Charakterdarstellerin Ruby Dee zu sehen.

Waldes. Sie, die Frau, eine kämpferische Biochemikerin, folgt ihm, stöbert ihn auf und erforscht seine mysteriöse Suche, während die Weißen den Wald zerstören, in dem sich auch das Geheimnis der magischen Formel gegen Krebs verbirgt, das vom Arzt ein kämpferisches und unkonventionelles Leben lang gesucht wird. Die Zeit, die Nähe zu diesem 'ganzen' Mann machen sie zu einer Verbündeten des Arztes, in einer schamhaften Mischung aus kaum angedeuteten Gefühlen und großen Reden: Connery interessierte sich sehr für das Problem der Indios und auch heute wird er nicht müde, zu wiederholen: »Einst waren es Millionen, heute sind es weniger als zweihunderttausend«.

Wollte man den Film in eine Schublade stecken, ist *Die letzten Tage von Eden* ein Thriller, aber unter einem anderen Blickwinkel sieht man darin einen ernsthaften ökologischen Diskurs, der die romanhafte Hülle sprengt und Connery in einen unwiderstehlichen Herzensbrecher mit ergrautem, zusammengebundenem Haar verwandelt, auch wenn er seiner jungen, verliebten Rivalin nicht einen einzigen Kuss gibt.

»Ich gebe zu«, sagte Sean, »mir gefiel die Idee dieses pharmazeutischen Labors im Dschungel nach einem Buch, das Züge der Komödie und des großen Abenteuers in sich trug«. Und es war immer wieder Sean gewesen, der sich für die genaue Auswahl der Indios einsetzte.

Einer Meinung mit dem Regisseur hatte er erklärt: »Wenn man jemanden, der immer im Dschungel gelebt hat, aus seiner Umgebung wegbringt, endet das damit, dass man ihn für immer verändert und seine Kultur zerstört. So haben wir entschieden, die Prozedur umzudrehen: Die Indios, die in die Stadt übergesiedelt waren, zu nehmen und sie zu lehren, sich ihre teilweise verlorene Identität wieder anzueignen«.

Und schließlich folgt *Die Wiege der Sonne*, unter der Regie von Philip Kaufman und nach einem Roman von Michael Crichton, einem im Zeichen des *politically correct* entstandenen Film. Auch diese Arbeit war gegen Probleme nicht immun und hauptsächlich von einer heftigen Polemik zwischen Kaufman und Crichton charakterisiert, in der es um die am Buch angebrachten Änderungen ging, in dem die dem

schwarzen Schauspieler Wesley Snipes anvertraute Figur ursprünglich ein Weißer war. Laut einem Teil der Kritik war es dem Regisseur gelungen, einen antijapanischen Bestseller in einen antikapitalistischen Thriller zu verwandeln. Viele Protestaktionen begleiteten das Debüt des Films in den USA, aber das seltsame Bullen-Paar Connery und Snipes zieht auf der Leinwand die ganze Aufmerksamkeit auf sich, so wie auch die Techniken der Videospionage und der elektronischen Fälschungen. An diesem Punkt macht man eine interessante Beobachtung: Connery lässt sich bei der Wahl seiner Filme von sensiblen Antennen leiten, die – auch wenn sie nicht immer die gesteckten Ziele erreichen – immer gerade entstehende Tendenzen und Modeerscheinungen aufgreifen. Der Entschluss, in *Die Wiege der Sonne* zu spielen, hat zum Beispiel die ganze Welle der Filme über die computerisierte Information und die Welt der Elektronik vorweggenommen; und nach *Die Wiege der Sonne* ist immer öfter jenes Imperium der Korruption, das gegen den Durchschnittsamerikaner ein Komplott schmiedet und ihn unter Anklage zu stellen versucht, wieder dargestellt worden. Es handelt sich nicht nur um

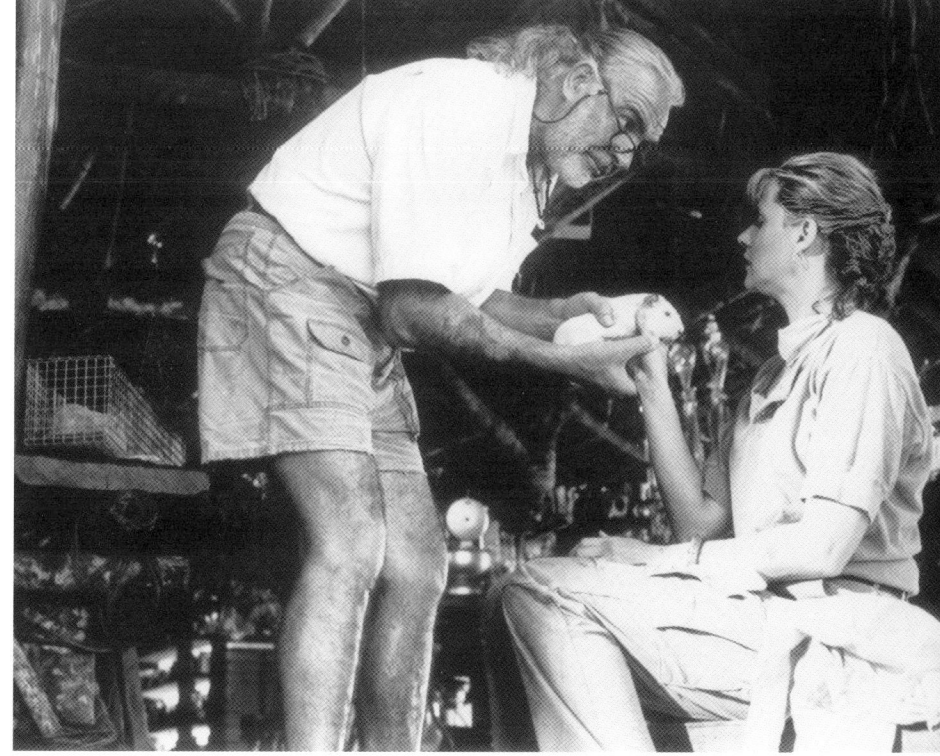

Medicine Man – Die letzten Tagen von Eden oder **Abenteuer und Umweltbewusstsein. Jedoch waren die Kasseneinnahmen nicht so schmeichelhaft. Die Hauptdarstellerin (Lorraine Bracco mit Connery auf dem Foto) war selbstverständlich dazu bestimmt, sich in den weißhaarigen Forscher zu verlieben.**

die Bravour Michael Crichtons, eines »echten« Schriftstellers: Es ist die Ruhe Connerys, sein verführerisches und reifes Wesen, das *Die Wiege der Sonne* rettet und ihm auch interkulturelle Glaubwürdigkeit gibt, jenseits der zu vielen Stereotypen; und mit seiner Figur bildet er eine Brücke zwischen zwei Kulturen.

John Connor, der von Connery verkörperte Mann, ist zugleich klar und zweideutig in seiner Rolle des Superexperten für die komplexen wirtschaftlichen und industriellen japanisch-amerikanischen Beziehungen.

Das ist auch der erste Film Connerys, in dem es eine harte Sado-Maso-Szene gibt, an der er aber nicht beteiligt ist.

Ab einem bestimmten Moment übernimmt der Schauspieler, wie auch in *Highlander – Es kann nur einen geben*, die Rolle des Anführers, des *senpai*, gegenüber dem jungen Detektiv Web, dem *kohai*. Der Roman entwickelt sich mit einer geradezu mathematischen Logik, der Film legt sich vieles zurecht: Connor ist ein Individualist, aber er weiß sehr gut, dass Japan, gestützt von der Idee des Imperiums, sich »als Masse« bewegt. »Hast du je zuvor mit den Japanern verhandelt?«, fragt Connor Web, der antwortet: »Das ist ganz und gar kein Handel«. »Was ist es also?«, erwidert Connor und bekommt zur Antwort: »Was das ist? Das ist Mord«. Unerschütterlich und unverwechselbar – man glaubt fast, James Bond vor sich zu sehen – wendet Connery-Connor ein: »Wenn wir kommen, werden Sie die Verhandlung in die Hand nehmen«.

»Es steckt auch viel Humor in dem Film«, erklärte der Schauspieler, »ein Element, nach dem ich ständig auf der Suche bin, in all dem, was ich tue. Mit Ironie kann man viel mehr sagen, als mittels traditioneller Erzählweisen. So dramatisch, blutig und schrecklich die Ereignisse auch sein mögen, dem Humor gelingt es immer, den Dingen ein beruhigendes Gleichgewicht zu geben«.

Darauf folgte – noch vor *Im Sumpf des Verbrechens*, den Connery wieder unbedingt machen wollte – ein Film, der für den Schauspieler sehr ungewöhnlich ist. Ein Großteil des Publikums hat nicht verstanden, warum Sean am Gipfel eines Erfolgs,

Mit *Der erste Ritter*, bietet der Regisseur Jerry Zucker eine Neuauslegung des Beziehungsgeflechts zwischen König Artus (Connery), Lancelot (Richard Gere) und Ginevra, gespielt von Julia Ormond.

der sich durch die Einnahmen aller seiner letzten Filme wieder bestätigt hatte, ein Angebot wie *Der letzte Held in Afrika* annehmen konnte. Aber die Engländer wissen sehr gut, dass das Buch von William Boyd, nach dem das Drehbuch geschrieben wurde, von der Kritik als Lehrbeispiel, wie man mit Humor ein wichtiges Thema, nämlich das des Rassismus, behandelt, beurteilt worden ist. Unter der Regie Bruce Beresfords bietet der Film Sean die Teilnahme als Gaststar, der jedoch eine in sich geschlossene Figur umreißt.

Im Drehbuch gibt es einen Protagonisten, gespielt von Colin Friels, ein zwielichtiger, Machenschaften treibender Sekretär der britischen Botschaft in einem nicht näher bestimmten afrikanischen Staat: Gegen jenen angelsächsischen Emporkömmling – und es fehlen bestimmt nicht die Spitzen gegen das Vaterland – wendet sich der von Connery dargestellte Arzt, der sich seit 25 Jahren in jener Gegend durchschlägt und jede Art von Privilegien oder Bestechung ablehnt. Der Arzt ist Schotte und glaubt fest an verlorengegangene Tugenden wie Ehre, Altruismus, oder, wie es Connery ausgedrückt hat, »die einfache Herzensgüte«.

Viel wichtiger ist *Im Sumpf des Verbrechens*, produziert von der Fountainbridge Connerys, unter der Regie Arne Glimchers, der schon in *Mambo Kings* gespielt hatte. Der Film wurde in Florida gedreht, in den unendlichen, von Kaimanen verseuchten Sümpfen in der Nähe von Miami, den Everglades. Dort wird ein grauenvoller Mord begangen. Die Justiz meint, den Schuldigen am Tod des Mädchens gefunden zu haben und obwohl der angeklagte Farbige sich des Verbrechens nicht schuldig erklärt, wird er zum Tode verurteilt. Acht Jahre nach dem Urteilsspruch entschließt sich ein Dozent der Harvard Universität, Sean Connery, den Fall wiederaufzurollen, denn er ist auf Grund einer Reihe von Nachforschungen von der Unschuld des Mannes überzeugt. Es beginnt der Countdown im Wettrennen mit dem lokalen Polizeiinspektor.

Connery interessierte die Anklage gegen die Todesstrafe und er wollte in seiner Darstellung den Konflikt zwischen dem Mann des Gesetzes und dem brutalen Polizisten unter die Lupe nehmen. Die »Los Angeles Times« schrieb: »Ein psycholo-

SEAN CONNERY
ABENTEUER UND FANTASIE

>>*Was ich mir von meiner Karriere erwarte? Dass sie mir noch interessante und bedeutende Rollen bringt, die natürlich mit der Zeit älter werden*<<.

gisch und sozial spannender Film, der jeden Zuschauer in einen *Voyeur* der Intrige und des Dramas verwandelt«. »Ich glaube, dass die Rolle des Armstrong, meiner Figur«, sagte Connery, »von besonderer Bedeutung für mich ist. Dieser Rechtsanwalt, der außerhalb seines Elfenbeinturms in Harvard dazu bestimmt ist, mit einer Realität abzurechnen, die viel härter ist, als er sich vorgestellt hatte, und schließlich bemerkt, an einem Punkt angelangt zu sein, von dem es kein Zurück gibt und an dem er unverständliche und für ihn bis vor kurzem inakzeptable Taten begehen könnte«.

Wieder einmal verwandelt sich der ruhige Rechtsanwalt Seans in einen Gelehrten, der Experte für die Schwierigkeiten und die Brutalität der Welt ist.

Nach dieser abenteuerlichen Produktion, die ihm finanziell nicht gerade viel einbrachte, spielte Connery in *Der erste Ritter*: Ein gewinnbringender Entschluss, muss man sagen, wenn man an die Einnahmen auf der ganzen Welt denkt.

In Wales, auf den Spuren König Artus', gab der Film, der von Jerry Zucker klug für ein Publikum aller Altersstufen konzipiert war, Connery seine unbegrenzte Popularität bei Jung und Alt wieder und veranlasste viele 'Touristen' dazu, seinen Mythos und den von Wales, der legendären Heimat der Ritter der Tafelrunde, zu entdecken.

Vor dem Hof 'König Connerys' verbeugten sich alle, und die Worte des Königs fassen wunderbar die gesamte Arbeit des Schauspielers zusammen: »Zum ersten Mal in meinem Leben begehrte ich das, was nach den Weisen nicht von Dauer sein kann. Das, was nicht versprochen oder genauso wenig wie das Licht der Sonne gezwungen werden kann, länger zu dauern. Aber ich wollte nicht sterben, ohne seine Wärme auf meinem Antlitz gespürt zu haben«. Es ist die Liebe.

Der edle, vom Volk und seiner Braut, der späteren Königin Ginevra (Julia Ormond) geliebte Connery-Artus zeigt sich angesichts der Jugend und der Leidenschaft

SEAN CONNERY
ABENTEUER
UND
FANTASIE

Lancelots (Richard Gere) verwundbar. Und jener Kuss zwischen Ginevra und Lancelot, der durch Zufall entdeckt wurde – in einer Szene, deren Spannung während des ganzen Films aufgebaut worden war – wirft auf das Gesicht des Schauspielers einen Schatten von unauslöschlicher Melancholie, von dem ihn erst das königliche, nach dem prächtigen Nibelungenritus begangene Begräbnis der Schlussszene befreit. »Unser Gott«, sagt einmal König Artus, »macht uns nur für kurze Zeit stark... damit wir einander helfen können«. Und er schließt: »In mir ist kein Stolz mehr. Was ich jetzt tue, das tue ich für mein Volk, für Camelot. Ich wünschte, ihr könntet mir verzeihen. Das ist meine letzte Geste als euer König. Habt keine Angst. Alle Dinge verändern sich. Ich bin Artus von Camelot. Und ich befehle euch... allen, zu kämpfen. Kämpft, wie ihr früher gekämpft habt. Ergebt euch niemals. Ergebt euch nicht. Kämpft!«. Zu Lancelot hatte er gesagt: »Ich kann einen Menschen nicht teilweise lieben. Und jetzt Schluss mit den Protesten. Lasst mich euch auf meine Art danken«. Und er hatte Ginevra ermahnt: »Wenn eine Frau zwei Männer liebt, muss sie wählen. Euer Wille wählt mich, euer Herz wählt ihn. Alles, woran ich immer geglaubt habe, löst sich im Nichts auf. Ich will nur eure Liebe. Ihr seid unschuldig, aber ihr liebt ihn. Und diese eure Unschuld macht mich verrückt. Ich weiß nicht, welcher der richtige Weg ist. Nur ein Dummkopf träumt von der einzigen Sache, die er nicht haben kann. Was gibt es da zu vergeben. Ich habe den Traum geträumt, euch haben zu können. Es war ein süßer Traum, solange er dauerte... öffne die Tür«.

»Wie in der griechischen Mythologie werden Helden gemacht, aber man gibt ihnen eine Achillesferse«, sagte Connery, »welches menschliche Wesen könnte sich sonst mit ihnen identifizieren oder ihre Beweggründe verstehen?«.

Vielleicht gelang es auch deswegen dem – wenn auch unterhaltsamen und neuen – 007 Pierce Brosnan in *Golden Eye*, unter der Regie von Martin Campbell, im Jahr 1995 nicht, den Schatten des einzigen und echten 007 abzuschütteln. Er hinterließ bei vielen den Eindruck einer schönen gefälschten

Markenuhr, die zwar technisch perfekt ist, aber doch immer eine Fälschung bleibt.

Und Connery? Er gab keine Erklärung ab, war er doch schon auf dem Set von *The Rock – Fels der Entscheidung* beschäftigt. Aber vor der Abreise nach San Francisco und zum Gefängnis-Monument von Alcatraz, hatte er der »Los Angeles Times« anvertraut: »Was ich mir von meiner Karriere erwarte? Dass sie mir noch interessante und bedeutende Rollen bringt, die natürlich mit der Zeit älter werden«.

Später, im glänzenden International Ballroom des Beverly Hills Hotels, bei der Verleihung des 53. Golden Globe am 23. Januar 1996, fand sich Connery zu seiner Überraschung bei der Projektion von Ausschnitten vieler seiner Filme wieder und seine Reaktion war ehrlich gerührt und überrascht. Die Kamera fing ihn oft ein, und der Schauspieler versteckte seine Emotionen und sein manchmal etwas verschämtes Vergnügen nicht.

»Ich gebe zu«, erklärte er im Pressezimmer hinter der Bühne, »meine Stimme als

> **»Ich rechne damit, in Zukunft meine Stimme auch irgendeiner der unvergänglichen Figuren eines Disney-Zeichentrickfilms zu geben: So werde ich, davon bin ich überzeugt, für immer lebendig bleiben…«.**
>
> (Über *Dragonheart*)

junger Mann zu hören und zu sehen, wie ich in *Das Geheimnis der verwunschenen Höhle* hinter einem Busch singe, hat mich um fast vierzig Jahre zurückversetzt. Eines ist sicher: Ich habe bei vielen Filmen mitgearbeitet und so manchen habe ich vergessen, einige würde ich gern vergessen! Das Wichtigste in diesem Beruf ist, sich zu erneuern, immer neue Ausdrucksweisen und Wege der Kommunikation zu suchen. Ich möchte meine Bewunderung für Mel Gibson ausdrücken. Ich habe seinen Film *Braveheart* sehr geliebt und ich bewundere ihn dafür, ein solches Projekt in Angriff genommen zu haben, bei dem er gleichzeitig Regie führt und spielt. Ich habe den jungen Leuten nichts weiterzugeben als, dass Erneuerung bedeutet, immer das Beste seiner selbst zu geben«.

Zuvor, auf der Bühne hatte er gesagt: »Ich bin für das Kino und mit dem Kino durch die ganze Welt gereist, ich habe Dutzende schöne Frauen geküsst. Dafür bin ich bezahlt worden und dafür bin ich euch dankbar«.

AUF DIESEN SEITEN Artus-Connery und Ginevra-Omond.

Nachdem er den Industriellen gedankt hatte, brachte er die Produzenten in den ersten Reihen und den ganzen Saal zum Lachen, als sich alle bei der *Standing Ovation* erhoben und er das Wort an die Studiomogule richtete, die bekanntlich immer schon seine Forderungen und sein penibles Lesen des Kleingedruckten fürchteten: »Euch 'Danke' zu sagen, bedeutet nicht, dass ich beabsichtige, euch vor Gericht zu bringen!«.

Schließlich bekräftigte der Schauspieler hinter der Bühne seine Zufriedenheit, unter die Fittiche der Walt Disney zurückgekehrt zu sein, die den Verantwortlichen der 'Foreign Press' den ersten Ausschnitt von *The Rock – Fels der Entscheidung* mit dem Spezialeffekt einer grüngefärbten explosiven Kugel und einem bewaffneten Connery zukommen hatte lassen, und sagte: »Ich habe kürzlich zugestimmt, meine Stimme dem Drachen in dem Film

> *»Das Genre der Action-Filme hat sich im Vergleich zu den Sechziger Jahren sicherlich geändert: Es ist ausgeklügelter, spektakulärer. Das Publikum ist verwöhnt und will immer mehr, immer neue Überraschungen«.*

Dragonheart, produziert von Raffaella De Laurentiis und der Universal, zu leihen. Ich rechne damit, in Zukunft meine Stimme auch irgendeiner der unvergänglichen Figuren eines Disney-Zeichentrickfilms zu geben: So werde ich, davon bin ich überzeugt, für immer lebendig bleiben, wirklich unsterblich für das junge Publikum und für die, die es verstehen, jung zu bleiben«.

König Artus sagt in einer Szene mit dem perfiden Malagant, dem Schauspieler Ben Cross: »Es gibt einen Frieden, der nur jenseits des Krieges existiert. Wenn diese Schlacht kommen muss, werde ich sie kämpfen. Es gibt Gesetze, welche die Menschen zu Sklaven und Gesetze, die sie frei machen. Entweder glauben wir, dass gerecht und gut und loyal zu sein, ein für alle Menschen unter dem Gesetz Gottes gültiges Prinzip ist, oder wir sind auch nur ein Stamm von Plünderern«.

DER NEUESTE CONNERY

Nach der Verleihung des Golden Globe für sein Lebenswerk 1996 und dem kommerziell sehr erfolgreichen Film *The Rock – Fels der Entscheidung* pausierte Sean Connery zwei Jahre lang und widmete sich vorwiegend ausgedehnten Golfpartien und internationalen Golfturnieren. Gleichzeitig legte er den Grundstein für seine politische Karriere als engagierter Schotte an der Unabhängigkeitsfront seines Landes (»für Schottland bin ich überzeugter Sezessionist«) und dachte darüber nach, seine Villa in Marbella zu verkaufen, was er jedoch erst 1999 endgültig beschloss. Er begründete die Trennung von dem so geliebten Ort damit, dass er zu touristisch und vom Beton verschluckt worden sei.

In diesen beiden Jahren lehnte der Schauspieler Dutzende Drehbücher ab; vielleicht, weil er von einigen seiner letzten Filme nicht überzeugt war und als leitender Produzent seiner Fountainbridge-Gesellschaft nichts riskieren wollte, in einer Zeit, in der der Markt unsicher und vom großen Erfolg von *Titanic* erschüttert schien. Er suchte vielmehr Geschichten, die in der Lage waren, das Abenteuer und Figuren mit dem Charme angegrauter Schläfen miteinander zu vereinen. Der von Disney produzierte Film *The Rock – Fels der Entscheidung* war ein Erfolg gewesen und hatte Connery Spaß gemacht, da er ihn mit dem perfekt eingespielten Produzenten-Duo Jerry Bruckheimer und Don Simpson (Letzterer starb während der letzten Drehtage an einer Überdosis und der Film ist seinem Andenken gewidmet) von jeglicher organisatorischer Schwierigkeit befreit hatte. Darüber hinaus war *The Rock – Fels der Entscheidung* für Sean eine der letzten Verpflichtun-

Eine Großaufnahme von Sean aus *Mit Schirm, Charme und Melone.*

gen gegenüber der Disney Buena Vista gewesen.

In *The Rock* hat Connery seine Ironie zum Äußersten getrieben, als er sie auf die Figur des Patrick Mason anwendete, den letzten verbliebenen Häftling von Alcatraz und dazu bestimmt, in einem Bundesgefängnis unbemerkt zu verrotten. Er wird wegen einer Sondermission befreit. Genau gesagt hat der Brigadegeneral Francis Xavier Hummel (Ed Harris), ein mit vielen Orden ausgezeichneter Kriegsheld, die Insel Alcatraz besetzt, als sein Ansuchen, seine in vielen geheimen Militäraktionen gefallenen Soldaten auch in Form von Spenden und Ehrungen für die Familienangehörigen zu würdigen, abgelehnt wurde. Mit einer Handvoll zu allem bereiten Männern, hat er eine Gruppe von Touristen als Geiseln genommen und verlangt die sofortige Zahlung einer hohen Geldsumme, die es ihm ermöglicht, die erwarteten Schadenersatzzahlungen zu überweisen. Seine Drohung ist schrecklich: Wenn ihm das Geld nicht übergeben werden sollte, wird er eine Batterie von VX-haltigen Bomben, ein tödliches Nervengas, auf die Bevölkerung der Bucht von San Francisco abwerfen. Der befreite Connery und Nicholas Cage, Spezialagent des FBI, müssen zusammen mit einer von der amerikanischen Marine ausgewählten Mannschaft die von Ed Harris angeführte Bande neutralisieren.

Sean gab eine sehr persönliche Begründung für den Entschluss zu diesem Film: »Mich interessierte«, sagte er, »entlang des Erzählstranges eine Art Parallele zwischen meinem Ex-Agenten des englischen Geheimdienstes, der seit 30 Jahren ohne Prozess in einem Bundesgefängnis eingeschlossen ist und dem Charakter des von Ed Harris dargestellten Brigadegenerals, dessen Vertrauen in die Institutionen sich im Laufe der Jahre aufgelöst hat, herauszuarbeiten. Beide Figuren kennen die Tragödie des Krieges von Grund auf und wissen, was es heißt, für etwas, an das man glaubt, bis zum Letzten zu kämpfen. Beide sind in gewisser Weise betrogen worden. Mason ist ein Namenloser, eine Nummer, oder besser ein Gegenstand geworden. Er traut praktisch keinem, aber er ergreift sofort die Gelegenheit, die sich ihm bietet und darüber hinaus möchte er ein manipulatori-

Noch zwei Bilder aus demselben Film. Connery spielt die Rolle von Sir August de Wynter.

sches Verhältnis zu Stanley Goodspeed herstellen, dessen Fähigkeiten als Experte für bakterielle Waffen er schnell erkennt, aber den er, da er nur ein gewöhnlicher Mann von der Straße ist, manipulieren zu können glaubt«.

Immer schon hatte Sean, den die Vorstellung des Alterns in keinster Weise quälte oder irritierte, erklärt: »I wanted to be an old man with a good face« (Ich möchte ein alter Mann mit einem guten Gesicht sein) und seine Feststellung passt perfekt zu Mason, der trotz allem nie die Ironie verliert.

Andererseits hatte der Schauspieler, ein Meister des Humors, über *Dragonheart*, den gotisch-mittelalterlichen Fantasy-Film, für den er dem diabolischen Drachen namens Draco seine Stimme geliehen hatte, gesagt: »Endlich werden mich das Publikum und die Kritiker, da sie mich nicht sehen sondern nur hören können, nicht fragen oder sich über etwas den Kopf zerbrechen, was sie mehr zu beschäftigen scheint als mich: Trägt er ein Toupet oder nicht?«.

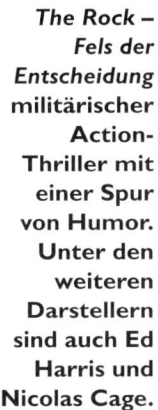

The Rock – Fels der Entscheidung militärischer Action-Thriller mit einer Spur von Humor. Unter den weiteren Darstellern sind auch Ed Harris und Nicolas Cage.

SEAN CONNERY
DER NEUESTE CONNERY

Als Connery bei einem Treffen mit der internationalen Presse im heute den Touristen zugänglichen Gefängnis von Alcatraz über seine Rolle in *The Rock – Fels der Entscheidung* sprach, hatte er auf die Frage, »ist es nicht ein Zufall, oder vielmehr ein merkwürdiges Zusammentreffen, dass ihr Gefangener ein ehemaliger englischer Agent ist«, erklärt: »Ursprünglich war er Amerikaner. Als ich ins Spiel kam, haben wir das geändert, wir haben ihm eine Geschichte gegeben, ein Profil. Ich habe dabei nicht an James Bond gedacht, vielmehr an einen Fremden, der bestimmte Geheimnisse der amerikanischen Regierung und wer weiß was noch alles kennt«.

Und eben zu diesem Anlass sagte die Nummer Eins eines Genres, das von der Aktion gelebt hatte und nun begann, sich mit den Spezialeffekten einzulassen: »Das Genre der Action-Filme hat sich im Vergleich zu den Sechziger Jahren sicherlich geändert: Es ist ausgeklügelter, spektakulärer. Das Publikum ist verwöhnt und will immer mehr, immer

Der einzelgängerische Kunstdieb Robert 'Mac' MacDougal (Connery) und die Versicherungsdetektivin Virginia 'Gin' Baker (Catherine Zeta-Jones) tun sich für einen Millionenraub zusammen: Der Film heißt *Verlockende Falle*, die Regie führte Jon Amiel (mit Connery auf NEBENSTEHENDEM Foto).

SEAN CONNERY
DER NEUESTE CONNERY

neue Überraschungen. Die Vorbereitung der Stuntman ist wirklich von großer Präzision, wie auch die Spezialeffekte, wenn man es mit dem der ersten James Bond-Filme vergleicht. Es gefällt mir nicht, dass die Action in vielen Fällen auf Kosten der Charaktere geht. Ich habe mich für *The Rock – Fels der Entscheidung* entschieden, weil ich neben der Action auf Charaktere mit einer präzisen Bedeutung zählen konnte. Darüber hinaus ist Nicholas Cage in der jetzigen Schauspielergeneration einer der Protagonisten, den ich bewundere und mit dem ich sehr gerne einmal arbeiten wollte«.

War *The Rock – Fels der Entscheidung* beim Publikum und teilweise auch bei der Kritik ziemlich erfolgreich gewesen, erwies sich *Mit Schirm, Charme und Melone* als sensatio-

neller Flop, der doch auf dem Papier als möglicher Welterfolg konzipiert worden war. Er sollte das Publikum des 'großen' Kinos und die Generationen, die mit der erfolgreichen Fernsehserie, die dem Film als Wegbereiter diente, aufgewachsen war, wieder zusammenführen. *Mit Schirm, Charme und Melone* ist auch der Film, in dem Sean vor *Verlockende Falle*, den er in der Folge mitproduzierte – vielleicht um gewisse Fehler, die er beim vorigen Film beanstandet hat, zu vermeiden – mit einer viel jüngeren Frau spielt, mit Uma Thurman.

Aber entgegen der Berichte in den Klatschspalten, wies Connery auf das bestimmteste zurück, die Produktion veranlasst zu haben, eine Sex-Szene zwischen Uma und seiner Figur einzubauen, wenn er sich auch weigerte, den Film, der ihn nach den Vorpremieren nicht befriedigt hatte, zu präsentieren.

Was den Schauspieler an dem Film angezogen hatte, war die Möglichkeit, ein anspruchsvolles Drehbuch zu interpretieren, das zum Ziel hatte, eine in den Sechziger Jahren sehr populäre Fernsehserie mit Patrick McNee und Diana Rigg in die Gegenwart zu versetzen. Der kanadische Regisseur, Jeremiah Chechik, hatte den Cast schlau und mit Sorgfalt zusammengestellt, indem er dem sanften, intellektuellen Charme des englischen Patienten Ralph Fiennes den Glamour einer Uma Thurman zur Seite stellte und als Gegenspieler einen Bösewicht mit dem Kaliber eines Sean Connery einführte. Aber die sehr englischen Phrasen wie, »Es gibt immer einen Feind, man muss nur wissen, wo man ihn suchen muss«, die Ausstattung, die Kostüme, der Stil der ganzen Einrichtung, genügten nicht, um dieses in vieler Hinsicht der Pop Art verpflichtete Unternehmen zu retten. Nicht einmal die Understatement-Ironie Connerys, der in einer Szene im Schottenrock Verse aus Shakespeares *Richard III* zitiert und dabei auf Bond anspielt, konnte überzeugen. *Mit Schirm,*

»Ich sehe und suche keinen Unterschied zwischen Unterhaltungsfilm und anspruchsvollem Film. Das ist Eine alte Regel von mir: Ein guter Film ›bleibt gut, egal welchem Genre er angehört, wenn er funktioniert‹.

Charme und Melone kam bei keiner Art von Publikum an und die blasierten Dialoge à la Noel Coward wirkten starr so wie auch die Atmosphäre der Sechziger Jahre.

Sean verweigerte jegliche Werbekampagne diesseits und jenseits des Ozeans und liquidierte seinen perfiden und auch in seinen physischen Leistungen einem Tornado gleichenden Sir August de Wynter mit folgender Erklärung: »Er dürstete nach Macht und Rache, er wollte die Welt beherrschen, aber er hat sich als tödlich wie die Langeweile des Filmes entpuppt, der mir als Drehbuch wirklich gefallen hatte, auch weil mein Rivale, die Figur John Steed, verkörpert von Ralph Fiennes, mir als raffinierter Superagent à la James Bond erschienen war und die Meteorologie-Expertin Emma Peel, eine der Verantwortlichen des Projekts Prospero (ein von einem britischen Wissenschaftler-Team ausgeklügelter Verteidigungsplan) im Gegensatz zu vielen Bond-Girls auch Verstand hatte. Mich reizte auch, das London der Sechziger Jahre auf die Leinwand zu bringen, das Epizentrum des Erdbebens, das die Welt der Jugendlichen mit seinen Miniröcken, den Beatles, der Pop Art und... mit *Mit Schirm, Charme und Melo-*

ne erschüttert hatte. Der Film versetzte es in die 90er Jahre, indem er Atmosphären und Ambiente rekonstruierte, und ich wollte eine Geschichte in einem London spielen, das sich irgendwie auf das neue postatomare Punk-Millennium vorbereitete. Mein Antagonist sollte den Plot mit Humor würzen, aber trotz seiner und meiner heldenhaften Bemühungen funktionierte die Geschichte nicht. Sie stellte sich weder als komischer Thriller, noch als brillante romantische Komödie heraus«.

Der Geschichte, wenn sie auch mit revisionistischem Spiritualismus, unverwüstlichem Kapitalismus und globalem Idealismus, bestreut mit Nostalgie, durchdrungen war, gelang auch in den spektakulärsten Szenen kein Höhenflug. Und Sir August De Wynter wurde zu einer Karikatur, wenn auch teuflisch intelligent und absolut perfid und sehr, sehr reich, wie Connery selbst.

Diese Riesenpleite veranlasste Sean dazu, eifrig an etwas zu arbeiten, mit dem er seinen Ruf wiederherstellen konnte, an *Verlockende Falle*, einem angloamerikanischen Film, bei dem er nicht nur in der Rolle des

SEAN CONNERY
DER NEUESTE CONNERY

»Ich liebe Wiedergeburten, außer die von 007, vor allem wenn ich oder meine Heimat Schottland daran beteiligt sind«.

Protagonisten, sondern auch in der des Produzenten aufging. Nachdem der Film in den USA hohe Einnahmen eingespielt hatte, präsentierte Connery zusammen mit Catherine Zeta Jones *Verlockende Falle* beim Festival von Cannes 1999 und keiner der Schauspieler sparte mit Interviews und Fernsehauftritten.

»Mein Name ist Connery: Freut mich, euch zu gefallen«, eröffnete der Schauspieler ironisch seine Rede. »Meine Arbeit, die des Schauspielers und waghalsigen Edeldiebs, ist hart, aber irgendjemand muss sie ja machen, so wie irgendjemand die Partnerinnen küssen muss!«. Ohne Toupet, das er in seinem Privatleben nie trägt – was er dagegen in seinem Auftritt im Film von Jon Amiel tut – fügte er hinzu: »Obwohl ich die körperlichen Grenzen spüre, glaube ich nicht, dass ich mich durch die Zeit hindurch verändert habe. Ich bin bestimmt reifer geworden, aber ich habe mich nicht verändert«. Und er brachte die Presse und die Kritiker in Schwierigkeiten, als er hinzufügte: »Ich sehe und suche keinen Unterschied zwischen Unterhaltungsfilm und anspruchsvollem Film. Das ist eine alte Regel von mir: Ein guter Film bleibt gut, egal welchem Genre er angehört, wenn er funktioniert«. Und wer ihm eine Ähnlichkeit zwischen seiner Figur und dem Schatten James Bonds in den Mund legte, dem antwortete er geradeheraus: »Ich fühle mich von dieser unvermeidlichen Identifikation nicht verfolgt, und sicherlich raubt mir der Gedanke daran nicht den Schlaf«.

Zu diesem Anlass erklärte Connery auch, dass er, obwohl er eine um vieles jüngere Partnerin an seiner Seite hatte, die sich im Laufe der Handlung über beide Ohren in ihn verliebt, sich 'aus Leichtsinn' entschieden hatte, keine Sexszenen einzubauen, sondern nur Augenblicke einer anmutigen, leichtfüßigen jedoch tiefen Zärtlichkeit.

Connery selbst, wie er bestätigte, hatte den Titel gewählt, der gleichzeitig 'in der Falle und Opfer eines Betruges zu sein' bedeutet. In seiner Rolle als Produzent durch die negative Erfahrung von *Mit Schirm, Charme und Melone* klüger geworden, hatte Connery wohlweislich eine moderne Formel gewählt, unterhaltsame High-Tech, die sich

im Laufe der Handlung immer mehr steigert, die hervorragende körperliche Leistung mit Verfolgungsjagden und Trickaufnahmen verbindet, die auch der weiblichen, sehr athletischen Rolle anvertraut sind und eine gewisse, nie gezeigte, melancholische Müdigkeit der Figur Connerys ausgleicht.

»Wenn ich als Zuschauer ins Kino gehe, bezahle ich für die Emotionen«, stellte Connery mit einer lapidaren und erschöpfenden Erklärung seine Absichten klar, zu der er noch hinzufügte: »Da meine Frau Malerin ist, war ich es, der wollte, dass mein Dieb Bilder entwenden sollte, waghalsig und gewitzt, aber immer seinem Ehrenkodex treu«.

Mit diesem Film, der seine Person, den Schauspieler und den Menschen, auf der ganzen Welt wieder aufwertete, beendete Connery in mancher Hinsicht eine lange Reihe von Action-Filmen, die eigentlich immer schon Anzeichen von introspektiven Figuren gezeigt hatten. Man braucht nur den Sinn einer seiner erhellenden Feststellungen zu begreifen, um die Alchemie zu verstehen, die zwar oft auch aufgrund der

Ein weiteres Stand-Foto aus *Verlockende Falle*. Für Catherine Zeta-Jones war 'Gin' die erste Hauptrolle.

Noch eine Szene aus *Verlockende Falle*. **Die Aufnahmen wurden in England, Schottland und Malaysia gemacht.**

Regisseure und der manchmal zu Hollywood-artigen Maschinerie fehlschlug, sich aber immer durch seine Filme und seine Entscheidungen zog: »Mir gefällt die Herausforderung, die Aktion mit gewissen romantisch-abenteuerlichen Elementen einher gehen zu lassen. In Wirklichkeit ähneln alle meine Filme irgendwie den Aufführungen der Peking-Oper, bei der jeder Charakter in mehreren Erscheinungsbildern auf der Bühne auftreten kann. Man braucht nur das Wort Bühne durch Leinwand zu ersetzen«.

Es war der kleine, unabhängige amerikanische Film *Leben und lieben in L. A.* mit dem Connery seinem unverwüstlichen Image des Mannes voller Abenteuer und Action, nach *Verlockende Falle*, eine Wende gab. Er erscheint dort als nicht mehr ganz junger Ehemann und Vater, der sich auf die Feier seines Hochzeittages vorbereitet. Seine Ehefrau wird von Gena Rowlands gespielt, die Connery sehr bewundert.

Aber das ist eine andere Geschichte, die mit dem reiferen und an Ausdrucksmöglichkeiten reicheren Kapitel Sean Conne-

SEAN CONNERY
DER NEUESTE
CONNERY

rys zusammenfällt, wie auch sein neuer Film *Finding Forrester* zeigt, in dem Connery ein Schriftsteller ist, der ganz zurückgezogen lebt. Auf der anderen Seite hat sich Connery, der durch jede seiner Erfahrungen stärker geworden ist, in den letzten Jahren auch Einflüssen geöffnet, die ihn zu seinen ersten Jahren als Theatermann zurückbringen. Auf den Rat seiner Frau Micheline hin hat er das Theaterstück *Art* produziert, das in den USA von Tom Courtenay und Albert Finney auf die Bühne gebracht wurde. Auch das ist, so wie die Entscheidung für *Leben und lieben in L. A.*, der Verkauf des Hauses in Marbella, die Rückkehr nach Schottland für lange Zeiträume, aber auch nach Hollywood, eine andere Geschichte. Und betrifft ganz den Schauspieler und Menschen, der sich auf den Weg zur, wie er es definiert, »Wiedergeburt vieler fallengelassener und jetzt ausgereifter Ideen« gemacht hat. Und er fügt, wie immer ironisch hinzu: »Ich liebe Wiedergeburten, außer die von 007, vor allem wenn ich oder meine Heimat Schottland daran beteiligt sind«.

POLITIK, BERUF, LEBEN

Connery hat sich nunmehr die Lizenz zum Älterwerden erworben, und seine Villa in Marbella für zehn Millionen Dollar verkauft, »weil die Costa del Sol zu stark vermarktet und vulgär geworden ist«, er befindet sich noch immer unter den Top Ten der sexysten Männer der Welt (die Zeitschrift »People« bezeichnet ihn als den Schauspieler mit der größten erotischen Anziehung für Frauen aller Altersstufen), und lebt in seinem geliebten Schottland, in London und Los Angeles. Seine Frau Micheline hat ihn überredet, sich wieder in der letztgenannten Großstadt niederzulassen, um in der Nähe seines Sohnes Jason aus der Ehe mit Diane Cilento zu sein, auch um öfter als ausführender Produzent, und in Zukunft auch als Full-Time-Produzent, von Filmprojekten junger Talente und auch als ausführender Produzent an Theaterproduktionen beteiligt zu sein.

Darüber hinaus hat sich Sean, auch mit ungeheuren monatlichen Zahlungen, seit 1960 immer mehr für die Politik seines Schottlands eingesetzt und heute hat er in diese Richtung zahlreiche Verpflichtungen übernommen.

Nach einigen Widrigkeiten, die ihn auf die Titelseiten der Zeitungen gebracht hatten, da laut Klatschmeldungen Königin Elisabeth, aufgrund gegnerischer Stimmen im Parlament, dem Protagonisten zahlreicher Filme die Ernennung zum Sir verweigert hätte, erlangte der ehemalige James Bond 007, der dazu bestimmt ist, ein Leben lang als solcher in der Erinnerung des Publikums zu bleiben, doch noch die höchste britische Auszeichnung.

In *Leben und Lieben in L.A.* spielt Connery Paul, einen ergebenen Ehemann mit einem unauslöschlichen Fleck in seiner Vergangenheit.

Er nahm sie am Mittwoch, den 5. Juli 2000 im Schottenrock, einem original gemusterten grün-blauen Kilt, vor Ihrer Majestät von Großbritannien kniend entgegen, und als Ritter des Vereinigten Königreichs erklärte er: »Das ist der wichtigste Tag in meinem Leben und ich bin stolz, Bürger meines geliebten Schottlands zu sein«. Dann fügte er scherzhaft hinzu: »In Wirklichkeit bin ich schon einmal Sir geworden, als Sir August de Wynther, die Hauptfigur in *Mit Schirm, Charme und Melone*«.

Mit dieser Zeremonie strafte Connery alle diejenigen Lügen, die immer erklärt hatten, die britische Regierung hätte sich wegen seines Kampfs für ein unabhängiges Schottland und der entschlossenen Opposition der regierenden Labour-Partei – die auch dagegen gewesen war, dass der Schauspieler einst aus steuerlichen Gründen in Marbella oder Montecarlo gelebt hatte – geweigert, ihm den begehrten Adelstitel zuzuerkennen. Zu jenem Anlass hatte der Schauspieler der Presse hart entgegnet: »Das sind Unterstellungen, die ich zurückweise. Ich bezahle die Steuern sowohl in den Vereinigten Staaten als auch in Großbritannien. Und wer das Gegenteil behauptet, sollte besser kontrollieren. Die Wahrheit ist, dass ich es vorziehen würde, meine Steuern nur an Schottland zu bezahlen und nicht an den Rest des Vereinigten Königreichs«.

Abgesehen von der Ernennung zum Sir, erhielt Connery in den letzten Jahren hohe Auszeichnungen; er hinterließ am Hollywood Boulevard erst seinen Hand- und dann sogar seinen Fußabdruck; er reagierte mit Ironie auf eine Umfrage unter sechzehntausend amerikanischen Frauen, die ihn als den »sexysten und repräsentativsten Mann des Jahrhunderts« bezeichnet hatten, und sagte: »Ich bin geschmeichelt und besorgt«; er überlebte es unversehrt, als im August 1997 sein Auto nicht weit von London von einem auf eine Überführung geworfenen Stein getroffen wurde, ein Rover, der ihn dank seiner verstärkten Windschutzscheibe rettete. Und er scheint einem unbeschwerten und aufgabenreichen Leben entgegenzugehen. Er erhielt

»Obwohl ich die körperlichen Grenzen spüre, glaube ich nicht, dass ich mich durch die Zeit hindurch verändert habe. Ich bin bestimmt reifer geworden, aber ich habe mich nicht verändert«.

auch die höchste Auszeichnung des britischen Films, als er Mitglied auf Lebenszeit der »British Academy of Film and Television« wurde und sich neben Legenden der Leinwand und der Bühne wie Sir Laurence Olivier, Sir John Gielgud, Sir Alec Guiness und Charlie Chaplin reihte.

Er erlaubte es sich, Dutzende Angebote abzulehnen, die ihn nicht überzeugten, und man tuschelt, auch *Space Cowboys* von und mit Clint Eastwood, um nur die Rollen und Drehbücher auszusuchen, die ihm wirklich gefielen und ihm in der Lage schienen, seinen Mythos nicht zu beschädigen, der noch immer lebendig zu sein scheint. In den letzten Jahren kam Connery, im Vergleich zu früher, sogar öfter aus seiner Deckung heraus, er, der immer dazu tendiert hatte, sich zu isolieren, abgesehen von seinem politischen Engagement für Schottland.

Nach der Ehrung seitens der »Film Society of Lincoln Center« im Sommer 1997 in New York und im Jahr davor vom »Cecil B. De Mille Award« für sein Lebenswerk (1990 war er schon zum »NATO Worldwide Star of the Year« nominiert worden), sowie der Prämierung für sein Lebenswerk vom »John F. Kennedy Center for Performing Arts« (mit einem Galadiner im Weißen Haus am 4. Dezember 1999), gönnte sich Sir Sean Connery das Vergnügen, an dem 87 Minuten langen Dokumentarfilm *Golf, The Greatest Game*, mit Filmausschnitten von Joe Di Maggio und Richard Crenna, teilzunehmen (was er als »Anleitung zu Unterhaltung und Lebensfreude« definierte), in dem wieder einer seiner Lieblingsaussprüche zu hören ist: »Indem ich mich zum Leben und zur Geduld auch durch das Golfspielen erzog, hat mir mehr als alles andere immer der Gedanke gefallen, dass ich ein alter Mann mit gesundem Gesicht sein würde, wie Sir Alfred Hitchcock oder Picasso«.

Denselben Ausspruch hatte er bei der Entgegennahme des von ihm heißbegehrten »American Film Institute's Life Achievement Award« im November 1999 getan (der früher an seinen Freund John Huston, Orson Welles, Bette Davis, Lillian Gish, Steven Spielberg, Elizabeth

Taylor und Martin Scorsese gegangen war).

Im Jahr zuvor hatte sich Connery dazu entschlossen, seine unverwechselbare Stimme einer Kampagne zur gänzlichen Abschaffung von Feuerwaffen zu leihen. Connery verstaute Bonds Pistole »Walthers PPK«, mit der immer schon die Geheimagenten Ihrer Majestät ausgestattet waren, auf dem Dachboden und erklärte, dass er im wirklichen Leben immer schon Abscheu vor Pistolen, Gewehren, Maschinengewehren und anderen Todesinstrumenten gehabt hatte und schloss sich öffentlich der Gruppe »Snowdrop Campaign« an, die seit Jahren für die Abschaffung der Waffen kämpft und sich nach dem Massaker von 1996 in der schottischen Schule von Dunblane bestärkt fühlte, wo ein bis zu den Zähnen bewaffneter Irrer sechzehn Kinder und ihre Lehrerin ermordet hatte.

In der Beilage der »Sunday Times« als einer der reichsten Männer Großbritanniens bezeichnet und ironisch als »ein an der Börse notierter Schotte« definiert, entschlossen, ein schottisches Schloss zu kaufen, immer noch in der Liste der meistgefragten und -bezahlten Hollywood-Schauspieler angeführt, anerkannt als einer der umsichtigsten Männer bei der Investition seines Kapitals (1989 hatte ihn eine Liste der Zeitschrift »Forbes« als einen der bestbezahlten Schauspieler der Welt der letzten dreißig Jahre eingeschätzt), scheint sich Connery damit zu vergnügen, Rollen für einen reifen, wenn auch unbeugsamen Menschen und Schauspieler anzunehmen.

Gerade *Leben und lieben in L. A.* war der Film, der in vieler Hinsicht eine Wende bezeichnet, wie auch *Verlockende Falle*, der zwar waghalsig ist, der aber auch einen Schatten von Melancholie und Ernüchterung in den Blicken und den wenigen zärtlichen Gesten seines Protagonisten in sich trägt.

»Ich habe für *Leben und lieben in L. A.* zugesagt«, sagte Connery bei der Präsentation des Films in Hollywood, »weil die Rolle mich zu meinem wahren Wesen als heutiger Mensch zurückverwies, und weil ich auch seit vielen Jahren schon mit die-

»Ich habe den jungen Leuten nichts weiterzugeben als, dass Erneuerung bedeutet, immer das Beste seiner selbst zu geben«.

ser tollen Schauspielerin spielen wollte, die Gena Rowlands immer schon war. Es gefiel mir außerdem, beim Drehen von Kindern und Enkelkindern umgeben zu sein, welche die beste junge Schauspielergeneration darstellen«.

Bei dieser Gelegenheit sagte Connery auch: »Ich würde gern ein Filmstudio in Schottland gründen, und den jungen Schauspielern möchte ich sagen: Um lange in dem Beruf, den ihr gewählt habt, zu überleben, müsst ihr begeistert sein, aber ausgeglichen, auf der Bühne wie im Leben«.

Es war eine wunderschöne Veranstaltung für *Leben und lieben in L. A.* und Sean sagte immer wieder: »Lange schon ist mein filmischer Nachname nicht mehr Bond. Ich glaube, was es heute den jungen Schauspielern viel schwieriger macht, ist die ungezügelte Jagd nach dem Ruhm. Andy Warhol hatte Recht, als er sagte, dass in Zukunft jeder zumindest für fünfzehn Minuten berühmt sein wolle. Ich sehe mit Betrübnis, dass manchmal Schauspieler kaum mehr als einen Film machen, einen riesigen aber vergänglichen Erfolg haben, in kürzester Zeit enorm hohe Gagen erhalten, ohne Erfahrung in ihrem Beruf; und dann verschwinden sie, so wie auch die Möglichkeit, mit einem Gefühl der Sicherheit in ihrem Beruf und in sich selbst weiterzukommen«.

In einem Gespräch über den Film, »der es geschafft hat, mein Herz zum Klopfen zu bringen«, sagte Connery in Übereinstimmung mit dem Regisseur Willard Carroll: »Jeder von uns auf dem Set hat versucht, mit Blicken und Worten ein nicht greifbares und unbeschreibliches Gefühl auszudrücken: den Wert des Lebens und der Emotionen. Für mich war das ein großes Vergnügen, meine ganze Erfahrung als alter Hase in dem Beruf einzubringen, der sich Freude und Enthusiasmus und Liebe für den Beruf erhalten hat, und in einer Szene einen Hund zu imitieren, in der Absicht, Gena Rowlands und dem Publikum, das sich an mich noch immer jung und mit all meinen schwarzen Haaren zu Zeiten der James Bond-Filme erinnert, ein leises Lächeln zu entlocken. In diesem Film habe ich ei-

In *Leben und Lieben in L.A.* sind Paul und Hannah (Gena Rowlands) die Erfinder einer populären Koch-TV-Sendung, die in ihrer Wohnung gedreht wird. Auf dem Foto erkennt man hinter ihnen Dennis Quaid, einen weiteren Darsteller.

nen Satz besonders gern: 'Über Liebe zu sprechen ist wie über Architektur zu tanzen'. Das schönste Kompliment, das ich nach der Erstausstrahlung des Films bekam war: 'Zusammen scheinen Connery und die Rowlands ein seit vierzig Jahren verheiratetes Paar: Dabei haben sie noch nie zusammen gespielt'. In diesem Film, mehr als in jedem anderen, in dem ich gespielt habe, machen die Protagonisten eine Reihe von Veränderungen durch, die von Ereignissen provoziert sind, die wiederum bestätigen, wie ungreifbar, kompliziert und manchmal auch wunderbar die Liebe ist. Ich wollte einen Film machen, der meinen jungen Partnern die Romantik und das Abenteuer der Liebe bietet, und mir und Gina die Kommunikation und Liebe, wie es sie in einer Familie gibt. Ich bin glücklich, dass mein Freund John Barry, der Autor der bekannten Musik der James Bond-Filme, die Filmmusik komponiert hat. John hat Noten gesucht, die die Gemütszustände

SEAN CONNERY
POLITIK,
BERUF,
LEBEN

»Für Schottland bin ich überzeugter Sezessionist«.

und die inneren Veränderungen der Figuren unterstreichen konnten. Im Film gibt es viele Figuren, und schließlich entdeckt man eine Linie, die sie vereint: Die Musik musste dem Publikum helfen, fast unterschwellig, sich dieser Linie bewusst zu werden. Auch der Schnitt von Pietro Scalia hat diesen Faden ermöglicht: Wie in einer Sinfonie, fließt alles in einem großen überraschenden Finale zusammen, denn wie auch im Leben, in unseren Karrieren, unseren Emotionen gibt es in dieser Geschichte weder Unvorhersehbares noch Vorhersehbares und immer erwartet sich der Zuschauer etwas Ungewöhnliches«.

Dieselben Beweggründe, die ihn dazu veranlassten, diesen Film zu machen, verbergen sich hinter dem Entschluss, das Theaterstück *Art* von Yasmina Reza zu produzieren, welches in Paris 1994 achtzehn Monate lang gespielt worden war und den Molière-Preis gewonnen hatte, bevor es in fünfzehn Sprachen übersetzt und in fünfzig Ländern von Norwegen bis Deutschland aufgeführt wurde. »Ich habe mich entschlossen, das Theaterstück zu produzieren«, erklärte Connery, »weil es das Thema der Authentizität in den menschlichen Beziehungen behandelt, auch mittels der Kunst, sicher mittels der Liebe und der Freundschaft«. Die Freundschaft, die Liebe und die Loyalität Connerys schlagen sich weiter für Schottland, ohne Rhetorik. Der berühmteste Schotte der Welt pflegt noch immer – jetzt da sich auf dem Proszenium des Filmes und Theaters viele weitere schottische Talente gezeigt und Erfolg erlangt haben, wie Ewan McGregor und Peter Mullan – einige typische Komponenten des schottischen Charakters: einen Schuss Chauvinismus, einen lakonischen Stil, die Tendenz, das eigene Geld gut und mit Bedacht zu verwalten. »Das sind die Qualitäten, oder die Mängel der Schotten«, scherzte Connery, als er einen Tag vor seiner Rede für die Scottish National Party in Edinburgh seinen Film *Verlockende Falle* präsentierte.

Er las die Rede von einigen losen Blättern, die er aus der Tasche zog und erklärte und hatte es den Journalisten den Tag zuvor schon angekündigt: »Ich werde meinen Beitrag lesen, denn ich bin sicher, dass ich sonst meine Emotionen nicht kontrollieren werden kann«. Die Feststellung eines erfahrenen Schauspielers, die viel über den Einsatz für sein Vaterland sagt: »Ich fühle mich immer schon im Namen Schottlands einberufen und sicher nicht allein deswegen, weil ich 1996, nach so viel Engagement, es akzeptiert habe, einen Spot für unsere Unabhängigkeit, nicht mehr im Dienste Ihrer Majestät sondern meines Vaterlandes, zu drehen«.

Der Spot kam im November 1996 im Fernsehen heraus und entzündete die Gemüter, auch weil seine Veröffentlichung mit der Rückgabe des denkwürdigen »Schicksalssteins« Englands an Schottland zusammengefallen war, auf dem die Könige Irlands und Schottlands gekrönt wurden, und der sieben Jahrhunderte lang in der Abtei von Westminster geblieben war, nachdem er 1296 von König Edward I nach seinem blutigen Sieg

»Die Erfolge des schottischen Nationalismus begründen sich im Widerstand der Arbeiterklasse während des Thatcherismus«.

über den tapferen Braveheart, William Wallace, »beschlagnahmt« worden war.

In jenem Spot begann Connery mit dem Lesen der Erklärung von Arbroat, mit der 1320 das schottische Parlament den Papst informiert hatte, dass Robert the Bruce König des unabhängigen Schottland geworden war: »Wir kämpfen weder für den Ruhm, noch für den Reichtum und auch nicht für die Ehre, sondern ganz allein für die Freiheit, auf die kein Mensch verzichtet, solange er lebt«. Die Zeitungen schrieben, angefangen von »The Guardian«: »Der Stein, der 007 zu seinem ersten politischen Beitrag veranlasst hat, überquerte letzten Freitag, einen Freitag des November 1996, den Tweed-Fluss, der die Grenze darstellt, und wurde mit militärischen Ehrungen empfangen. Er wird nun, ab Ende dieses Monats, im Schloss von Edinburgh ausgestellt bleiben«.

Im Spot sagte Sean auch: »Mit der Freiheit für die alte schottische Nation können wir auf den Fundamenten des Steins bauen, können wir unsere wahre Freiheit erobern, können und müssen wir wieder eine Nation werden«.

Das unerschrockene Herz Schottlands, an der Seite der Scottish National Party, hatte auch andere Erklärungen in den vorhergegangenen Aussagen Seans gefunden: »Die Erfolge des schottischen Nationalismus begründen sich im Widerstand der Arbeiterklasse während des Thatcherismus«. Und im Juli 1999, als die erste Sitzung des neuen schottischen Parlaments stattfand, die die Geburt Schottlands nach einem Vakuum von 292 Jahren mit einer neuen Autonomie bekräftigte, war auch Sean wie immer im Kilt dabei.

Ein politisches Referendum sagte dann »nein« zur Sezession, aber England akzeptierte jetzt (»Ich habe teilweise meinen Kampf mit dem Dudelsack gewonnen und ich werde in diese Richtung weitermachen«, sagte Sean halb scherzhaft, halb ernst in Hollywood), im Norden eine kleinere Schwester zu haben, die seine Entwicklung mitbestimmen würde und Großbritannien begann ab Edinburgh, wie die Zeitungen jenseits des Ärmelkanals schrieben, trotz der

Niederlage der Separatisten, sein Gesicht zu verändern.

Er nahm sich als Sir die Freiheit, alle seine Gedanken klar auszudrücken, und bekannte sich auch dazu, Fan der Glasgow Rangers zu sein, als er vor dem Match mit Juventus ankündigte: »Die Rangers werden eins zu null gewinnen: ich liebe dieses Spiel und die, die es perfekt ausüben«.

Die Rangers verloren, und Bond, der lakonische harte Typ, erklärte: »Es war ein großartiges Match«. Er war gesprächiger, als er im Mai 2000 die Dreharbeiten seines letzten Films *Finding Forrester* beendete, welcher der erste im Rahmen eines langen Vertrags mit den Sony-Columbia Studios ist, um gemeinsam mit den größten Fußball-Assen den Frieden zu unterstützen. Auch Sean sagte, neben Pelé und Platini: »Der Ball ist ein mächtiges Vehikel positiver Werte, eine Schule des Lebens, eine authentische Parallel-Diplomatie«. Er fügte hinzu: »Für den Frieden lasse ich alle Aufgaben stehen«. In der Feststellung fand man etwas von der Treue zur Freundschaft und den Werten des schottischen Jungen, der arm, idealistisch, aber ironisch angesichts der Dinge des Lebens ist und der immer der 007 bleibt, der in der Fernsehserie *James Bond Story* von 1999, die laufend vom englischen und amerikanischen Fernsehen wiederholt wird, sich den Spaß gemacht hatte, sich selbst zu imitieren. Es lag darin etwas von dem Schauspieler und von dem Menschen, der seine Stimme dem Drachen Draco gegeben hatte, sein Gesicht dem King Arthur, sich selbst in dem Dokumentarfilm *Behind the Scenes with Goldfinger* von 1995 oder dem John Connor aus *Die Wiege der Sonne*, dem Edeldieb aus *Verlockende Falle*, dem heiteren Paul aus *Leben und lieben in L. A.*, dem mutigen entflohenen John Patrick Mason aus *The Rock – Fels der Entscheidung*, dem vielgeliebten Doktor Robert Campbell aus *Medicine Man – Die letzten Tage von Eden*, dem Kommandant Ramius aus *Jagd auf Roter Oktober*, dem großen Jim Malone aus *Die Unbestechlichen*, dem mysteriösen und metaphysischen Juan Ramirez aus *Highlander – Nur einer kann gewinnen* und dem Zed aus *Zardoz*. Dieses »etwas«, das sich vor allem in einem kleinen Dokumentarfilm wiederfindet, den Sean ausnahmsweise billigte und in dem er mit sich selbst spielte, indem er sich selbst, »himself«, spielte: Er nennt sich so wie die Bilder, die jeder Zuschauer von Sean Connery aufbewahrt, *Memories of Me – Das tragisch-komische Leben eines großartigen Versagers* (1988).

Sean Connery und Kate Capshaw in einem PR-Foto zu *Im Sumpf des Verbrechens*.

HIER Connery
in der Gestalt des
einzelgängerischen
William Forrester,
der jähzornige
Schriftsteller,
Hauptfigur des
neuen Films von
Gus Van Sant.

Und es müssen auch viele Erinnerungen, Träume und Wünsche Sean Connerys in der wohl überlegten und sicher auch sehr empfundenen 'Verflechtung' seiner Figur, dem jähzornigen, einzelgängerischen, hypersensiblen Schriftsteller Forrester mit silbergrauem Haar, in dem Film mit eben dem Titel *Finding Forrester*, stecken. Ein introspektives Werk, das sich auf ein sehr gründliches Drehbuch stützt und das, auf ausdrücklichen Wunsch des Schauspielers, unter der Regie von Gus Van Sant, dem Regisseur von *Good Will Hunting*, produziert wurde. Unter vielen Gesichtspunkten ist *Finding Forrester* die ideale Fortsetzung dieses Letzten. Connery hat beim Festival von Palm Springs im Januar 2001, bei dem er eine Anerkennung für sein Lebenswerk (den Lifetime Achievement Award) und eine spezielle Anerkunnung für *Finding Forrester* erhalten hat, erklärt: "Ich habe das wunderbare Drehbuch von Mike Rich, seitdem ich es das erste Mal gelesen habe, sehr gemocht und ich wollte sofort zusammen mit meiner Partnerin Rhonda Toffelson die Filmrechte kaufen".

SEAN CONNERY
POLITIK,
BERUF,
LEBEN

Auch war er, der immer sehr rational ist und sein Verhalten kontrolliert, gerührt, als ihm das Publikum dafür gedankt hat, es mit einem solchen Film, der einheitlich als 'edel' bezeichnet wurde, beschenkt zu haben.

Connery, der auch Produzent des Streifens ist, erklärt: "Ich bin wirklich stolz diesem Film den Stempel der Fountainbridge gegeben zu haben. Meiner Ansicht nach spricht diese Geschichte, aber ich bevorzuge es sie als eine Art Novelle zu bezeichnen, das Herz und die Intelligenz an: Sie stellt ein Verbindungsglied zwischen den Generationen und den Rassen dar. Es ist sicher kein Zufall, dass der junge Darsteller an meiner Seite ein jugendlicher Afro-Amerikaner ist, der mit der Mutter und dem Bruder in der Bronx aufgewachsen ist, der ein außerordentlicher Athlet mit einer besonderen Begabung für den Basketball ist, aber vor allem ein potentieller Schriftsteller mit einer besonderen Stärke und Ausdruckskraft. Es ist wahr, dass ich immer schon von der Literatur fasziniert war und dass im Grunde ein Teil

AUF DIESEN ZWEI SEITEN: Die Schwierigkeiten mit der Außenwelt ein Verhältnis herzustellen, haben das Leben von Forrester schwer bedingt und haben ihn zu einem strengen Auto - Exil getrieben, aus dem er nur dank der Hilfe des jungen Jamal Wallace herausfindet. (Der Schauspieler Rob Brown mit Connery auf dem Foto NEBENAN)

von mir, vielleicht der kreativste, sich gewünscht hat, sich durch Schreiben ausdrücken zu können. Die Menschen, die in meinem Leben am meisten meine Neugierde geweckt haben und die ich in vielen Fällen auch am meisten bewundert habe, sind gerade die Schriftsteller. Auch ist wahr, dass sich hinter der Maske des Forrester, dem vor vierzig Jahren der Pulitzer verliehen wurde, der als großes erfinderisches und tiefgehendes Talent angesehen wird, der aber schon seit vielen Jahren von der öffentlichen, literarischen und akademischen Bühne verschwunden ist, zum Teil das Bild eines von mir sehr geliebten Schriftstellers verbirgt; nämlich das von J. D. Salinger, der sich seit Jahren in ein unerbitterliches, aristokratisches Schweigen hüllt, unter dem er sicher leidet und welches voller Rätsel ist. Aber nicht nur das. Vor der Interpretation der Rolle habe ich die Bücher einer meiner Lieblingsschriftsteller, Thomas Pynchon, erneut gelesen. Meiner Meinung nach schaffte er es mit einer großen und fanta-

SEAN CONNERY
POLITIK, BERUF, LEBEN

»Meiner Ansicht nach spricht diese Geschichte, aber ich bevorzuge es sie als eine Art Novelle zu bezeichnen, das Herz und die Intelligenz an«.
(Über Finding Forrester).

sievollen Ausdruckskraft den sozialen Sinn unseres Mensch-Seins zu vereinigen in dem er sowohl den Niederlagen oder den 'humanistischen' Verletzungen, als auch den Bedrohungen und den neuen Reichtümern der Technologie entgegentritt. Seine gedrängte Anhäufung von Themen, seine Fantasie, seine Fresken der Umgebung haben mir immer sehr gefallen und ich denke, dass zwischen seinen menschlichen Gleichnisen, die immer Geschichten über Menschen enthalten, und unserem Film gewisse Ähnlichkeiten bestehen. Im Drehbuch lässt Forrester erkennen, dass er von der Literatur viel erhalten und ihr viel gegeben hat, sie hat ihn aber auf eine gewisse Weise auch verletzt, so als ob die ständige Beobachtung der Ideen ihn an einem gewissen Punkt unfähig gemacht hat, die Realität zu leben und sich mit ihr zu konfrontieren. Das Drehbuch hat mich zudem erobert, weil dieser Mann, der seit Jahren nicht aus seiner Wohnung geht, die voller Bücher und Stapel von Zeitschriften ist ('als ich die nachgebildeten Räume für die Innenaufnahmen betrat, fühlte ich mich gleich wie zu Hause'), auch witzig ist. Jenseits seiner sehr rauhen Schale, als sich seine Freundschaft mit Jamal entwirrt und er ihn als Schüler akzeptiert sagt er ihm eines Tages, wie gewöhnlich lungert er dabei im Schlafanzug zwischen den Stapeln von Zeitungen herum: 'Die 'New York Times' ist wie ein üppiges Mahl, aber der ' National Enquirer' ähnelt einem Dessert'. In dieser seiner nicht elitären Unterteilung der Zeitungen, die ihm auch als Instrument zum Kontakt mit der Außenwelt dienen, offenbart Forrester seine seltsame Lebenskraft, seine Fantasie ohne Schematismus. Dieselben die ihn auf tiefgehende Weise dem Jungen näher bringen und die ihn dazu bringen diesem alles zu hinterlassen".

In Palm Springs hat Sean, wegen einer Anerkennung die auch einem jüngeren Schauspieler überreicht wurde, Nicholas Cage, seinen Partner in *The Rock-Fels der Entscheidung,* und den Regisseur Ridley Scott, der sich vor Sean verbeugen wollte, als dieser seinen 'Director's Achievement Award' in Empfang nahm, wiedergefunden. "Weil es", hat der Regisseur, Gewinner von insgesamt 13 *nominations* für den Oscar, gesagt, "Sean wirklich gelungen ist, auf der Leinwand 'alles' zu machen und zu sein. In unserer Fantasie, vermischt sich die Figur des Agenten 007 mit der seiner wundervollen Rolle in *Jagd auf Roter Oktober* und dank seiner subtilen und komplexen Darstellung des Polizisten in *The Untouchables – Die Unbestechlichen* ist und bleibt der Film von Brian de Palma einer meiner bevorzugten. Sein letzter Film, *Finding Forrester* hat mich sehr berührt und er zeigt wie sein männlicher Charme in den Jahren unberührt geblieben ist, aber reich an Nuancen und wie es Sean gelungen ist seine Karriere mit extremer Intelligenz zu leiten".

Warum also hat der verschlossene Forrester alle erobert und wird sicherlich in Europa, vielleicht in noch stärkerem Maße, einen guten Erfolg bei Publikum und Kritik haben?

"Weil", erklärt Sean, "er die Probleme am Ursprung des Lebens mittels dieser unüblichen, unerwarteten Freundschaft zwischen dem Jungen und dem verschlossenen Literaten angeht. Die zwei erkennen, dass sie einander gegenseitig brauchen. Von den Texten Forresters liebe ich zwei besonders. Der erste fasst den Sinn des Films zusammen: 'Wenn wir zu lange warten, besteht die Gefahr, dass wir verstehen und akzeptieren, dass das Leben kein Spiel ist, dass wir gewinnen oder verlieren können. In Wirklichkeit ist es eine Partie, die wir zu häufig nicht spielen können oder besser gesagt, die wir nicht mit den anderen oder uns selbst austragen'. Der zweite Text ist Teil der Rede, die ich halte als ich in die Schule in Manhatten gehe, wo Jamal, mein Schüler und Freund, angeklagt wird. Ich sage: 'Die Familie ist nicht immer die biologische, aber auch die die wir aussuchen, die uns unterstützt wenn wir allein geblieben sind'. Der Film lehrt uns, dass wir uns öffnen können müssen und dabei unsere Ängste und Unsicherheiten überwinden um das zu erreichen was Forrester dem Jungen in seinem letzten Brief aus Schottland schreibt: ' Du musst wissen, dass ich sofort verstanden habe, dass du deine Träume verwirklichen würdesty, als ich deine Worte las. Aber damals hätte ich mir niemals träumen lassen, dass ich dank unserer Begegnung nochmals meine besessen hätte'".

Ein bedeutungsvoller und faszinierender Film, *Finding Forrester,* der eine ausgesprochen wichtige Etappe für Sean darstellt. Bei der Vorstellung des Films in Los Angeles im Dezember, vor seinem Leinwandstart, der von guten Kritiken begleitet war, hat er gesagt: " Seit vielen Jahren, eigentlich seit dem Film *Der Mann, der König sein wollte* unter der Regie von John Houston, den ich vor mehr als 25 Jahren gedreht habe, habe ich nicht mehr in einem Film über die Freundschaft mitgespielt. *Finding Forrester* erforscht die freundschaftliche Bindung um so eine Art soziales und kulturelles, zwischen den Generationen stehendes Bild zu schaffen. Was kann Jamal dem Mann näher bringen, der so intensiv gelebt hat und sich dann vom Leben zurückgezogen hat? Die wahre Bedeutung der Kommunikation, des Austausches, der Veränderungen, die die reinsten menschlichen Beziehungen in uns allen erzeugen".

»Es ist wahr, dass ich immer schon von der Literatur fasziniert war und dass im Grunde ein Teil von mir, vielleicht der kreativste, sich gewünscht hat, sich durch Schreiben ausdrücken zu können.«

Das Drehbuch, von Mike Rich geschrieben, der in Los Angeles geboren ist, der aber die meiste Zeit des Jahres in einem einsamen Städtchen in Oregon oder in Portland lebt, beschäftigt sich nicht nur mit dem Thema der Grenzen, die oftmals die Literaten komplexer werden lassen, die wie von der Welt getrennt, in ihrem eigenen defensiven Universum leben. Die Liebe zur Literatur als Instrument für die kulturelle und innere Kenntnis ist im ganzen Drehbuch, das erste das Rich einem Studio verkauft hat, mit Zurückhaltung und klaren und bedeutungsvollen Einzelheiten wiederzufinden.

Zum größten Teil in New York gedreht, aber viele Sequenzen auch in Toronto, Ontario, dessen Farben sich als New York Kanadas perfekt an die Metropolen der East Coast anpassen, hat der Film als Mittelpunkt seines Plots stets Forrester –

Connery. Die Aufnahmen von Harris Savides, dem wir Filme wie *The Game* mit Michael Douglas und dem neueren *The Yards* von James Gray verdanken, sind reich an Licht und Nuancen.

Weil seine Figur, auch wenn die farbigen Kinder der Bronx sich zum Basket- oder Fußballspielen an einen Platz begeben, dem gegenüber sich das Fenster des Schriftstellers befindet, ein geheimnisvoller Mann, über den viele Legenden herumgeistern, durch bestimmte Verhaltensweisen stets den Zuschauer in Beschlag nimmt, seine Aufmerksamkeit erregt oder ihn geschickt ablenkt. Zwischen Jamal, der an seinen Anfängen stehende Rob Brown, der nach vielen Probeaufnahmen ausgewählt wurde, und Sean besteht auf der Leinwand eine absolut natürliche Alchimie. Er lebt wie jeder andere Junge seines Alters, ein bisschen rebellisch und si-

In einer Drehpause von *Finding Forrester*: neben Connery der Regisseur Gus Van Sant, der auch *Good Will Hunting* geleitet hat.

cher nicht reich oder mit besonderen kulturellen Instrumenten bestückt. Aber er besitzt eine angeborene Begabung: Er kann schreiben, er kann besonders gut Träume und Bedürfnisse, Gedanken und Gefühle ausdrücken. Eine unabwendbare Verwandschaft, die jede Kluft der Unterschiede überwindet, bindet den Jungen an den Mann und andersrum.

Das wählerische Gymnasium von Manhatten bietet der Mutter des Jungen an, diesen aufzunehmen. In Wahrheit hat es ihn vor allem ausgewählt, weil er ein potentieller Athlet ist und die Schulmannschaft zum Sieg führen könnte. Jamal lebt weiterhin wie bisher, geht häufig zum Platz gegenüber der Wohnung des Schriftstellers um dort Basket- oder Fußball zu spielen. Eines Tages dringt er heimlich in die Wohnung des Schriftstellers, wie ein Dieb, der keine Gegenstände aber das Geheimnis der Seele sucht. Entdeckt, vergisst er bei der plötzlichen Flucht seinen Rucksack. Er wird ihm von dem Mann durch das geheimnisvolle Fenster zurück-

»In allen Gesten meines finsteren, aber auch unterhaltsamen und unvorhersehbaren Forrester steckt eine Ader geheimer und introvertierter Poesie«.

gegeben. Und als er ihn öffnet, nachdem er auf den Boden gefallen ist, entdeckt Jamal dass Forrester seine Hefte gelesen hat und dass er in seinem Tagebuch, in dem er Eindrücke und Gedanken festhält, Korrekturen vorgenommen hat, und zum Teil begeisterte, zum Teil strenge Kommentare, aber immer interessierte Urteile abgegeben hat.

So beginnt die Freundschaft, die sich langsam für Forrester, der in einer gutbürgerlichen Familie aufgewachsen ist, von der wir nur durch ein Album mit alten Fotos etwas erfahren, in eine Art kulturelle und stilistische Erziehung gegenüber Jamal verwandelt. Ihn Wahrheit weiß dieser nicht so recht wer Forrester ist, er weiß nur dass er ein Schriftsteller ist. Dies erfährt er zufällig in der Schule von einer Kameradin, die von Anna Paquin dargestellt wird und die schon immer den geheimnisvollen Forrester bewundert und seine Bücher studiert hat.

Diese Entdeckung verändert die Einfachheit der Freundschaft nicht, durch die Ja-

AUF DIESEN SEITEN: Zwei Aufnahmen aus dem Film. In dem Brief den Forrester Jamal aus Schottland schickt liest man folgendes: «...Ich habe sofort verstanden, dass du deine Träume verwirklichen würdest. Aber damals hätte ich mir nicht träumen lassen, dass ich dank unserer Begegnung nochmals meine besessen hätte.»

mal auch die Hartnäckigkeit, die Kraft der Konzentration erlernt und er beginnt zu glauben, dass er es schaffen muss Connery nach draußen, in die Welt zu bringen. Als sie das erste Mal zusammen ausgehen, stellt, nach einer Aussage Connerys, einen der "intensivsten und verwickelsten Momente meiner Karriere dar, weil er den deutlichsten und geheimsten Sinn der Freundschaft zwischen den beiden widerspiegelt, die Tatsache dass sie einander brauchen. Zwischen den beiden besteht nie eine Beziehung voller Gewalttätigkeit, aber eine voller Harmonie und gegenseitiger Güte, dessen sie sich immer bewusster werden".

In der Tat, als Forrester mit seinem alten Mantel (Connery hat in sich eigens anfertigen lassen und er scheint schon immer von ihm getragen worden zu sein) und Jamal zum Madison Square Garden geht, verliert oder versteckt er sich aus Angst, von der Konfrontation mit der Masse terrorisiert. Während Jamal ihn sucht, finden wir ihn eingekapselt, gebeugt und zusam-

mengekauert wie im Mutterleib in einer Ecke, versteckt vor dem Menschenstrom. Die Zerbrechlichkeit, die Verletzlichkeit Forresters sind alle in dieser Szene und man versteht warum Gus Van Sant den Film dem Drehbuch folgend tag täglich drehen wollte.

Ein anderes Mal ist Forrester mit dem Fahrrad unterwegs zum College, das auch er besucht hat, um dort seine Freundschaft und Wertschätzung für den Jungen zu offenbaren. Dies stellt eine der sanftesten, gefühlvollsten und sonnigsten Szenen des Films dar. Connery auf dem Fahrrad mit seinem alten Mantel scheint jede Angst verloren zu haben als er die Massen auch in der South Bronx spaltet. Er hat ein Ziel, dass ihn wie von selbst dazu bringen wird dem egoistischen und vom Stolz geblendeten Professor Crawford, dargestellt von F. Murray Abraham, dem unvergessenen Salieri aus *Amadeus,* der auch im wirklichen Leben Vorlesungen am Brooklyn College hält und deshalb in seine Figur eine große und bissige Spon-

tanität einbrachte, eine Lektion zu erteilen. Crawford bewundert Forrester mehr als jeden anderen auf der Welt. Für ihn ist es ein Schock, als er sich bewusst wird, dass dieser geheimnisvolle Mann endlich ins College gekommen ist, er der jede Einladung abgelehnt hatte ohne auch nur darauf zu antworten. Weil Forrester nicht wegen ihm gekommen ist, wie er zu glauben scheint und wie er geehrt im Rektoratssaal vor allen Schülern erklärt, sondern wegen Jamal. Der Student, dessen Begabung Crawford nicht erkennen wollte oder konnte, sein begabtester Zögling. In der Gallerie des College hängt neben den Porträts von T. S. Eliot, James Fenimore Cooper, Herman Melville auch das von Forrester.

Gus Van Sant hat gesagt: "Die Fotogallerie bietet ein Bild der Literatur als Heiligkeit und zeigt Jamal den Unterschied, der zwischen dem Erlernen der Kultur und dem Übergang von der einfachen und armen Schule der Bronx zum angesehenen Mailor – Collow College bestehen kann".

Andererseits hat Connery selbst, mit seinem bekannten Perfektionismus, die Auswahl der Orte für die Außenaufnahmen, von der New York Library über den Madison Square Garden zur Science Library auf der Madison Avenue (wo Jamal, die Identität seines Professors und Freundes entdeckt, hingeht um ein Exemplar seines Buches *Avalon Landing* zu suchen), überwacht. Aber auch die sehr sorgfältige Arbeit bei der Wahl der Kostüme seitens von Anne Roth, ein Oscar für *Der Englische Patient,* große Designerin, die immer sehr kreativ in der Auswahl der Kostüme ist, welche die äußere Psyche jeder Figur

»Finding Forrester erforscht die freundschaftliche Bindung um so eine Art soziales und kulturelles, zwischen den Generationen stehendes Bild zu schaffen.«

darstellen und die dies auch in *Der talentierte Mr. Ripley* gezeigt hat. Connery hat zusammen mit Gus Van Sant die prachtvolle Filmmusik ausgewählt: zusammen mit *Over the Rainbow/ What a Wonderful World* hören wir *Little Church,* von Miles Davis gesungen; ebenfalls vom ihm gesungen *Feio, Lonley Fire, Little Blue Frog, Sanctuary, Safe me* (von Isaac Hanson geschrieben); *Winter Always Turn to Spring* geschrieben und gesungen von Bill Frisell.

Sean hat gesagt, wobei er aus seiner gewöhnlichen Tendenz zur Isolation herausgeht, die ihn auch in der Realität Forrester nahe bringt und die dieselben verletzlichen Qualitäten offenbart, die Teil seines Charmes sind, die er aber selten deutlich macht: "In allen Gesten meines finsteren, aber auch unterhaltsamen und unvorhersehbaren Forrester steckt eine Ader geheimer und introvertierter Poesie humanistischer Art. Er konnte nicht, nicht mein sein. Im Grunde ähnelt er in vieler Hinsicht dem, was ich bin oder was ich hätte sein können, wenn das Kino, eine Arbeit die dich ständig nach außen bringt auf der Suche nach einem Gleichgewicht mit deinem 'Inneren', nicht jede Spannung und jeden Widerspruch gelöst hätte. Also habe ich mit großem Elan diese Memoiren eines Schriftstellers darstellen und produzieren wollen. Ich könnte zugeben, dass ich nur jetzt das richtige Alter habe um Forrester zu sein und ihn bis auf den Grund zu verstehen, aber ich bevorzuge es hinzuzufügen und dabei einen Buchtitel meines Freundes James Mason, der nicht mehr unter uns weilt, zu zitieren: *Before I Forget:* Bevor ich vergesse".

FILMOGRAFIE

**DIE BLINDE SPINNE
(No Road Back)**

Regie: Montgomery Tully; *Idee:* nach dem Theaterstück 'Madame Tic-Tac' von Falckand L. Cary und Philip Weathers; *Produzent:* Steve Pallos; *Kamera:* Lionel Banes; *Art Director:* John Stoll; *Musik:* John Veale; *Schnitt:* Jim Connock; *Darsteller:* Skip Homeier (John Railton), Paul Carpenter (Clem Hayes), Patricia Dainton (Beth), Norman Woodland (Inspektor Harris), Alfie Bass (Rudge Harvey), Margaret Rawlings (Mrs. Railton), Eleonor Summefield (Marguerite), Sean Connery (Spike), Robert Bruce (Sergeant Brooks), Philip Ray (Mann in der Garage), Thomas Gallagher (Nachtwächter), Romulus of Welham (der Hund Rummy); *Produktion:* Gibraltar Pictures – RKO-Radio; *hergestellt in:* Großbritannien, 1956; *Länge:* 83'.

**DUELL AM STEUER
(Hell Drivers)**

Regie: Cy Endfield; *Produzent:* S. Benjamin Fisz; *Drehbuch:* John Kruse und Cy Endfield; *Kamera:* Geoffrey Unsworth; *Art Director:* Ernest Archer; *Musik:* Hubert Clifford; *Schnitt:* John D. Guthridge; *Darsteller:* Stanley Baker (Tom), Herbert Lom (Gino), Peggy Cummins (Lucy), Patrick McGoohan (Red), William Hartuell (Cartley), Alfie Bass (Tinker), Wilfrid Lawson (Ed), Sidney James (Dusty), Gordon Jackson (Scottie), David McCallum (Jimmy), Sean Connery (Johnny), Wensley Pithey (Pop), George Murcell (Tub), Marjorie Rhodes (Mae West), Vera Day (Blonde), Beatrice Varley (Mutter); *Produktion:* Aqua Film Production – Rank; *hergestellt in:* Großbritannien, 1957; *Länge:* 108'.

**ZWÖLF SEKUNDEN
BIS ZUR EWIGKEIT
(Time Lock)**

Regie: Gerald Thomas; *Produzent:* Peter Rogers; *Drehbuch:* Peter Rogers nach einem Fernsehstück von Arthur Hailey; *Kamera:* Peter Hennessy; *Art Director:* Normand Arnold; *Musik:* Stanley Black; *Schnitt:* John Trumper; *Darsteller:* Robert Beatty (Dawson), Betty McDowall (Lucille Walker), Vincent Winter (Steven Walker), Lee Patterson (Colin Walker), Sandra Francis (Evelyn Webb), Alan Gifford (George Foster), Robert Ayres (Inspektor Andrews), Victor Wood (Howard Zeeder), Jack Cunningham (Max Jarvis), Peter Mannering (Dr. Foy), Roland Brand (erster Polizeioffizier), David Williams (zweiter Polizeioffizier), Larry Cross (Reporter), Gordon Tanner (Dr. Hewitson), John Paul (Foreman), Donald Ewer (Bankkunde), Murray Kash (erster Schweißer), Sean Connery (zweiter Schweißer); *Produktion:* Romulus – Beaconsfield Production für die British Lion; *hergestellt in:* Großbritannien, 1957; *Länge:* 73'.

**OPERATION TIGER
(Action of the Tiger)**

Regie: Terence Young; *Produzent:* Kenneth Harper; *Drehbuch:* Robert Carson nach dem Buch von James Wellard; *Kamera (Technicolor Cinemascope):* Desmond Dickinson; *Art Director:* Scott McGregor; *Musik:* Humphrey Searle; *Schnitt:* Frank Clarke; *Darsteller:* Van Johnson (Carson), Martine Carol (Josette), Herbert Lom (Trifon), Gustavo Rojo (Henri), Jose Nieto (Kol Stendho), Helen Haye (Gräfin von Valona), Anna Gerber (Mara), Anthony Dawson (Sodow, Sicherheitswache), Sean Connery (Mike), Yvonne Warren (Katina); *Produktion:* Claridge Film Production – MGM; *hergestellt in:* Großbritannien, 1957; *Länge:* 93'.

**HERZ OHNE HOFFNUNG
(Another Time, Another Place)**

Regie: Lewis Allen; *Produzent:* Lewis Allen und Smedley Aston; *ausführender Produzent:* Joseph Kaufman; *Drehbuch:* Stanley Mann, nach dem Roman von Lenore Coffee; *Kamera:* Jack Hildyard; *Art Director:* Tom Morahan; *Musik:* Douglas Gamley; *Schnitt:* Geoffrey Foot; *Darsteller:* Lana Turner (Sara Scott), Barry Sullivan (Carter Reynolds), Glynis Johns (Kay Trevor), Sean Connery (Mark Trevor), Sidney James (Jake Klein), Terence Longdon (Alan Thompson), Doris Hare (Mrs. Bunker), Martin Stephens (Brian Trevor); *Produktion:* Kaydor Production – Paramount; *hergestellt in:* Großbritannien, 1958; *Länge:* 95'.

**DAS GEHEIMNIS DER
VERWUNSCHENEN HÖHLE
(Darby O'Gill and the Little People)**

Regie: Robert Stevenson; *Produzent:* Walt Disney; *Drehbuch:* Lawrence Edward Watkin, nach den Erzählungen von 'Darby O'Gill' von H. T. Kavanagh; *Kamera:* Winton C. Hoch; *fotografische Spezialeffekte:* Peter Ellenshaw und Eustace Lycett; *technische Fachberatung für*

169

Technicolor: Michael O'Herlihy; *Musik:* Oliver Wallace; *Songs:* 'Wishing Song' von Lawrence Edward Watkin und 'Pretty Irish Girl' von Oliver Wallace; *Regieassistent:* Robert G. Shannon; *Schnitt:* Stanley Johnson; *Darsteller:* Albert Sharpe (Darby O'Gill), Janet Munro (Katie), Sean Connery (Michael McBride), Jimmy O'Dea (König Brian), Kieron Moore (Pony Sugrue), Estelle Winwood (Sheelah), Walter Fitzgerald (Lord Fitzpatrick), Dennis O'Dea (Vater Murphy), J. G. Devlin (Tom Kerrigan), Jack McGowran (Phadrig Oge), Farrell Pelly (Paddy Scanlon), Nora O'Mahoney (Molly Malloy); *Produktion:* Walt Disney Productions; *hergestellt in:* Usa, 1959; *Länge:* 90' im Originalvertrieb; 89' im neuerlichen Vertrieb 1978.

TARZANS GRÖßTES ABENTEUER
(Tarzan's Greatest Adventure)

Regie: John Guillermin; *Produzent:* Sy Weintraub; *Drehbuch:* Berne Giler und

Das Geheimnis der verwunschenen Höhle

John Guillermin, nach einer Geschichte von Les Crutchfield basierend auf Figuren von Edgar Rice Burroughs; *Kamera (Technicolor):* Skeets Kelly; *Art Director:* Michael Stringer; *Schnitt:* Bert Rule; *Darsteller:* Gordon Scott (Tarzan), Anthony Quayle (Slade), Sara Shane (Angie), Scilla Gabel (Toni), Sean Connery (O'Bannion), Niall MacGinnis (Kruger), Al Mu-

lock (Dino); *Produktion:* Solar Films – Paramount; *hergestellt in:* Großbritannien, 1959; *Länge:* 84'.

DIE PEITSCHE
(The Frightened City)

Regie: John Lemont; *Produzenten:* John Lemont e Leigh Vance; *Drehbuch:* Leigh Vance; *Kamera:* Desmond Dickinson; *Musik:* Norrie Paramor; *Songs:* 'Marvellous Lie' und 'I Laughed at Love'; *Text* von Bunny Lewis, Musik von Norrie Paramor; *Regieassistenz:* Basil Rayburn; *Schnitt:* Bernard Gribble; *Darsteller:* Herbert Lom (Waldo Zhernikov), John Gregson (Inspektor Sayers), Sean Connery (Paddy Damion), Alhed Marks (Harry Foulcher), Yvonne Romain (Anya), Olive McFarland (Sadie) Frederick Piper (Ogle), John Stone (Hood), David Davies (Alf Peters), Tom Bowman (Tanky Thomas); Robert Cawdron (Nero), George Pastell (Sanchetti), Patrick Holt (Carter), Sheena Marsh (Avril), Patrick Jordan (Frankie Farmer), Arnold Diamond (Moffat), Jack Stewart (Tyson), Martin Wyldeck (Sicherheitsbeamter), John Baker (Wächter), Kenneth Griffiths (Wally), Douglas Robinson (Salty Brewer), Robert Percival (Wingrove), Marianne Stone (Kellnerin der Riviera), John Witty (Fernsehansager), J. G. Devlin (Informant), Julie Shearing

(Mädchen Hatcheck), April Wilding (Sekretärin Windgroves), Vanda Godsell (Sophie Peters), Bruce Seton (Vizekommissar), Yvonne Ball (Myra), Kenneth Warren (Thug der Titelszene), Stephen Cato (erstes Mitglied Alfs), James Fitzpatrick (zweites Mitglied Alfs), Neal Arden (Oberkellner des Taboo Clubs), Joan Haythorne (Miss Rush), Stuart Saunders (Gast), John Maxin (Lippy Green), Tony Hawes (Lord Buncholme), Joe Wadham (Chauffeur des Rovers), Penelope Service (Clarissa), Walter Brown (Billy Agnew), Maurice Bush (Basher Preeble), Norrie Paramor (Pianist des Taboo Clubs), Malcolm Clare (Choreograf des Taboo Clubs), Yvonne Buckingham (Mädchen des Taboo Clubs), Eve Eden (Zigarettenverkäuferin des Taboo Clubs); *Produktion:* A Zodiac Production – Anglo Amalgamated; *hergestellt in:* Großbritannien, 1961; *Länge:* 98'.

JAMES BOND – ON THE FIDDLE – OPERATION SNAFU
(On the Fiddle; Tit. Usa: Operation SNAFU)

Regie: Cyril Frankel; *Produzent:* S. Benjamin Fisz; *Drehbuch:* Harold Buckman, nach dem Roman 'Stop at a Winner' von R. F. Delderfield; *Kamera:* Edward Scaife; *Art Director:* John Blezard; *Musik:* Malcolm Arnold; *Schnitt:* Peter Hunt; *Darsteller:* Sean Connery (Pedlar Pascoe), Alfred Lynch (Horace Pope), Cecil Parker (Gp/Cpt Bascombe), Wilfred Hyde White (Trowbridge), Stanley Holloway (Cooksley), Kathleen Harrison (Mrs. Cooksley), Eleanor Summerfield (Flora McNaughton), Eric Barker (Arzt), Terence Longdon (Artillerist der Luftwaffe), Alan King (Buzzer), Ann Beach (Iris), John Le Mesurier (Hixon), Victor Maddern (erster Flieger), Harry Locke (Huxtable), Viola Keats (Nonne), Peter Sinclair (Pope), Edna Morris (Lil), Thomas Heathcote (Unteroffizier), Jack Lambert (P. C.), Cyril Smith (Kontrolleur), Simon Lack (Baldwin), Graham Stark (Sergeant Ellis), Jean Aubrey (Gefreite WAAF), Miriam Karlin (Sergeant WAAF), Bill Owen (Gefreite Gittens), Ian Whittaker (Lancing), Harold

Goodwin (Gefreite Reeves), Barbara Windsor (Mavis), Kenneth Warren (Dusty), Beatrix Lehmann (Lady Edith), Gary Cockrell (US Snowdrop); *Produktion:* S. Benjamin Fisz – Anglo Amalgamated; *hergestellt in:* Großbritannien, 1961; *Länge:* 97'.

DER LÄNGSTE TAG
(The Longest Day)

Regie: Ken Annakin (Außenaufnahmen in Großbritannien), Andrew Marton (Außenaufnahmen in Amerika), Bernhard Wicki (Episoden in Deutschland), Darryl F. Zanuck (Innenaufnahmen in America); *Produzent:* Darryl F. Zanuck; *Drehbuch:* Cornelius Ryan, nach seinem Buch; hinzugefügte Szenen von Romain Gary, James Jones, David Pursall und Jack Seddon; *Kamera:* Jean Bourgoin, Henri Persin und Walter Wottitz; Bildausschnitte vom Hubschrauber von Guy Tabary; *Musik:* Maurice Jarre; *Thema-Musik:* Paul Anka; *Schnitt:* Samuel E. Beetley; *Regieassistenten:* Bernhard Farrel, Louis Pitzélé Gerard Renateau und Henri Sokal; *Special-action-Supervisor:* John Sullivan; *Darsteller:* Richard Burton (RAF-Pilot), Kenneth More (Hauptmann Maud), Peter Lawford (Lord Lovat), Richard Todd (Major John Howard), Leo Genn (Brigadegeneral Parker), John Gregson (Britischer Kaplan), Sean Connery (Soldat Flanagan), Jack Hedley (Instruktionsoffizier), Michael Medwin (Soldat Watney), Norman Rossington (Soldat Clough), John Robinson (Admiral Ramsey), Patrick Barr (Oberst der Luftwaffe Stagg), Leslie Phillips (RAF-Offizier), Donald Houston (RAF-Pilot), Frank Finlay (Soldat Coke), Lyndon Brook (Oberleutnant Walsh), Bryan Coleman (Ronald Callen), Trevor Reid (General Montgomery), Simon Lack (Marschall Leigh Mallory), Louis Mounier (Marschall Tedder), Sian Phillips (Wren), John Wayne (Oberstleutnant Vandervoort), Robert Mitchum (Brigadegeneral Cota), Henry Fonda (Brigadegeneral Theodore Roosevelt); Robert Ryan (Brigadegeneral Gavin), Rod Steiger (Kommandant der Sturmpioniere), Robert Wagner (US-Ranger), Richard Beymer (Soldat Schultz), Mel Ferrer (Generalmajor Haines), Jeffrey Hunter (Unteroffizier Fuller), Paul Anka (US-Ranger), Sal Mineo (Soldat Martini), Roddy McDowall (Soldat Morris), Stuart Whitman (Leutnant Sheen), Steve Forrest (Hauptmann Harding), Eddie Albert (Oberst Tom Newton), Edmond O'Brien (General R. O. Barton), Fabian (US-Ranger), Red Buttons (Soldat John Steele), Tom Tryon (Oberleutnant Wilson), Alexander Knox (Generalmajor Smith), Tommy Sands (US-Ranger), Ray Danton (Hauptmann Frank), Henry Grace (General Eisenhower), Mark Damon (Soldat Harris), Dewey Martin (Soldat Wilder), John Crawford (Oberst Caffey), Ron Randell (Joe Williams), Nicholas Stuart (Generalleutnant Bradley), John Moillon (Konteradmiral Kirk), Irina Demick (Janine Boitard), Bourvil (Bürgermeister von Colleville), Jean-Louis Barrault (Pater Roulland), Christian Marquand (Kommandant Philippe Kieffer), Arletty (Madame, die Lehrerin), Madeleine Renaud (Oberin), Georges Rivière (Unteroffizier di Montlaur), Jean Servais (Konteradmiral Jaujard), Georges Wilson (Bürgermeister Alexandre Renaud), Fernand Ledoux (Louis), Maurice Poli (Jean), Alice Tissot (Dienstmädchen), Jo D'Avra (Kapitän), Curt Jürgens (Generalmajor Blumontritt), Werner Hinz (Feldmarschall Rommel), Paul Hartmann (Feldmarschall von Rundstedt), Gert Fröbe (Unteroffizier Kaffeeklatsch), Hans Christian Blech (Major Pluskat), Wolfgang Preis (Generalmajor Max Pemsel), Peter Van Eyck (Oberstleutnant Ocker), Heinz Reincke (Unteroffizier Priller), Richard Munch (General Erich Marcks), Ernest Schroeder (General Hans von Salmuth), Karl Meisel (Hauptmann Ernst During), Heinz Spitner (Oberstleutnant Meyer), Robert Freytag (Adjutant des Oberstleutnants Meyer), Wolfgang Luckschy (Oberst Jodl), Til Kiwe (Hauptmann Hellmuth Lang), Wolfgang Buttner (Generalmajor Dr. Hans Speidel), Ruth Hausmeister (Frau Rommel), Michael Hinz (Manfred Rommel), Paul Roth (Oberst Schiller), Hartmut Rock (Unteroffizier Bergsdorf), Karl John (Luftwaffen-General), Dietmar Schönherr (Luftwaffen-Major), Reiner Pentert (Leutnant Fritz Theen); *Produktion:* Darryl F. Zanuck – 20th Century-Fox; *hergestellt in:* USA, 1962; *Länge:* 180'.

JAMES BOND JAGT DR. NO
(DR. NO)

Regie: Terence Young; *Produzenten:* Harry Saltzman und Albert R. Broccoli; *Drehbuch:* Richard Maibaum Johanna Harwood und Berkely Mather, nach dem gleichnamigen Roman von Ian Fleming; *Kamera (Technicolor):* Ted Moore; *Art Director:* Syd Cain; *Musik:* Monty Norman "James Bond Theme" ausgeführt vom The John Barry Orchester; *Production Design:* Ken Adam; *Regieassistent:* Clive Reed; *Schnitt:* Peter Hunt; *Darsteller:* Sean Connery (James Bond), Ursula Andress (Honey Rider), Joseph Wiseman (Dr. No), Jack Lord (Felix Leiter), Bernard Lee (M), Anthony Dawson (Professor Dent), John Kitzmiller (Quarrel), Zena Marshall (Miss Taro), Eunice Gayson (Sylvia), Lois Maxwell (Miss Moneypenny), Lester Prendergast (Puss-Feller), Peter Burton (Major Boothroyd), Tim Moxon (Strangways), Margaret LeWars (Fotografin), Reggie Carter (Jones), William Foster-Davis (Duff), Louis Blaazer (Playdell-Smith), Michele Mok (Schwester Rose), Dolores Keator (Mary), Yvonne Shima (Schwester Lily); *Produktion:* Eon Productions – United Artists; *hergestellt in:* Großbritannien, 1962; *Länge:* 105'.

JAMES BOND 007 –
LIEBESGRÜßE AUS MOSKAU
(From Russia with Love)

Regie: Terence Young; *Produzent:* Harry Saltzman und Albert R. Broccoli; *Drehbuch:* Richard Maibaum und Johanna Harwood, nach dem gleichnamigen Roman von Ian Fleming; *Kamera (Technicolor):* Ted Moore; *Schnitt:* Peter Hunt; *Art Director:* Syd Cain; *Dekorationsassistent:* Freda Pearson; *Musik:* John Barry; *Titelsong:* 'Lionel Bart', gesungen von Matt Munro; *Regieassistent:* David Anderson; *Stunt-Koordinator:* Peter Perkins; *Darsteller:* Sean Connery (James Bond), Daniela Bianchi (Tatiana Romanova), Pedro Armendariz (Kerim Bey), Lotte Lenya

(Rosa Klebb), Robert Shaw (Red Grant), Bernard Lee (M), Eunice Gayson (Sylvia), Walter Gotell (Morzeny), Francis de Wolff (Vavra), George Pastell (Zugführer), Nadja Regin (Freundin von Kerim), Lois Maxwell (Miss Moneypenny), Aliza Gur (Vida), Martine Beswick (Zora), Vladek Sheybal (Kronsteen), Leila (Bauchtänzerin), Hasan Ceylan (ausländischer Agent), Fred Haggerty (Krilencu), Neville Jason (Chauffeur des Rolls), Peter Bayliss (Benz), Mushet Auaer (Mehmet), Peter Brayham (Rhoda), Desmond Llewelyn (Boothroyd) Jan Williams (Masseurin von Grant), Peter Madden (McAdams); *Produktion:* Eon Productions – United Artists; *hergestellt in:* Großbritannien, 1963; *Länge:* 116'.

DIE STROHPUPPE
(Woman of Straw)

Regie: Basil Dearden; *Produzent:* Michael Relph; *Drehbuch:* Robert Müller, Stanley Mann und Michael Relph, nach dem Roman von Catherine Arley; *Kamera (Eastman Color):* Otto Heller; *Schnitt:* John D. Guthridge; *Production Design:* Ken Adam, *Musik:* Muir Mathieson; *Regieassistent:* Clive Reed; die Kleider Gina Lollobrigida sind von Dior; *Darsteller:* Gina Lollobrigida (Maria), Sean Connery (Anthony Richmond), Ralph Richardson (Charles Richmond), Johnny Sekka (Thomas), Laurence Hardy (Baines), Danny Daniels (Fenton), A. J. Brown (dritter Leiter), Peter Madden (Yachtskapitän), Alexander Knox (Lomer), Edward Underdown (erster Leiter), George Curzon (zweiter Leiter), André Morell (Richter), Robert Bruce (Chauffeur), Peggy Marshall (Wächter); *Produktion:* Novus Production für die United Artists; *hergestellt in:* Großbritannien, 1964; *Länge:*117'.

MARNIE
(Marnie)

Regie: Alfred Hitchcock; *Produzent:* Alfred Hitchcock; *Drehbuch:* Jay Presson Allen, nach dem Roman von Winston Graham; *Kamera (Technicolor):* Robert Burks; *Schnitt:* George Tomasini; *Art Director:* Robert Boyle e George Milo; *Mu-*sik: Bernard Herrmann; *Regieassistent:* James H. Brown; *Darsteller:* Sean Connery (Mark Ruthland), Tippi Hedren (Marnie), Diane Baker (Lil Mainwaring), Martin Gabel (Sidney Strutt), Louise Latham (Bernice Edgar), Bob Sweeney (Cousin Bob), Alan Napier (Mr. Ruthland), S. John Launer (Sam Ward), Mariette Hartley (Susan Clabon), Bruce Dern (Matrose), Henry Beckman (erster Detektiv), Edith Evanson (Rita), Meg Wyllie (Mrs. Turpin); *Produktion:* Universal International – Rank UK; *hergestellt in:* Usa, 1964; *Länge:* 130'.

JAMES BOND 007 – GOLDFINGER
(Goldfinger)

Regie: Guy Hamilton; *Produzent:* Harry Saltzman und Albert R. Broccoli; *Drehbuch:* Richard Maibaum und Paul Dehn, nach dem gleichnamigen Roman von Ian Fleming; *Kamera (Technicolor):* Ted Moore; *Schnitt:* Peter Hunt; *Production Design:* Ken Adam; *Art Director:* Peter Murton; *Musik:* John Barry; *Titelsong:* Text von Leslie Bricusse und Anthony Newley, Musik von John Barry, gesungen von Shirley Bassey; *Regieassistent:* Frank Ernst, *Actionszenen:* Bob Simmons; *Darsteller:* Sean Connery (James Bond), Honor Blackman (Pussy Galore), Gert Fröbe (Goldfinger), Shirley Eaton (Jill Masterson), Tania Mallet (Tilly Masterson), Harold Sakata (Oddjob), Bernard Lee (M), Martin Benson (Solo), Cec Linder (Felix Leiter), Austin Willis (Simmons), Lois Maxwell (Miss Moneypenny), Bill Nagy (Midnight), Alf Joint (Capungo), Varley Thomas (alte Dame), Nadja Regin (Bonita), Raymond Young (Sierra), Richard Vernon (Smithers), Denis Cowles (Brunskill), Michael Mellinger (Kisch), Burt Kwouk (Mr. Ling), Hal Galili (Strap), Lenny Rabin (Page), Desmond Llewelyn (Q); *Produktion:* Eon Production – United Artists; *hergestellt in:* Großbritannien, 1964; *Länge:* 109'.

EIN HAUFEN TOLLER HUNDE
(The Hill)

Regie: Sidney Lumet; *Produzent:* Kenneth Hyman. *Drehbuch:* Ray Rigby, nach der Erstbearbeitung von Ray Rigby und R. S. Allen; *Kamera:* Oswald Morris; *Schnitt:* Thelma Connell; *technischer Fachberater:* George Montford; *Regieassistent:* Frank Ernst und Pedro Vidal; *Darsteller:* Sean Connery (Joe Roberts), Harry Andrews (R. S. M. Wilson), Ian Bannen (Harris), Alfred Lynch (George Stevens), Ossie Davis (Jacko King), Roy Kinnear (Monty Bartlett), Jack Watson (Jock McGrath), Ian Hendry (Williams), Sir Michael Redgrave (M.O.), Norman Bird (Kommandant), Neil McCarthy (Burton), Howard Goorney (Walters), Tony Caunter (Martin); *Produktion:* A Kenneth Hyman Production – MGM; *hergestellt in:* Großbritannien, 1965; *Länge:* 123'.

JAMES BOND – FEUERBALL
(Thunderball)

Regie: Terence Young; *Produzent:* Kevin McClory; *Drehbuch:* Richard Maibaum und John Hopkins, nach der Erstbearbeitung von Jack Whittingham, Kevin McClory und Ian Fleming; *Kamera (Technicolor) Panavision:* Ted Moore; *Schnitt:* Peter Hunt; *Production Design:* Ken Adam; *Art Director:* Peter Murton; *Musik:* John Barry; *Thema des Leitmotivs:* Text von Don Black, Musik von John Barry, es singt Tom Jones; *Regieassistent:* Gus Agosti; *Unterwasserszenen:* Ivan Tors Underwater Studios Ltd.; *Unterwasser-Regie:* Ricou Browning; *Unterwasser-Kamera:* Lamar Boren; *Actionszenen:* Bob Simmons; *Darsteller:* Sean Connery (James Bond), Claudine Auger (Domino), Adolfo Celi (Largo), Luciana Paluzzi (Fiona), Rik Van Nutter (Felix Leiter), Bernard Lee (M), Martine Beswick (Paula), Guy Doleman (Conte Lippe), Molly Peters (Patricia), Desmond Llewelyn (Q), Lois Maxwell (Miss Moneypenny), Roland Culver (Außenminister), Earl Cameron (Pinder), Paul Stassino (Palazzi), Rose Alba (Madame Boiter), Philip Locke (Vargas), George Pravda (Kutee), Michael Brennan (Janni), Leonard Sachs (Oberst der Luftwaffe), Edward Underdown (Vizemarschall der Luftwaffe), Reginald Beckwith (Kenniston); *Produktion:* Eon Productions – United Artists; *hergestellt in:* Großbritannien, 1965; *Länge:* 130'.

SIMSON IST NICHT ZU SCHLAGEN
(A Fine Madness)

Regie: Irvin Kershner; *Produzent:* Jerome Hellman; *Drehbuch:* Elliot Baker, nach einem seiner Romane; *Kamera (Technicolor):* Ted McCord; *Schnitt:* William Ziegler; *Musik:* John Addison; *Regieassistent:* Russell Llewellyn; *Darsteller:* Sean Connery (Samson Shillitoe), Joanne Woodward (Rhoda), Jean Seberg (Lydia West), Patrick O'Neal (Dr. Oliver West), Colleen Dewhurst (Vera Kropotkin), Clive Revill (Dr. Menken), Werner Peters (Dr. Vorbeck), John Fiedler (Daniel K. Papp), Kay Medford (Frau

James Bond – Feuerball

Fish), Jackie Coogan (Mr. Fitzgerald), Zohra Lampert (Mrs. Tupperman), Sue Anne Langdon (Miss Walnicki), Sorrell Booke (Leonard Tupperman), Bibi Osterwald (Mrs. Fitzgerald), Mabel Albertson (Präsidentin); *Produktion:* A Pan Arts Production – Warner-Pathé; *hergestellt in:* USA, 1966; *Länge:* 104'.

JAMES BOND 007 –
MAN LEBT NUR ZWEIMAL
(You Only Live Twice)

Regie: Lewis Gilbert; *Produzent:* Harry Saltzman und Albert R. Broccoli; *Drehbuch:* Roald Dahl; zusätzliches Material für die Story: Harold Jack Bloom, nach dem Roman von Ian Fleming; *Kamera (Technicolor Panavision):* Freddie Young; *Schnitt:* Thelma Connell; *Production Design:* Ken Adams; *Art Director:* Harry Pottle; *Musik:* John Barry; *Titelsong:* Text von Leslie Bricusse, Musik von John Barry, gesungen von Nancy Sinatra; *Second-unit-Leitung:* Peter Hunt; *technischer Fachberater:* Kikumaru Okuda; *Unterwasser-Kamera:* Lamar Boren; *Luftaufnahmen:* John Jordan; *Actionszenen:* Bob Simmons; *Regieassistent:* William R Cartlidge; *Darsteller:* Sean Connery (James Bond), Akiko Wakabayashi (Aki), Tetsuro Tamba (Tiger Tanaka), Mie Hama (Kissy Suzuki), Teru Shimada (Osato), Karin Dor (Helga Brandt), Lois Maxwell (Miss Moneypenny), Desmond Llewelyn (Q), Charles Gray (Henderson), Tsai Chin (chinesisches Mädchen), Bernard Lee (M), Donald Pleasence (Blofeld), Alexander Knox (Präsident von Amerika), Robert Hutton (Adjudant des Präsidenten), Burt Kwouk (Spectre 3), Michael Chow (Spectre 4); *Produktion:* Eon-Danjaq – United Artists; *hergestellt in:* Großbritannien, 1967; *Länge:* 116'.

MAN NENNT MICH SHALAKO
(Shalako)

Regie: Edward Dmytryk; *Produzent:* Euan Lloyd; *Drehbuch:* J. J. Griffith, Hal Hopper und Scot Finch, nach der filmischen Bearbeitung von Clarke Reynolds, nach dem Roman von Louis L'Amour; *Kamera Technicolor Franscope:* Ted Moore; *Schnitt:* Bill Blunden; *Spezialeffekte:* Michael Collins; *Musik:* Robert Farnon; *Musikalische Leitung:* Muir Mathieson; *Titelsong:* Text von Jim Dale; *Art Director:* Herbert Smith; *Darsteller:* Sean Connery (Shalako), Brigitte Bardot (Irina Lazaar), Stephen Boyd (Bosky Fulton), Jack Hawkins (Sir Charles Daggett), Peter Van Eyck (Frederick von Hallstatt), Honor Blackman (Lady Daggett), Woody Strode (Chato), Eric Sykes (Mako), Alexander Knox (Henry Clarke), Valerie French (Elena Clarke), Julian Mateos (Rojas), Donald Barry (Buffalo), Rodd Redwing (Vater von Chato), 'Chief' Elmer Smith (Loco), Hans De Vries (Hans), Walter Brown (Peter Wells), Charles Stinaker (Marker), Bob Cunningham (Luther), John Clark (Hockett), Bob Hall (Johnson); *Produktion:* Kingston Films A Dimitri de Grunwald Production – Warner-Pathé; *hergestellt in:* Großbritannien, 1968; *Länge:* 113'.

VERFLUCHT BIS ZUM
JÜNGSTEN TAG
(The Molly Maguires)

Regie: Martin Ritt; *Produzent:* Martin Ritt und Walter Bernstein; *Drehbuch:* Walter Bernstein, inspiriert an einem Buch von Arthur H. Lewis; *Kamera Technicolor:* James Wong Howe; *Schnitt:* Frank Bracht; *Text-Supervisor:* Marvin Weldon; *Second-unit-Regie:* Oscar Rudolph; *Second-unit-Fotografie:* Morris Hartzband; *technischer Fachberater für den Dreh im Bergwerk:* Joseph Lawrence; *Musik:* Henry Mancini ('Eileen Aroon', 'Cockles and Mussels and Gary Owen' sind traditionelle irische Lieder); *Regieassistent:* James Rosenberger; *Darsteller:* Richard Harris (James McParlan), Sean Connery (Jack Kehoe), Samantha Eggar (Mary Raines),

Frank Finlay (Davies), Anthony Zerbe (Dougherty), Bethel Leslie (Mrs. Kehoe), Art Lund (Frazier), Anthony Costello (Frank McAndrew), Philip Bourneuf (Pater O'Connor), Brendan Dillon (Mr. Raines), Frances Heflin (Mrs. Frazier), John Alderson (Jenkins), Malachy McCourt (Bartender), Susan Goodman (Mrs. McAndrews); *Produktion:* A Martin Ritt Production – Paramount; *hergestellt in:* USA, 1969; *Länge:* 125'.

DAS ROTE ZELT
(The Red Tent)
Regie: Mikhail K. Kalatozov; *Produzent:* Franco Cristaldi; *Drehbuch:* Ennio De Concini und Richard Adams; *Dialogregie für S. Connery:* Robert Bolt; *Kamera (Technicolor):* Leonid Kalashnikov; *Schnitt:* John Shirley; *Second-unit-Regie:* Igor Petrov; *Musik:* Ennio Morricone; *Regieassistent:* Valerj Sirovsky; *Darsteller:* Peter Finch (General Umberto Nobile), Sean Connery (Amundsen), Claudia Cardinale (Valeria), Hardy Krüger (Lundborg), Mario Adorf (Biagi), Massimo Girotti (Romagna), Luigi Vannucchi (Zappi), Edward Marzevic (Malmgren), Boris Kmelnizki (Viglieri), Juri Solomin (Trioani), Juri Vizbor (Behounek), Donatas Banionis (Mariano), Otar Koberidze (Cecioni), Grigon Gaj (Samoilovich), Nikita Mikhalkov (Chuknovsky), Nicolai Ivanov (Kolka); *Produktion:* Vides Cinematografica, Roma – Mosfilm, Moskau – Koproduktion für die Paramount; *hergestellt in:* Italien-UdSSR, 1969, *Länge:* 121'.

DER ANDERSON-CLAN
(The Anderson Tapes)
Regie: Sidney Lumet; *Produzent:* Robert M. Weitman; *Drehbuch:* Frank R. Pierson, nach einem Roman von Lawrence Sanders; *Kamera (Technicolor):* Arthur J. Ornitz; *Schnitt:* Joanne Burke; *technische Beratung:* Robert G. Battie; *Text-Supervisor:* Nick Sgarro; *Musik:* Quincy Jones; *Regieassistent:* Alan Hopkins; alle elektronischen Einrichtungen sind authentisch, zur Verfügung gestellt von The William J. Burns International Detective Agency Inc.; Videorecorder und Kassettenrecorder, Fotokameras und Zubehör der Ampex Corporation; *Darsteller:* Sean Connery (Anderson), Dyan Cannon (Ingrid), Martin Balsam (Haskins), Ralph Meeker (Delaney), Alan King (Angelo), Christopher Walken (The Kid), Val Avery (Parelli), Dick Williams (Spencer), Garrett Morris (Everson), Stan Gottlieb (Pop), Paul Benjamin (Jimmy), Anthony Holland (Psychologe), Richard B. Schull (Werner), Comad Bain (Dr. Rubicoff), Margaret Hamilton (Miss Kaler), Judith Lowry (Mrs. Hathaway), Max Showalter (Bingham), Janet Ward (Mrs. Bingham), Scott Jacoby (Jerry Bingham), Norman Rose (Longene), Meg Miles (Mrs. Longene), John Call (O'Learly), Ralph Stanley (D'Medico), John Braden (Vanessi), Paula Trueman (Kindermädchen), Michael Miller (erster Agent), Michael Prince (Johnson), Frank Macetta (Papa Angelo), Jack Doroshow (Eric), Michael Clary (Freund von Eric), Hildy Brooks (Rezeptionist), Robert Dagny (Artz), Bradford English (Fernsehzuschauer), Reid Cruckshanks (Richter), Tom Signorelli (Stallbursche), Carmine Cariddi (Detektiv A), Michael Fairman (Claire), George Patelis (Detektiv B), William Da Prato (Detektiv C), Sam Coppola (Privatdetektiv); *Produktion:* A Robert M. Weitman Production – Columbia-Warner; *hergestellt in:* Usa, 1971; *Länge:* 99'.

JAMES BOND 007 – DIAMANTENFIEBER
(Diamonds Are Forever)
Regie: Guy Hamilton; *Produzenten:* Harry Saltzman und Albert R. Broccoli; *Drehbuch:* Richard Maibaum und Tom Mankiewicz, nach dem Roman von Ian Fleming; *Kamera (Technicolor Panavision):* Ted Moore; *Art Director:* Jack Maxsted und Bill Kenney; *Musik:* John Barry; *Titelsong:* Text von Don Black, Musik von John Barry, es singt Shirley Bassey; *Schnitt:* Bert Bates und John W. Holmes; *Production Design:* Ken Adams; *Stunt arrangers:* Bob Simmons und Paul Baxley; *Regieassistenten:* Derek Cracknell und Jerome M. Siegel; die Kleider Jill St. Johns sind von Donfeld; *Darsteller:* Sean Connery (James Bond), Jill St. John (Tiffany Case), Charles Gray (Blofeld), Lana Wood (Plenty O'Toole), Jimmy Dean (Willard Whyte), Bruce Cabot (Saxby), Putter Smith (Mr. Kidd), Bruce Glover (Mr. Wint), Norman Burton (Leiter), Joseph Furst (Dr Metz), Bernard Lee (M), Desmond Llewelyn (Q), Leonafd Barr (Shady Tree), Lois Maxwell (Miss Moneypenny), Margaret Lacey (Mrs. Whistler), Joe Robinson (Peter Franks), Donna Garrat ('Bambi'), Trina Parks ('Thumper'), David de Keyser (Arzt), Lawrence Naismith (Sir Donald Munger), David Bauer (Mr. Slumber); *Produktion:* Eon Productions – United Artists; *hergestellt in:* Großbritannien, 1971; *Länge:* 120'.

SEIN LEBEN IN MEINER GEWALT
(The Offence)
Regie: Sidney Lumet; *Produzent:* Denis O'Dell; *Drehbuch:* John Hopkins, nach seinem Theaterstück; *Farbfotographie:* Gerry Fisher; *Musik:* Harrison Birtwhistle; *Schnitt:* John Victor Smith; *Regieassistent:* Ted Sturgis; *Darsteller:* Sean Connery (Sergeant Johnson), Trevor Howard (Cartwright), Vivien Merchant (Maureen), Ian Bannen (Baxter), Derek Newark (Jessard), John Hallam (Panton), Peter Bowles (Cameron), Ronald Radd (Lawson), Anthony Sagar (Hill), Howard Goorney (Lambeth), Richard Moore (Garrett), Maxine Gordon (Janie); *Produktion:* Tantallon Films – United Artists; *hergestellt in:* Großbritannien, 1972; *Länge:* 112'.

ZARDOZ (Zardoz)
Regie: John Boorman; *Produzent:* John Boorman; *Koproduzent:* Charles Orme; *Drehbuch:* John Boorman; *Kamera (DeLuxe Color Panavision):* Geoffrey Unsworth; *Musik:* David Munrow; *Art Director:* Anthony Pratt; *Schnitt:* John Merritt; *Künstlerischer Mitarbeiter:* Bill Stair; *Spezialeffekte:* Jerry Johnston; *Regieassistent:* Simon Reph; *Kostüme:* Christel Kruse Boorman, ausgeführt von La Tabard Boutique, Dublin; *Hebevorrichtungen:* hergestellt von Air Structures Design, London; *Darsteller:* Sean Connery (Zed), Charlotte Rampling (Consuella), Sara Kestleman (May), Saley Anne Newton (Avalow), John Alderton (Freund), Niall Buggy (Zardoz – Arthur Frayn), Bosco Hogan (George Saden), Jessica Swift (ei-

ne Apathische), Bairbre Dowling (Star), Christopher Casson (alter Wissenschaftler), Reginald Jarman (Death); *Produktion:* John Boorman Productions – Fox-Rank; *hergestellt in:* Großbritannien, 1974; *Länge:* 104' (Original-*Länge:* 105').

RANSOM, DIE UHR LÄUFT AB
(Ramsom; Tit. Usa: The Terrorists)

Regie: Caspar Wrede; *Produzent:* Peter Rawley; *Drehbuch:* Paul Wheeler; *Kamera (Eastmancolor):* Sven Nykvist; *Art Director:* Sven Wickman; *Musik:* Jerry Goldsmith; *Schnitt:* Thelma Connell; *Regieassistent:* Bernard Hanson; *Darsteller:* Sean Connery (Nils Tahlvik), Ian McShane (Petrie), Norman Bristow (Captain Denver), John Cording (Bert), Isabel Dean (Mrs. Palmer), William Fox (Ferris), Richard Hampton (Joe), Robert Harris (Palmer), Harry Landis (beobachtender Pilot), Preston Lockwood (Hislop), James Maxwell (Bernhard), John Quentin (Sheperd), Jeffry Wickham (Barnes), Sven Aune (zweiter Pilot), Knut Hansson (Matson), Kaare Kroppan (Donner), Alf Malland (Polizeiinspektor), Noeste Schwab (Dienstmädchen), Kare Wicklund (Dienstbote), Knut Wigert (Poison), Froeydis Damslora, Inger Heidal, Brita Rodge (Hostessen); *Produktion:* Peter Rawley Production – British Lion; *hergestellt in:* Großbritannien, 1974; *Länge:* 94'.

MORD IM ORIENT-EXPRESS
(Murder on the Orient Express)

Regie: Sidney Lumet; *Produzenten:* John Brabourne und Richard Goodwin; *Drehbuch:* Paul Dehn, nach dem Roman von Agatha Christie; *Kamera (Technicolor):* Geoffrey Unsworth, *Art Director:* Jack Stephens; *Musik:* Richard Rodney Bennett, Orchestra of the Royal Opera House, Covent Garden unter der Leitung von Marcus Dods; *Schnitt:* Anne V. Coates; *Production Design und Kostüme:* Tony Walton; *Regieassistent:* Ted Sturgis; *Darsteller:* Albert Finney (Hercule Poirot), Lauren Bacall (Mrs. Hubbard), Martin Balsam (Bianchi), Ingrid Bergman (Greta), Jacqueline Bisset (Gräfin Andrenyi), Jean-Pierre Cassel (Pierre), Sean Connery (Oberst Arbuthnott), John Gielgud (Beddoes), Wendy Hiller (Prinzessin Dragomiroff), Anthony Perkins (McQueen), Vanessa Redgrave (Mary Debenham), Rachel Roberts (Hildegarde), Richard Widmark (Ratchett), Michael York (Graf Andrenyi), Colin Blakely (Hardman), George Coulouris (Arzt), Denis Quilley (Foscarelli), Vernon Dobtcheff (Conceirge), Jeremy Lloyd (A. D. C.), John Moffatt (oberster Offiziersbursche); *Produktion:* John Brabourne-Richard Goodwin Production – EMI; *hergestellt in:* Großbritannien, 1974; *Länge:* 127'.

DER WIND UND DER LÖWE
(The Wind and the Lion)

Regie: John Milius; *Produzent:* Herbert Jaffe; *Drehbuch:* John Milius, nach einer wahren Geschichte; *Kamera Metrocolor Panavision:* Billy Williams; *Musik:* Jerry Goldsmith; *Schnitt:* Bob Wolfe; *Art Director:* Gil Parrondo; *Spezialeffekte:* Alex Weldon; *Regieassistent:* Miguel A. Gil; *Darsteller:* Sean Connery (Raisuli), Candice Bergen (Eden), Brian Keith (T. Roosevelt), John Huston (Hay), Geoffrey Lewis (Gummere), Steve Kanaly (Jerome), Roy Jenson (Chadwick), Vladek Sheybal (Bashaw), Darrel Fetty (Dreighton), Nadim Sawalha (Wazan), Mark Zuber (Sultan), Antoine St. John (Von Roerkel), Simon Harrison (William), Polly Gottesman (Jennifer), Deborah Baxter (Alice Roosevelt), Luis Bar Boo (Gayaan), Aldo Sambrell (Araber), Shirley Rothman (Edith), Larry Cross (Pensionsgast), Ben Tatar (Sketch-Künstler), Akio Mitamura (Japanischer General), Frank Gassman (erster Adjutant), Leon Liberman (zweiter Adjutant), Allen Russell (dritter Adjutant), Michael Damian (Sekretär), Alex Weldon (Root), Howard Hagan (Diplomat), Arthur Larkin (erster Geheimagent), James Cooley (zweiter Geheimagent), M. Ciudad (dritter Geheimagent), Rusty Cox (Marineunteroffizier), Jack Cooley (Quentin), Chris Aller (Kermit), Rupert Krabb (Bergbewohner), Charles Stalnaker (erster Reporter), David Lester (zweiter Reporter), Paul Rusking (dritter Reporter), Carl Rapp (erster Mann am Bahnhof), Jim Mitchell (Adjutant von Gummere), Anita Colby (Frau am Bahnhof), Ricardo Palacois (Torres), Robert Case (Soldat), Felipe Solano (narbengesichtiger Araber), Audrey San Felix (Miss Hitchcock), Charley Bravo (geköpfter Araber), Eduardo Bea (Philippe), Juan Cazalilla (Chef); *Produktion:* Herb Jaffe Production – Columbia – Production Services by Claridge Associates / Persky-Bright; *hergestellt in:* Usa, 1975; *Länge:* 119'.

DER MANN, DER KÖNIG SEIN WOLLTE
(The Man Who Would Be King)

Regie: John Huston; *Produzent:* John Foreman; *Drehbuch:* John Huston und Gladys Hill, nach einem Roman von Rudyard Kipling; *Kamera (Technicolor Panavision):* Oswald Morris; *Art Director:* Tony Inglis; *Musik:* Maurice Jarre; *Schnitt:* Russell Lloyd; *Second-unit-Director:* Michael Moore; *Production Design:* Alexander Trauner; *Spezialeffekte:* Dick Parker; *Leiter der Stuntmen:* James Arnett; *Bildhauer:* Giulio Srubek Tomassy; *Kostüme:* Edith Head; *Regieassistenten:* Bert Batt, Michael Cheyko und Christopher Carreras; *Darsteller:* Sean Connery (Daniel Dravot), Michael Caine (Peachy Carnehan), Christopher Plummer (Rudyard Kipling), Saeed Jaffrey (Billy Fish), Karroum Ben Bouih (Kafu-Selim), Jack May (Bezirkskommissar), Doghmi Larbi (Ootah), Shakira Caine (Roxanne), Mohammed Shamsi (Babu), Paul Antrim (Mulvaney), Albert Moses (Ghulam), Kimat Singh (Sikh-Soldat), Gurmuks Singh (zweiter Sikh-Soldat), Yvonne Ocampo, Nadia Atbib (Tänzerin), Graham Acres (Offizier, Funktionär), mit den Blue Dancers of Goulamine; *Produktion:* Perskey-Bright/Devon – Columbia-Warner; *hergestellt in:* Usa, 1975; *Länge:* 129'.

ROBIN UND MARIAN
(Robin and Marian)

Regie: Richard Lester; *Produzent:* Denis O'Dell; *ausführende Produzenten:* Richard Shephard und Ray Stark; *Drehbuch:* James Goldman; *Kamera (Eastmancolor):* David Watkin; *Art Director:* Gil Perondo; *Spezialeffekte:* Eddie Fowlie; *Kostüme:*

Yvonne Blake; *Musik:* John Barry; *Schnitt:* John Victor Smith; *Production Design:* Michael Stringer; *Regieassistent:* Jose Lopez Rodero; *Waffenmeister:* William Hobbs und Ian McKay; *Stunts:* Miguel Pedregosa, Joaquin Parra; *Darsteller:* Sean Connery (Robin Hood), Audrey Hepburn (Lady Marian), Robert Shaw (Sheriff von Nottingham), Richard Harris (Richard Löwenherz), Nicol Williamson (Little John), Denholm Elliott (Will Scarlet), Kenneth Haigh (Sir Ranulf), Ronnie Barker (Bruder Tuck), Ian Holm (König John), Bill Maynard (Mercadier), Esmond Knight (alter Verteidiger), Veronica Quilligan (Schwester Mary), Peter Butterworth (Chirurg), John Barrett (Jack), Kenneth Cranham (Schüler von Jack), Victoria Merida Roja (Königin Isabella), Montserrat Julio (erste Schwester), Victoria Hernandez Sanguino (zweite

Martin Bregman; *ausführender Produzent:* Emanuel L. Wolf; *Drehbuch:* Mort Fine, Alan R. Trustman, David M. Wolf und Richard C. Sarafian, nach einer Geschichte von Alan R. Trustman und David M. Wolf; *Kamera (Technicolor):* Michael Chapman; *Art Director:* Stuart Wurtzel; *Kostüme:* Anna Hill Johnstone; *Musik:* Michael Kamen; *Songs:* 'The Next Man Theme', Musik von Michael Kamen, französicher Text von Rosko Mercer, gesungen von Robert Fitoussi, 'Stay with Me', gesungen von Tasha Thomas; *Schnitt:* Aram Avakian, Robert Q. Lovett; *Production Design:* Gene Callahan; *Stunt-Koordinator:* Louie Elias; *Darsteller:* Sean Connery (Khalil Abdul-Muhsen), Cornelia Sharpe (Nicole Scott), Albert Paulsen (Hamid), Adolfo Celi (Al Sharif), Marco St. John (Justin), Ted Beniades (Frank Dedario), Charles Cioffi (Fouad),

chael Storm (Salazar), Maurice Copeland (Delegationschef), George Pravda (Zolchev), Alex Jadokimov (russischer Beauftragter), Stephen D. Newman (Andy Hampsas), Holland Taylor (Fernsehinterviewer), Peggy Feury (Mrs. Scott), Patrick Bedford (Mr. Scott), Toru Nagai (japanischer Diplomat), Ryokei Kanogogi (japanischer Redner bei der UNO), Bill Snickowski, Lance Hendrickson (Agenten des Bundessicherheitsdienstes), Camille Yarborough, Thomas Ruisinger, Edward Setrakian, Jack Davidson (UNO-Reporter), Robert Levine, William Mooney (Press Room-Reporter), John McKay (Manager Waldorf), Robert Wooley (Ausrufer), Bob Simmons (Mörder von London), Tony Ellis (Ibn Sidki), Jamila Massey (Frau von Ibn Sidki), Jim Norris (Londoner Straßentänzer), Joe Zaloom (Araber in Park Bernet), Richard Zakka (Chauffeur von Khalil), Jamie Ross (britischer Beauftragter), David Kelly (irischer Chauffeur von Nicole), Bill Golding (Kunde), Diane Peterson (Frau am Flughafen), Mohammed Sedrihini (Mörder in Saudi-Arabien), Patrick Shields (Le Club), Tony Carroll (Tänzer Junkanoo); *Produktion:* Artists Entertainment Complex – Harris Films; *hergestellt in:* Usa, 1976; *Länge:* 107' (16 mm Film).

DIE BRÜCKE VON ARNHEIM (A Bridge Too Far)

Regie: Richard Attenborough; *Produzenten:* Joseph P. Levine, Richard R. Levine; *Drehbuch:* William Goldman, nach an einem Buch von Cornelius Ryan; *Kamera (Technicolor Panavision):* Geoffrey Unsworth; *Art Director:* Stuart Craig, Alan Tomkins und Roy Stannard; *Musik:* John Addison; *Schnitt:* Anthony Gibb; *Production Design:* Terence Marsh; *Second-unit-Regie:* Sidney Hayers; *Luftaufnahmen:* Robin Browne; *Kameraleute Fallschirmspringer:* Dave Waterman e John Partington-Smith; *technischer Fachberater:* Kathryn Morgan Ryan; *militärischer Berater:* Oberst J. L. Waddy O. B. E. und Oberst Frank A. Gregg, USA; *Regieassistenten:* Steve Lanning, Roy Button, Peter Waller und Geoffrey Ryan. *Darsteller:* Siem Vroom (Anführer der Geheimbewegung), Mar-

Der Mann, der König sein wollte

Schwester), Margarita Minguillon (dritte Schwester); *Produktion:* Raster – Columbia; *hergestellt in:* Usa, 1976; *Länge:* 107'.

ÖL (The Next Man)

Regie: Richard C. Sarafian; *Produzent:*

Jaime Sanchez, James Bullett (Männer der Security von New York), Salem Ludwig (Ghassan Kaddara), Roger Omar Serbagi (Yassin), Tom Klunis (Hafim Othman), Armand Dahan (Abdel-Latif Khaldoun), Charles Randall (Atif Abbas), Ian Collier (Devereaux), Milies Van Alcmaer (Frau des Anführers), Eric Van't Wout (Sohn des Anführers), Wolfgang Preiss (Feldmarschall Von Rundstedt), Hans Von Borsody (General Blumentritt), Josephine Peeper (Kellnerin des Cafés), Dirk Bogarde (Oberleutnant Browning), Paul Maxwell (General Major Maxwell-Taylor), Sean Connery (General Major Urquhart), Ryan O'Neal (General Gavin), Gene Hackman (General Sosabowski), Walter Kohut (Feldmarschall Model), Peter Faber (Hauptmann "Harry" Bestebreurtje), Hartmut Becker (deutsche Wache), Frank Grimes (Major Fuller), Jeremy Kemp (Instruktionsoffizier RAF), Donald Pickering (Oberstleutnant MacKenzie), Donald Douglas (Wachtmeister Lathbury), Peter Settelen (Oberleutnant Cole), Stephen Moore (Major Steele), Edward Fox (Oberleutnant Horrocks), Michael Caine (Oberstleutnant J. O. E. Vandeleur), Michael Byrne (Oberstleutnant Giles Vandeleur), Anthony Hopkins (Oberstleutnant Frost), Paul Copley (Soldat Wicks), Nicholas Campbell (Hauptmann Glass), James Caan (Stabsunteroffizier Dohun), Gerald Sim (Oberst Sims), Harry Ditson (Soldat Usa), Erik Chitty (Organist), Brian Hawksley (Vikar), Colin Farrell (Gefreite Hancock), Cristopher Good (Major Carlyle), Norman Gregory (Soldat Morgan), Alun Armstrong (Gefreite Davies), Anthony Milner (Soldat Dodds), Barry McCarthy (Soldat Clark), Lex Van Delden (Unteroffizier Matthias), Maximilian Schell (Oberleutnant General Bittrich), Hardy Krüger (General Major Ludwig), Sean Mattias (Oberleutnant der irischen Wachen), Tim Beekman (deutscher Soldat), Edward Seckerson (britischer Kaplan), Liv Ullmann (Kate Ter Horst), Tom Van Beek (Jan Ter Horst), Elliot Gould (Oberst Stout), Keith Drinkel (Oberleutnant Cornish), Mary Smithuysen (alte Holländerin), Hans Croiset (ihr Sohn Hans), Fred Williams (Hauptmann Grabner), John Peel (deutscher Oberleutnant), John Judd (Unteroffizier Clegg), Ben Cross (Kavalleriesoldat Binns), Hilary Minster (britischer Amtsarzt), David English (Soldat Andrews), Ben Howard (Unteroffizier Towns), Michael Graham Cox (Hauptmann Cleminson), Denholm Elliott (Met. RAF-Offizier), Peter Gordon (US-Unteroffizier), Arthur Hill (Oberst US-Arzt), Garrick Hagon (Leutnant Rafferty), Brian Gwaspari (US-Ingenieur), Stephen Rayment (Oberleutnant der Grenadiersgarde), Tim Morand (britische Gefreite), James Wardroper (Soldat Gibbs), Neil Kennedy (Oberst Barker), John Salthouse (Soldat "Ginger" Marsh), Jonathan Hackett (Segelflieger), Stanley Lebor (Regimentsunterfeldwebel), Jack Galloway (Soldat Vincent), Milton Cadman (Soldat Long), David Aucker ("Taffy" Brace), Lawrence Olivier (Doktor Spaander), Richard Kane (Oberst Weaver), Toby Salaman (Soldat Stephenson), Michael Bangerter (britischer Stabsoberst), Philip Raymond (Oberst der Grenadiersgarde), Myles Reithermann (Fahrer des 'Boat truck'), Robert Redford (Major Cook), Anthony Pullen (US-Hauptmann), John Morton (US-Kaplan), John Ratzenberger (US-Oberleutnant), Patrick Ryecart (Deutscher-Oberleutnant), Dick Rienstra (Hauptmann Kraft), Ian Liston (Unteroffizier Whitney), Paul Rattee (Soldat Gordon), Mark Sheridan (Unteroffizier Tomblin), George Innes (Unteroffizier MacDonald), John Stride (Major der Grenadiersgarde), Nial Padden, Michael Graves (Bedienstete der britischen Ärzte), Simon Chandler (Soldat Simmonds), Edward Kalinski (Soldat Archer), Shaun Curry (Gefreite Robbins), Sebastian Abineri (Unteroffizier Treadell), Chris Wiliams (Gefreite Merrick), Andrew Branch (Flötenspieler), Anthony Garner (britischer Stabsmajor), Feliks Arons (holländischer Priester), Bertus Botterman, Henny Alma (Bewohner des holländischen Dorfes), Johan Te Slaa, Georgette Reyevski (altes holländisches Paar), Pieter Groenier, Adrienne Kleiweg (junges holländisches Paar); *Produktion:* Joseph E. Levine Rroduction – United Artists; *hergestellt in:* Usa, 1977; *Länge:* 180'.

DER GROSSE EISENBAHNRAUB (The First Great Train Robbery; Usa: The Great Train Robbery)

Regie: Michael Crichton; *Produzent:* John Foreman; *Drehbuch:* Michael Crichton, nach seinem Buch; *Kamera (Technicolor Panavision):* Geoffrey Unsworth; *Musik:* Jerry Goldsmith; *Art Director:* Bert Davey; *Schnitt:* David Bretherton; *Production Design:* Maurice Carter; *Regieassistenten:* Anthony Waye, Gerry Gavignan und Chris Carreras; *Darsteller:* Sean Connery (Edward Pierce), Donald Sutherland (Agar), Lesley-Anne Down (Miriam), Alan Webb (Edgar Trent), Malcolm Terris (Henry Fowler), Robert Lang (Sharp), Wayne Sleep (Clean Willy), Michael Elphick (Burgess), Pamela Salem (Emily Trent), Gabrielle Lloyd (Elizabeth Trent), James Cossins (Harranby), John Bett (McPherson), Peter Benson (Bahnhofsspediteur), Janine Duvitski (Maggie), Agnes Bernelle (Frau auf der Bank), Frank MacDonald (Polizist), Brian De Salvo (Butler von Trent), Joe Cahill (Bahnhofswächter), Pat Layde (Hirte), Derek Lord (Henker), Rachel Burrows (alte Frau im Zug); *Produktion:* Starling Productions – United Artists (präsentiert von Dino De Laurentiis); *hergestellt in:* Großbritannien, 1978; *Länge:* 110'.
[*Der Film ist der Erinnerung des verstorbenen Geoffrey Unsworth gewidmet*].

METEOR (Meteor)

Regie: Ronald Neame; *Produzenten:* Arnold Orgolini und Theodore Parvi; *ausführende Produzenten:* Sandy Howard und Gabriel Katzka; *Drehbuch:* Stanley Mann und Edmund H. North, nach einer Geschichte von Edmund H. North; *Kamera (Panavision):* Paul Lohmann; *Art Director:* David Constable; *Musik:* Laurence Rosenthal; *Schnitt:* Carl Kress; *Production Design:* Edward Carfagno und David Constable; *Spezialeffekte:* Glen Robinson und Robert Staples; *technische Beratung (Jet Propulsion Laboratories):* John Small. *Technische Beratung (NASA):* Doug Ward; *Stunt-Koordinator:* Roger Creed; *Regieassistent:* Daniel J. McCauley; *Darsteller:* Sean Connery (Dr. Paul Bradley), Natalie Wood (Tatiana Donskaya), Karl Malden (Harold Sherwood), Brian Keith (Dr. Alexei Dubov), Martin Landau (General Barry Adlon), Trevor Howard (Sir Michael

Hughes), Richard Dysart (Sekretär der Verteidigung), Henry Fonda (der Präsident), Joseph Campanella (Easton), Katherine DeHetre (Jan), James Richardson (Alan), Bo Brundin (Manheim), Roger Robinson (Hunter), Bibi Besch (Mrs. Bradley), John McKinney (Watson), Michael Zaslow (Mason), John Findlater (Tom Easton), Paul Tulley (Bill Franger), Allen Williams (Michael McKendrick), Gregory Gay (Russischer Premier), Zitto Kazann (Partmitglied mit Adlergesicht), Clyde Kusatsu (Yamashiro), Burke Byrnes (Offizier der Küstenwache); *Produktion:* Sandy Howard/Gabriel Katzka/Sir Run Run Shaw Presentation – Columbia/EMI/Warner; *hergestellt in:* Usa, 1979; *Länge:* 107'.

EXPLOSION IN CUBA
(Cuba)

Regie: Richard Lester; *Produzenten:* Arlene Sellers und Alex Winitsky; *ausführender Produzent:* Denis O'Dell; *Drehbuch:* Charles Wood; *Kamera (Technicolor Panavision):* David Watkin; *Art Director:* Denis Gordon Orr; *Musik:* Patrick Williams; *Production Design:* Gil Parrondo; *Kostüme:* Shirley Russell; *Schnitt:* John Vicyor Smith; *Second-unit-Kamera:* Robert Stevens; *Regieassistenten:* David Tringham, Roberto Parra, Steve Lanning, Javier Carrasco; *Maske:* Jose Antonio Sanchez; *Darsteller:* Sean Connery (Robert Dapes), Brooke Adams (Alexandra Pulido), Jack Weston (Gutman), Hector Elizondo (Ramirez), Denholm Elliott (Skinner), Martin Balsam (General Bello), Chris Sarandon (Juan Pulido), Alejandro Rey (Faustino), Lonette McKee (Therese), Danny De La Paz (Julio), Louisa Moritz (Miss Wonderly), Dave King (Werbeagent), Walter Gotell (Don Pulido), Earl Cameron (Oberst Rosell Y Leyva), Pauline Peart (Dolores), Anna Nicholas (Maria), David Rappaport (Jesus), Tony Matthews (Carillo), Leticia Garrado (Cecilia), John Morton (Gary), Anthony Pullen Shaw (Spencer), Stefan Kalipha (Ramon), Raul Newney (Maler), Eva Louise (Mädchen in der Galerie); *Produktion:* Alex Winitsky-Arlene Sellers Production – United Artists; *hergestellt in:* Usa, 1979; *Länge:* 122'.

Flammen am Horizont

TIME BANDITS (Time Bandits)

Regie: Terry Gilliam; *Produzent:* Terry Gilliam; *ausführende Produzenten:* George Harrison und Denis O'Brien; *Drehbuch:* Michael Palin und Terry Gilliam; *Kamera (Technicolor):* Peter Biziou; *Art Director:* Norman Garwood; *Musik:* Mike Moran; *Musik zum griechischen Tanz:* Trevor Jones; *Musikstücke und zusätzliches Material:* George Harrison; *Songs:* 'Me and My Shadow', von Rose Jolson, Dreyer, arrangiert von Trevor Jones; *Schnitt:* Julian Doyle; *Production Design:* Millie Burns; *Spezialeffekte-Supervisor:* John Bunker; *Kostüme:* Jim Acheson e Hazel Côté; *Modelle:* Val Charlton, Carol De Jong, Jean Ramsey, Alix Harwood und Behira Thraves; *Bildhauer:* Geoff Rivers Bland und Laurie Warburton; *optische Spezialeffekte:* Kent Houston, Paul Whitbread, Tim Ollive, Dennis De Groot, Peerless Camera Co; *Second-unit-Leitung:* Julian Doyle; *Regieassistenten:* Simon Hinkley, Guy Travers, Mark Cooper e Chris Thompson; *Darsteller:* John Cleese (Robin Hood), Sean Connery (König Agamemnon), Shelley Duvall (Pansy), Katherine Helmond (Mrs. Ogre), Ian Holm (Napoleon), Michael Palin (Vincent), David Warner (böser Geist), Ralph Richardson (höchstes Wesen), Peter Vaughan (Ogre), David Rappaport (Randall), Kenny Daker (Fidgit), Jack Purvis (Wally), Mike Edmonds (Og), Malcolm Dixon (Strutter), Tiny Ross (Vermin), Craig Warnock (Kevin), David Baker (Vater von Kevin), Sheila Fearn (Mutter von Kevin), Jim Broadbent (Compere), John Young (Reginald), Myrtle Devenish (Beryl), Brian Bowes (Hussar), Leon Lissek (erster Flüchtling), Terence Bayler (Lucien), Preston Lockwood (Neguy), Charles McKeown (Theatermanager), David Lelan (Marionettenspieler), John Hughman (der große Rumbozo), Derrick O'Connor (Anführer der Diebe), Declan Mulholland (zweiter Dieb), Neil McCarthy (dritter Dieb), Peter Jonfield (Ringer), Derek Deadman (Robert), Jerold Wells (Benson), Roger Frost (Cartwright), Martin Carroll (Baxi Brazilia III), Marcus Powell (Horseflesh), Winston Dennis (Krieger mit Stierkopf), Del Baker (kämpfender griechischer Krieger), Juliette James (griechische Königin), Ian Muir (Riese), Mark Holmes (Vater von Troll), Andrew McLachlan (Feuerwehrmann), Chris Grant (Stimme des Fernsehansagers), Tony Jay (Stimme des höchsten Wesens), Edwin Finn (Gesicht des Wesens); *Produktion:* HandMade Films; *hergestellt in:* Großbritannien, 1981; *Länge:* 113'.

OUTLAND – PLANET DER VERDAMMTEN
(Outland)

Regie: Peter Hyams; *Produzent:* Richard A. Roth; *ausführender Produzent:* Stanley O'Toole; *Drehbuch:* Peter Hyams; *Kamera (Technicolor Panavision):* Stephen Goldblatt; *Schnitt:* Stuart Baird; *Production Design:* Philip Harrison; *Bauten:* Malcolm Middleton; *Kostüme:* John Mollo; *Spezialeffekte:* John Stears; *Supervision Spezialeffekte:* Roy Field; *Musik:* Jerry Goldsmith; *Regieassistenten:* David Tringham und Bob Wright; *Darsteller:* Sean Connery (O'Niel), Peter Boyle (Sheppard), Frances Sternhagen (Lazarus), James B. Sikking (Montone), Kika Markham (Carol), Clarke Peters (Ballard), Steven Berkoff (Sagan), John Ratzenberger (Tarlow), Nicholas Barnes (Pau O'Nile), Manning Redwood (Lowell), Pat Starr (Mrs. Spector), Hal

Galili (Nelson), Angus MacInnes (Hughes), Stuart Milligan (Walters), Eugene Lipinski (Cane), Norman Chancer (Slater), Ron Travis (Fanning), Anni Domingo (Morton), Bill Bailey (Hill), Chris Williams (Caldwell), Marc Boyle (Spota), Richard Hammat (Yario), James Berwick (Rudd), Gary Olsen (Worker), Isabelle Lucas (Kindermädchen), Sharon Duce (Prostituierte), P.H. Moriarty (Mann 1), Angelique Rockas (Frau der Fürsorge), Judith Alderson (Prostituierte des Leisure Clubs), Rayner Bourton (Prostituierte des Leisure Clubs), Doug Robinson (Mann 2), Julia Depyer, Nina Françoise, Brendon Hughes, Philip Johnston und Norri Morgan (Tänzer des Leisure Clubs); *Produktion:* The Ladd Company-Columbia-EMI-Warner, *hergestellt in:* USA, 1981; *Länge:* 109'.

FLAMMEN AM HORIZONT
(The Man With the Deadly Lens; Usa: Wrong Is Right)

Regie: Richard Brooks; *Produzent:* Richard Brooks; *ausführender Produzent:* Andrew Fogelson; *Drehbuch:* Richard Brooks, nach dem Buch 'The Better Angels' von Charles McCarry; *Kamera*

Outland

(Metrocolor): Fred J. Koenekamp; *Schnitt:* George Grenville; *Production Design:* Edward Carfagno; *Bauten:* Karl Hueglin; *Kostüme:* Ray Summers und Bud Santora; *Musik:* Artie Kane; *Kernkraft-Fachberatung:* Ivan Catton, Gerald C. Pomraninge die Sony Corporation; *Regieassistent:* Alan Hopkins; *Ausstattung:* Arthur Joseph Parken; *Darsteller:* Sean Connery (Patrick Hale), George Grizzard (Präsident Lockwood), Robert Conrad (General Wombat), Katharine Ross (Sally Blake), G.D.Spradlin (Philindros), John Saxon (Homer Hubbard), Henry Silva (Rafeeq), Leslie Nielsen (Mallory), Robert Webber (Harvey), Rosalind Cash (Mrs. Ford), Hardy Krüger (Helmut Unger), Dean Stockwell (Hacker), Ron Moody (Re Awad), Jennifer Jason Leigh (ein Mädchen), Angelo Bertolini (Kardinal), Cherie Michan (Erika), Tony March (Abu); *Produktion:* Richard Brooks Production – Columbia; *hergestellt in:* Usa, 1982; *Länge:* 117'.

AM RANDE DES ABGRUNDS
(Five Days one Summer)

Regie: Fred Zinnemann; *Produzent:* Fred Zinnemann; *ausführender Produzent:* Peter Beale; *Drehbuch:* Michael Austin, basierend auf der Kurzgeschichte 'Maiden Maiden' von Kay Boyle; *Kamera (Technicolor):* Giuseppe Rotunno; *Schnitt:* Stuart Baird; *Bauten:* Willy Holt; *Choreograf:* D'Dee; *Bauten:* Gérard Viard und Bob Cartwright; *Second-unit-Regie:* Norman Dyhrenfurth; *Berg-Fachberatung:* Hamish McInnes; *Musik:* Elmer Bernstein; *Regieassistent:* Anthony Waye; *Kostüme und Kleider:* Emma Porteous; *Darsteller:* Sean Connery (Douglas), Betsy Brantley (Kate), Lambert Wilson (Johann), Jennifer Hilary (Sarah), Isabel Dean (Mutter von Kate), Gerard Bühr (Brendel), Anna Massey (Jennifer Pierce), Sheila Reid (Gillian Pierce), Georges Claisse (Dieter), Terry Kingley (Georg), Emilie Lihou (alte Frau), Jerry Brouwer (Van Royen), Marc Duret, Francois Caron, Benoist Ferreux (französische Studenten), Alexander John (Maclean), Michael Burrell (Taxifahrer), Frank Duncan (erster Wächter der Hütte), D'Dee (Choreograf); *Produktion:* Ladd Company Production – Warner Bros; *hergestellt* in: Usa, 1982; *Länge:* 100'.

JAMES BOND 007 – SAG NIEMALS NIE
(Never Say Never Again)

Regie: Irvin Kershner; *Produzent:* Jack Schwartzman; *ausführender Produzent:* Kevin McClory; *Drehbuch:* Lorenzo Semple jr., nach 'Thunderball', von Ian Fleming; Jack Whittingham und Kevin McClory; *Farbkamera:* Douglas Slocombe; *Bauten:* Michael White mit Leslie Dilley; *Kostüme:* Charles Knode; *Musik:* Michel Legrand; *Schnitt:* Ian Crafford; *Production Design:* Philip Harrison; *Computer-Video-Electronics-Supervisor:* Rob Dickenson; *Spezialffekte-Supervisor:* Ian Wingrove. *Spezialeffekte:* John Richardson; *Maske-Supervisor:* George Frost; *Maske:* Peter Robb; *Make-up von Sean Connery:* Ilona Herman; *Regieassistent:* David Tomblin; *Darsteller:* Sean Connery (James Bond), Kim Basinger (Domino), Max Von Sydow (Ernst Blofeld), Klaus Maria Brandauer (Largo), Barbara Carrera (Fatima Blush), Bernie Casey (Felix

Am rande des abgrunds

Leiter), Edward Fox (M), Pamela Salem (Miss Moneypenny), Alec McGowan (Waffenmeister); *Produktion:* Woodcote Productions – Warner Bros; *hergestellt in:* USA, 1983; *Länge:* 100'.

CAMELOT – DER FLUCH DES GOLDENEN SCHWERTES
(Sword of the Valiant. The Legend of Gawain and Green Knight)

Regie: Stephen Weeks; *Produzent:* Menahem Golan und Yorum Globus; *ausführende Produzenten:* Philip M. Green und Michael Kagan; *Drehbuch:* Stephen Weeks, Howard C.Pen, Philip M. Breen; *historischer Fachberater:* Roger Towne; *Kamera (Fuji Color):* Freddie Young und Peter Hurst; *Musik:* Ron Geesin; *Schnitt:* Richard Marden und Barry Peters; *Bauten:* Maurice Fowler und Derek Nice; *Kostüme:* Shuna Harwood; *Regieassistenten:* David Brackwell, Ken Tuohy, Zsuzsanna Mills, Michael Mercy, Rod Lomax und Jerry Daly; *Darsteller:* Miles O'Keefe (Sir Gawain), Trevor Howard (König Artus), Sean Connery (Grüner Ritter), Peter Cushing (Seneschall), Ronald Lacey (Oswald), Cyrielle Claire (Linet), Emma Suhon (Fata Morgana), Douglas Wilmer (Schwarzer Ritter), Lila Kedrova (Lady von Lyonesse), Leigh Lawson (Humphrey), John Rhys-Davies (Baron Forntinbras); *Produktion:* London Cannon Films in Zusammenarbeit mit Stephen Weeks Company; Cannon; *hergestellt in:* Großbritannien, 1983; *Länge:* 102'.

HIGHLANDER – ES KANN NUR EINEN GEBEN
(Highlander)

Regie: Russell Mulcahy; *Produzenten:* Peter S. Davis und William N. Panzer; *ausführender Produzent:* E. C. Monell; *Drehbuch:* Gregory Widen, Peter Bellwood und Larry Ferguson, Buch von Gregory Widen; *Kamera (Technicolor):* Gerry Fisher und Tony Mitchell; *Standbilder:* John Ward und Jean-Marc Bringuier; *optische und Spezialeffekte:* Optical Film Effects; *Vorspann:* National Screen; *Titeldesign:* Keith Hodgson; *Bauten:* Tim Hutchinson, Martin Atkinson und Mark Raggett; *Musik:* Michael Kamen, nach Melodien von Queen, Bob Murphy, Pipes, Ben Murdoch, Mandora, Alexandra Thompson, Vocals; The National Philharmonic Orchestra dirigiert von Michael Kamen, Aufnahme bei Emi Abbey Road, London; *Schnitt:* Peter Honess; *Kostüme:* Jim Acheson, Gilly Hebden; *Production Design:* Allan Cameron; *Darsteller:* Christopher Lambert (Connor MacLeod), Roxanne Hart (Brenda Wyatt), Clancy Brown (Kurgan), Sean Connery (Juan Villa-Lobos Ramirez), Beatie Edney (Heather), Alan North (Oberleutnant Frank Moran), Sheila Gish (Rachel Ellenstein), Jon Polito (Det. Walter Bedsoe), Hugh Quarshie (Sunda Kastagir), Christopher Malcolm (Kirk Matunas), Peter Diamond (Fasil), Billy Hartman (Dugal MacLeod), James Cosmo (Angus MacLeod), Celia Imrie (Kate), Alistair Findlay (Chef Murdoch), Edward Wiley (Garfield), James McKenna (Pater Rainey), John Cassady (Kenny), Ian Reddington (Bassett), Sion Tudor Owen (Hotchkiss), Damien Leake (Tony), Gordon Sterne (Dr. Willis Kenderly), Ron Berglas (Erik Powell); *Produktion:* Highlander Productions; *hergestellt in:* Großbritannien, 1986; *Länge:* 116'.

DER NAME DER ROSE
(The Name of the Rose)

Regie: Jean-Jacques Annaud; *Produzent:* Bernd Eichinger; *ausführende Produzenten:* Thomas Schuhly und Jake Eberts; *Drehbuch:* Andrew Birkin, J.J. Annaud, Gerard Brach, Howard Franklin und Alain Godard, nach dem Roman 'Der Name der Rose' von Umberto Eco; *Kamera (Eastman Color):* Tonino Delli Colli; *Musik:* James Horner; *Schnitt:* Jane Seitz; *Bauten:* Dante Ferretti; *Kostüme:* Gabriella Pescucci; *Einrichtung:* Francesca Lo Schiavo; *Darsteller:* Sean Connery (Wilhelm von Baskerville), F. Murray Abraham (Bernhard Gui), Christian Slater (Adson aus Melk), Feodor Chaliapin Jr. (Jorge aus Burgos), Michael Lonsdale (der Abt), Ron Perlman (Severin), Helmut Qualtinger (Remigio aus Varagine), Valentina Vargas (das Mädchen), Volker Prechtel (Malachia) Elya Baskin (Severin), Peter Welz (Nero), Michael Habeck (Berengar), Urs Althaus (Venanzio), Lars Botin Jørgensen (Adhelm), Leopoldo

Highlander

Trieste (Michael von Cesena), Andrew Birkin (Bonagrazia), Vernon Dobtcheff (Newcastle), Franco Valobra (Bischof von Caffa), William Hickey (Hubertus Casale), Lucien Bodard (Bertrand Poggetto), Pete Lancaster (D'Alborea), Peter Berling (Jean D'Anneaux), Donald O'Brien (Pietro D'Assisi); *Produktion:* Neue Constantin (West Berlin)/Cristaldi Film (Roma)/Films Ariane (Paris), in Zusammenarbeit mit dem ZDF, Bernd Eichinger-Bernd Schaefers Production;

hergestellt in: Westdeutschland-Italien-Frankreich, 1986; *Länge:* 131' (in englischer Sprache).

THE UNTOUCHABLES – DIE UNBESTECHLICHEN
(The Untouchables)

Regie: Brian De Palma; *Produzent:* Art Linson; *Drehbuch:* David Mamet, inspiriert an der Fernsehserie und nach Arbeiten von Oscar Fraley mit Eliot Ness und Paul Robsky; gleichnamiger Roman; *Kamera (Panavision Technicolor):* Stephen H. Burum; *Musik:* Ennio Morricone; *Musikstücke:* 'Vesti la giubba' aus 'I pagliacci' von Ruggero Leoncavallo, gesungen von Mario Del Monaco; 'Mood Indigo' von Duke Ellington, Irving Mills und Barney Bigard, arrangiert von Bob Wilber; *Titelsong:* Polygram; *Schnitt:* Jerry Greenberg und Bill Pankow; *zweiter Cutter:* Ray Hubley; *Bauten:* William A. Elliott in Zusammenarbeit mit E. C. Chen, Steven P. Sardanis, Gil Clayton und Nicholas Laborczy; *Kostüme:* Marilyn Vance-Straker *Kleider:* Giorgio Armani; *Darsteller:* Kevin Costner (Eliot Ness), Sean Connery (Jim Malone), Charles Martin Smith (Oscar Wallace), Andy Garcia (George Stone), Robert De Niro (Al Capone), Richard Bradford (Mike), Jack Kehoe (Payne), Brad Sullivan (George), Steven Drago (Frank Nitti), Patricia Clarkson (Frau von Ness), Peter Aylward (Oberleutnant Anderson), Don Harvey (Preseuski), Robert Swan (Hauptmann Mountre), John J. Walsh (Barbesitzer), Del Close (Alderman), Colleen Bade (Mrs. Blackmer), Greg Noonan (Rangemaster), Sean Grennan (Cousin des Polizisten), Larry Vivento Sr. (italienischer Kellner), Kevin Michael Doyle (Williamson), Mike Bacarella (Mann mit Kapuze), Michael R. Byrne (Angestellter bei Ness), Kaitlin Montgomery (Tochter von Ness), Aditra Kohl (Freundin von Blackmer), Charles Keller Whatson, Larry Brandenburg, Chelcie Ross, Tim Gamble (Reporter), Sam Smiley, Pat Billingsley (Untersuchungsrichter), Jack Bracci (dicker Mann), Jennifer Anglin (Frau im Fahrstuhl), Eddie Minasian (Butler), Tony Mockus Sr. (Richter), Will Zahrn (Vertzeter der Verteidigung),

Die Unbestechlichen

Louis Lanciloti (Barbier), Vince Viverito, Valentino Cimmo, Joe Greco, Clem Caserta, Bob Martana, Joseph Scianablo, George S. Spataro (Leibwächter); *Produktion*: Paramount; *hergestellt in*: USA, 1987; *Länge*: 120'.

FAMILY BUSINESS
(Family Business)

Regie: Sidney Lumet; *Produzent*: Lawrence Gordon; *ausführende Produzenten*: Jennifer Ogden und Burt Harris; *Drehbuch*: Vincent Patrick, nach seinem Buch; *Kamera (Technicolor)*: Andrzej Bartkowiak; *Musik*: Cy Coleman; *Schnitt*: Andrew Mondshein; *Bauten*: Philip Rosenburg; *Kostüme*: Ann Roth; *Darsteller*: Sean Connery (Jessie McMullen), Dustin Hoffmann (Vito McMullen), Matthew Broderick (Adam McMullen), Rosana de Soto (Elaine), Janet Carroll (Margie), Victoria Jackson (Christine), Bill McCutcheon (Doheny), Deborah Rush (Michelle Dempsey), Marilyn Cooper (Rose), Salem Ludwig (Nat), Rex Everhart (Ray Garvey), James S. Tolkan (Richter), Marilyn Sokol (Marie), Thomas A. Carlin (Neary), Tony Di Benedetto (Phil), Isabell Monk (Richter), Wendell Pierce (Staatsanwalt); *Produktion*: Tri-Star Pictures in Zusammenarbeit mit A.Milchan Investment Group; *hergestellt in*: Usa, 1989; *Länge*: 109'.

PRESIDIO (The Presidio)

Regie: Peter Hyams; *Produzent*: D. Constantine Conte; *Koproduzent*: Fred Caruso; *ausführender Produzent*: Jonathan A. Zimbert; *Drehbuch*: Larry Ferguson; *Kamera (Technicolor)*: Peter Hyams; *Musik*: Bruce Broughton, Krandy Stern; *Bauten*: Albert Brenner; *Schnitt*: James Mitchell, mit Diane Adler und Beau Barthel-Blair; *Darsteller*: Sean Connery (Oberstleutnant Alan Caldwell), Mark Harmon (Jay Austin), Meg Ryan (Donna Caldwell), Jack Warden (Ross Maclure), Mark Blum (Arthur Peale), Dana Gladstone (Oberst Paul Lawrence), Jeanette Goldstein (Patti Jean), Marvin J. McIntyre (M.P. Zeke), Don Calfa (Howard Buckley). John Di Santi (Det.Marvin Powell), Robert Lesser (Unteroffizier Mueller), James Hooks Reynolds (Spota). Curtis W Sims (Unteroffizier Garfield), Rick Zumwalt (Halbstarker in der Bar), Rosalyn Marshall (Sekretärin Lawrence), Jessie Lawrence Ferguson (Pilot Travis A.F.B.); *Produktion*: A.D. Constantine Conte Production; *hergestellt in*: Usa, 1989; *Länge*: 98'.

INDIANA JONES UND DER LETZTE KREUZZUG
(Indiana Jones and the Last Crusade)

Regie: Steven Spielberg; *Produzent*: Robert Watts; *ausführende Produzenten*: George Lucas und Frank Marshall; *ausführende Produktion (Second-unit)*: Kathleen Kennedy; *Drehbuch*: Jeffrey Boam; *Story*: George Lucas und Menno Meyjes, nach den von George Lucas und Philip Kaufman erfundenen Figuren; *Kamera (De Luxe Color)*: Douglas Slocombe; *zweite Kamera*: Paul Beeson; *Second-unit-Kamera*: Robert Stevens, Rex Metz; *Luftaufnahmen*: Peter Allwork; *Musik*: John Williams; *Songs*: 'You're a Sweet Little Headache' von Leo Robin und Ralph Rainger, ausgeführt von Benny Goodman; 'Just a Gigolo', von Leonello Casucci und Julius Brammer; *Titelsong*: Wea; *Schnitt*: Michael Kahn; *zweiter Cutter*: Colin Wilson; *Bauten*: Elliot Scott; *Art Designers*: Fred Hole und Stephen Scott, mit Richard Berger, Benjamin Fernandez und Guido Salsilli; *Visualeffekte-Supervisor*: Michael J. McAlister für Industrial Light & Magic (Produzent Patricia Blau); *Kostüme*: Anthony Powell, Johanna Johnson; *Darsteller*: Harrison Ford (Indiana Jones), Sean Connery (Professor Henry Jones), Denholm Elliott (Marcus Brody), Alison Doody (Dr. Elsa Schneider), John Rhys-Davies (Sallah), Julian Glover (Walter Donovan), River Phoenix (Indiana als Junge), Michael Byrne (Vogel), Kevork Malikyan (Kazim), Robert Eddison (Gralsritter), Richard Young (Fedora), Alexi Sayle (Sultan), Alex Hyde-White (junger Henry), Paul Maxwell (Panama Hat), Mrs.Glover (Mrs. Donovan), Vernon Dobtcheff (Butler), J. J. Hardy (Herman), Bradley Gregg (Roscoe), Jeff O'Haco (Mestize), Vince Deadrick (Zureiter), Marc Miles (Sheriff), Ted Grossman (Vize-Sheriff), Tim Hiser (Junge mit Panama-Hut), Larry Sanders (Anführer der Pfadfinder), Will Miles, David Murray (Pfadfinder), Frederick Jaeger (Ass des ersten Weltkriegs), Jerry Harte (Professor Stanton), Billy J. Mitchell (Doktor Mulbray), Martin Gordon (Mann bei der Parade Hitlers), Pat Roach (Gestapo), Suzanne Roquette (Filmregisseur), Nina Almond (Blumenmädchen); *Produktion*: Lucasfilm — Paramount; *hergestellt in*: Usa, 1989; *Länge*: 127'.

JAGD AUF ROTER OKTOBER
(The Hunt For Red October)

Regie: John McTiernan; *Produzent*: Mace Neufeld; *ausführende Produzenten*: Larry DeWaay und Jerry Sherlock; *Drehbuch*: Larry Ferguson und Donald Stewart, nach dem gleichnamigen Roman von Tom Clancy; *Kamera (Technicolor Panavision)*: Jan de Bont; *Spezialeffekte*: Al Di Sarro und Industrial Light & Magic; *Musik*: Basil Poledouris; *Songs*: 'The Anthem of the Soviet Union', von A. V. Alexsandrov, G. A. El Reghistan und S. V. Mikhailov; 'Payoff' von Basil Poledouris; *Schnitt*: Juno J. Ellis, Jay Kamen und Shelley Rae Buck; *Kostüme*: Darryl M. Athons, Gary R. Sampson; *Bauten*: Terence Marsh, Dianne Wayer und Donald Woodruf; *Darsteller*: Sean Connery (Marko Ramius), Alec Baldwin (Jack Ryan), Scott Glenn (Bart Mancuso), Sam Neill (Kapitän Borodin), James Earl Jones (Admiral Greer), Joss Ackland (Andrei Lysenko), Richard Jordan (Jeffrey Pelt), Peter Firth (Ivan Putin), Tim Curry (Dr. Petrov), Courtney B. Vance (Matrose Jones), Stellan Skarasgard (Kapitän Tupolev), Jeffrey Jones (Skip Tyler), Timothy Carnart (Steiner), Larry Ferguson (Schiffskommandant), Fred Dalton Thompson (Admiral Painter), Daniel Davis (Davenport), Anthony Peck (Thompson), Ronald Guttman, Michael George Benko, Anatoly Davydov, Ivan Michael Welden, Boris Krutonog, Kenton Kovell, Radu Gavor, Ivan Ivanov, Ping Wu, Herman Sinitzyn (Offiziere und Besatzung von Roter Oktober), Christopher Janczar, Vlado Benden, George

Jagd auf Roter Oktober

Winston (Offiziere und Mannschaft der Konovalov), Don Oscar Smith (Hubschrauberpilot), Rick Ducommun (Kopilot), George H.Billy (DSRV-Offizier), Reed Popovich (Curry), Andrew Divoff (Amalric), Peter Zinner (Moore), F. J. O'Neill (Offizier des Briefing), Gates McFadden (Caroline Ryan), Louise Borras (Sally Ryan), Stanley (er selbst); *Produktion*: Paramount, A Mace Neufeld-Jerry Sherlock Production; *hergestellt in*: Usa, 1990; *Länge*: 135'.

DAS RUSSLAND-HAUS
(The Russia House)
Regie: Fred Schepisi; *Produzent*: Paul Maslansky und Fred Schepisi; *Drehbuch*: Tom Stoppard, nach dem Roman von John Le Carré; *Bauten*: Richard McDonald; *Kostüme*: Ruth Myers; *Kamera (Technicolor)*: Ian Baker; *Musik*: Jerry Goldsmith; *Songs*: 'What is this Thing Called Love?' von Cole Porter; 'The Sheik of Araby' von T. Snyder, F. Wheeler und H.B. Smith; 'Ain't Misbehavin' von Thomas 'Fats' Waller, Harry Brooks und Andy Razaf; *Schnitt*: Peter Homess; *Darsteller*: Sean Connery (Barley Blair), Michelle Pfeiffer (Katya), Roy Scheider (Russell), James Fox (Ned), John Mahoney (Brady), Michael Kitchen (Clive), J.T. Walsh (Quinn), Ken Russell (Walter), David Threlfall (Wicklow), Klaus Maria Brandauer ('Dante'), 'Mac' MacDonald (Bob), Nicholas Woodeson (Landau), Martin Clunes (Brock), Ian McNeice (Merrydew), Colin Stinton (Henziger), Denys Hawthorne (Paddy), George Roth (Cy), Peter Mariner (US-Wissenschaftler), Ellen Hurst (Anna), Peter Knupffer (Sergey), Nikolai Pastukhov (Onkel Matvey), Jason Salkey (Johnny), Eric Anzumonyin (Nasayar), Daniel Wazniak (Zapadny), Georgi Andzhaparidze (Yuri), Vladek Nikiforov (Tout), Christopher Lawford (Larry), Mark La Mura (Todd), Blu Mankuma (Merv), Tuck Milligan (Stanley), Jay Benedict (Spiky), David Timson (George), Elena Stroyeva (Anastasia), Fyodor Smirnov, Pavel Sirotin (Zuschauer), Paul Jutkevich (Misha), Margot Pinvidic (Übersetzerin), David Henry (Sekretär Whitehall), Martin Werner (Wissenschaftler), Paul Rattee

(Heeresoffizier), Simon Templeman (Psychoanalytiker); *Produktion*: Pathé Entertainment; *hergestellt in*: Usa, 1990; *Länge*: 123'.

HIGHLANDER II – DIE RÜCKKEHR
(Highlander II: The Quickening)
Regie: Russell Mulcahy; *Produzent*: Peter S. Davis und William Panzer; *ausführende Produzenten*: Guy Collins und Mario Sotela; *Koproduzenten*: Alejandro Sessa und Robin Clark; *Drehbuch*: Peter Belwood; *Story*: Brian Clemens, William Panzer, nach den Figuren von Gregory Widen; *Kamera (Eastman Color)*: Phil Meheux; *zweite Kamera*: Jamie Thompson; *Spezialeffekte-Supervisor*: John Richardson; *Trickfilm-Supervisor*: Chris Cassidy; *Schnitt*: Hubert C. de la Bouillerie und Anthony Redman; *Schnittassistenz*: Silvia Ripoll; *Musik*: Stewart Copeland; *Musikauszüge*: aus 'Götterdämmerung' von Richard Wagner; *Bauten*: Roger Hall *unter der Mitarbeit von*: Cliff Robinson, John Frankish und Leon Dourage; *Kostümbildner*: Deborah Everton; *Darsteller*: Christopher Lambert (Conner MacLeod), Sean Connery (Juan Villa-Lobos Ramirez), Virginia Madsen (Louise Marcus), Michael Ironside (Katana), Alan Rich (Alan Neyman), John C. McGinley (Blake), Phil Broock (Cabbie), Rusty Schwimmer (Drunk), Ed Trucco (Jimmy), Stephen Grives (Hamlet), Jimmy Murray (Horatio), Pete Antico (Corda), Peter Buccossi (Reno), Peter Bromilow (Joe), Jeff Altman (Artz), Diana Rossi (Virginia), Randall Newsome (Max Guard), Karin Drexler (Brenda), Max Berliner (Charlie), Eduardo Sapac (Holt), Michael Peyronel, Sebastian Morgan (Kinder), Bruno Cuichelli (Zeist), Daniel Trovo (zweiter Richter), Diego Leske (dritter Richter), Matt Johnson (Terrorist), Julio Breshnev (Stimme); *Produktion*: Lamb Bear Entertainment; *hergestellt in*: Usa, 1991; *Länge*: 100'.

ROBIN HOOD, KÖNIG DER DIEBE
(Robin Hood Prince of Thieves)
Regie: Kevin Reynolds; *Produzenten*: John Watson, Pen Densham und Richard B. Lewis; *ausführende Produzenten*: James

G. Robinson, David Kicksay und Gary Barber; *Koproduzent:* Michael J. Kagan; *Drehbuch:* Pen Densham und John Watson; *Story:* Pen Densham; *Kamera (Technicolor):* Douglas Milsome; *Schnitt:* Peter Boyle mit Marcus Manton, Carmel Davis, Peter Hollywood und Michael Kelly; *Musik:* Michael Kamen; *Songs:* '(Everything I Do) I Do It For You' von M. Kamen, B. Adams und R.J. Lange; 'Wild Times' von M. Kamen, Jeff Lynne; *Bauten:* John Grajsmark; *Kostüme:* John Bloomfield; *Waffenmeister:* Therry Walsh; *Reitlehrer:* Tony Smart; *Darsteller:* Kevin Costner (Robin von Locksley), Morgan Freeman (Azeem), Mary Elizabeth Mastrantonio (Marian), Christian Slater (Will Scarlett), Alan Rickman (Sheriff von Nottingham), Sean Connery (König Richard), Geraldine McEwan (Mortianna), Michael McShane (Bruder Tuck), Brian Blessed (Lord Locksley), Michael Wincott (Guy von Gisborne), Nick Brimble (Little John), Soo Drouet (Fanny), Daniel Newman (Wulf), Daniel Peacock (Bull), Walter Sparrow (Duncan), Harold Innocent (Bischof), Jack Wild (Much), Michael Goldie (Kenneth), Liam Halligan (Peter Dubois), Marz Zuber (türkischer Verhörer), Aerelina Kendall (Alte), Imogen Bain (Sarah), Jimmy Gardner (Bauer), Bobby Parr (Dorfbewohner), John Francis (Kurier), John Hallam (rotköpfiger Baron), Douglas Blackwell (graubärtiger Baron), Pat Roach (keltischer Kondottier), Andy Hockley (Ox), John Dallimore (Broth), Derek Deadman (Kneelock), Howard Lew Lewis (Hal), John Tordoff (Schreiber), Andrew Lawden (Unteroffzier), Susannah Corbett (Dame in der Kutsche), Sarah Alexandra (Mädchen), Christopher Adamson (Soldat), Richard Strange (Henker); *Produktion:* Morgan Creek –Warner Bros; *hergestellt in:* Usa, 1991; *Länge:* 143'.

DIE LETZTEN TAGE VON EDEN
(Medicine Man)
Regie: John McTiernan; *Produzenten:* Andrew G. Vajna und Donna Dubrow; *ausführender Produzent:* Sean Connery; *assoziierter Produzent:* Beau Marks; *Drehbuch:* Tom Schulman und Sally Robin-

son; *Story:* Tom Schulman; *Kamera (Technicolor):* Donald McAlpine; *Bauten:* John Reinhart, Don Diers, Jesus Buenrostro und Marlisi Storchi; *Musik:* Jerry Goldsmith; *authentische rituelle Musik:* Xavante Nation; *Songs:* 'That Old Black Magic', von Johnny Mercer und Harold Arlen; *Schnitt:* Michael R. Miller, Mary Jo Markey; *Production Design:* John Krenz Reinhart Jr; *Spezialeffekte auf Bäumen und mit Stuntmen:* Socorro Carvajal; *Kostüme:* Marilyn Vance-Straker, für die brasilianischen Indios, Rita Murtimho; *Darsteller:* Sean Connery (Dr. Robert Campbell), Lorraine Bracco (Dr. Rae Crane), Jose Wilker (Dr. Miguel Ornega), Rodolfo de Alexandre (Tanaki), Francisco Tsirene Tsere Rereme (Jahausa), Elias Monteiro da Silva (Palala), Edinei Maria Serrior Dos Santos (Kalana), Bec-Kana-Re Dos Santos Kaiapo (Imana), Angelo Barra Moreira (Hexer), Jose Lavat (Mann der Regierung); *Produzent:* Cinergi –Guild; *hergestellt in:* USA, 1992; *Länge:* 105'.

DIE WIEGE DER SONNE
(Rising Sun)
Regie: Philip Kaufman; *Produzent:* Peter Kaufman; *ausführender Produzent:* Sean Connery; *assoziierter Produzent:* Ian Bryce; *Drehbuch:* Philip Kaufman, Michael Crichton & Michael Backes, nach dem gleichnamigen Buch von Michael Crichton; *Kamera (Technicolor):* Michael Chapman; *Schnitt:* Stephen A. Rotter und William Scharf; *Bauten:* Dean Tavoularis; *Kostüme:* Jacqueline West; *Maske-Supervisor:* Ve Neill; *Maske:* John Blake; *Spezialeffekte-Supervisor:* Larry L. Fuentes; *Spezialeffekte:* Industrial Light & Magic; *Musik:* Toru Takemitsu, japanisches Orchester bereitgestellt von Tokyo Concerts, Inc, Dirigent Hiroyuki Iwaki; *erster Regieassistent:* Matthew Carlisle; *Darsteller:* Sean Connery (John Connor), Wesley Snipes (Web Smith), Harvey Keitel (Leutnant Tom Graham), Cary-Hiroyuki Tagawa (Eddie Sakamura), Kevin Anderson (Bob Richmond), Mako (Yoshida), Ray Wise (Senator John Morton), Stan Egi (Ishihara), Stan Shaw (Phillips), Tia Carrere (Jingo Asakuma), Steve Buscemi (Willy 'das Wiesel' Wilhelm), Tatjana Patitz

(Cheryl Lynn Austin), Peter Crombie (Greg), Sam Lloyd (Rick), Alexandra Powers (Julia), Daniel Von Bargen (Polizeichef Olson –Untersuchungsrichter), Lauren Robinson (Zelly), Amy Hill (Hsieh), Tom Dahlgren (Jim Donaldson), Clyde Kusatsu (Tanaka), Michael Chapman (Fred Hoffman), Kenji (Koch Tempura); *Produktion:* Walrus & Associates – 20th Century-Fox; *hergestellt in:* USA, 1993; *Länge:* 100'.

DER LETZTE HELD VON AFRIKA
(A Good Man in Africa)
Regie: Bruce Beresford; *Produzenten:* John Fiedler und Mark Tarlov; *Koproduzenten:* William Boyd und Bruce Beresford; *Drehbuch:* nach dem Roman von William Boyd; *Kamera:* Andrzej Bartkowiak; *Schnitt:* Jim Clark; *Bauten:* Graeme Orwin; *Musik:* John Du Prez; *Darsteller:* Colin Friels (Morgan Leafy), Sean Connery (Dr. Murray), John Lithgow (Fanshawe), Diana Rigg (Chloe), Louis Gosset Jr. (Adekunle), Joanne Whalley-Kilmer (Celia), Sarah-Jane Fenton (Priscilla); *Produktion:* Cecchi Gori Group; *hergestellt in:* Großbritannien-USA, 1994; *Länge:* 105'.

IM SUMPF DES VERBRECHENS
(Just Cause)
Regie: Arne Glimcher; *Produzenten:* Lee Rich, Arne Glimcher, Steve Perry; *ausführender Produzent:* Sean Connery; *Koproduzenten:* Gary Foster und Anna Reinhardt; *Drehbuch:* Jeb Stuart und Peter Stone, nach dem Roman von John Katzenbach; *Kamera (Technicolor):* Lajos Kaltai; *Bauten:* Patrizia von Brandenstein; *Musik:* James Newton Howard; *Songs:* 'No solo a ti' und 'Beto's Fifth' von Robert Skiles, gesungen von Beto and The Fairlanes; 'I Only Have Eyes for You' von Al Dubin und Harry Warren, gesungen von André Previn, Joe Pass und Ray Brown; 'Crying in the Chapel' von Artie Glenn, gesungen von The Orioles; 'Guantanamera' von Jose Marti, Pete Seeger, Hector Angulo, Julian Orbon und Jose Fernandez Diaz; 'Baby Your Love' von Charisse Rose, Cassandra Lucas und Dwight Meyers, gesungen von Changing Faces; 'I Got It Bad

and That Ain't Good' von Duke Ellington und Paul Francis Webster, gesungen von The Oscar Peterson Trio; *Schnitt:* William Anderson; *Kostüme:* Ann Roth, Gary Jones; *Produktionsleiter:* Steve Perry; *Second-unit-Regie:* Steve Perry; *Regieassistent:* Tom Reilly, Richard Patrick; *Art Director:* Dennis Bradford; *Stunt-Koordinator:* Chuck Picerni Jr.; *Darsteller:* Sean Connery (Paul Armstrong), Laurence Fishburne (Tanny Brown), Kate Capshaw (Laurie Armstrong), Blair Underwood (Bobby Earl), Ed Harris (Blair Sullivan), Christopher Murray (Wilcox), Ruby Dee (Evangeline), Scarlett Johansson (Kate), Daniel J. Travanti (Gefängnisdirektor), Ned Beatty (McNair), Liz Torres (Delores), Lynne Thigpen (Ida Conklin), Taral Hicks (Lena), Victor Slezak (Sergeant Rogers), Kevin McCarthy (Phil Prentiss), Hope Lange (Libby Prentiss), Chris Sarandon (Lyle Morgan), George Plimpton (Elder Phillips), Brooke Alderson (Doktor Doliveau), Colleen Fitzpatrick (Anklägerin), Richard Liberty (Chaplin), Joel S. Ehrenkranz (Richter), Barbara Jean Kane (Joanie Shriver), Maurice Jamaal Brown (Sohn von Tanny); *Produktion:* Lee Rich – Warner Bros in Zusammenarbeit mit Fountainbridge Films; *hergestellt in:* Usa, 1994; *Länge:* 102'.

Juste cause

DER ERSTE RITTER
(First Knight)

Regie: Jerry Zucker; *Produzenten:* Jerry Zucker und Hunt Lowry; *ausführende Produzenten:* Gil Netter, Eric Rattray, Janet Zucker; *Idee:* Lorne Cameron & David Hoselton und William Nicholson; *Drehbuch:* William Nicholson; *Bauten:* John Box; *Kamera:* Adam Greenberg; *Schnitt:* Walter Murch; *Musik:* Jerry Goldsmith; *Kostüme:* Nanà Cecchi; *Waffenschmied:* Terry English; *Second-unit-Regie:* Arthur Wooster; *Darsteller:* Sean Connery (König Artus), Richard Gere (Lancelot), Julia Ormond (Ginevra), Ben Cross (Malagant), Liam Cunningham (Sir Agravaine), Christopher Villiers (Sir Kay), Valentine Pelka (Sir Patrise), Colin McCormack (Sir Mador), Ralph Ineson (Ralf), John Gielgud (Oswald), Stuart Bunce (Peter), Jane Robbins (Elise), Jean Marie Coffey (Petronilla), Paul Kynman (Mark), Tom Lucy (Sir Sagramore), John Blakey (Sir Tor), Robert Gwyn Davin (Sir Gawaine), Sean Blowers (Sir Carados), Alexis Denisof (Sir Gaheris), Daniel Naprous (Sir Amant), Jonathan Cake (Sir Gareth), Paul Bentall (Jacob), Jonty Miller (Anreißer), Rose Keegan (Frau von Mark), Ryan Todd (Lancelot als Kind); *Produktion:* Columbia Pictures; hergestellt in: Großbritannien-USA, 1995; *Länge:* 112'.

DRAGONHEART
(Dragonheart)

Regie: Rob Cohen; *Produzent:* Raffaella De Laurentiis; *ausführender Produzent:* David Rotman; *Autoren der Original-Story:* Patrick Read Johnson und Charles Edward Pogue; *Drehbuch:* Charles Edward Pogue; *Schnitt:* Peter Amundson; *Spezialeffekte-Hersteller:* John Swallow; *Spezialeffekte-Supervisor:* Scott Squires; *Spezialeffekte und Animation:* Industrial Light & Magic; *Schöpfer von Dragon:* Phil Tippet; *Kamera:* David Eggby; *Darsteller:* Dennis Quaid, Julie Christie, Pete Postlethwaite, Dina Meyer, David Tewlis; *hergestellt in:* Usa, 1996; *Länge:* 'Dragonheart' 115'. Sean Connery synchronisiert den Drachen.

THE ROCK –
FELS DER ENTSCHEIDUNG
(The Rock)

Regie: Michael Bay; *Produzenten:* Don Simpson und Jerry Bruckheimer; *ausführender Produzent:* Louis A. Stroller, William Stiart; *Produktionsassistent:* Kenny Bates; *Drehbuch:* Jonathan Hensleigh, Mark Rosner, David Weisberg, Douglas S. Cook; *Kamera:* John Schwartzman; *Schnitt:* Richard Francis-Bruce; *Bauten:* Michael White; *Production Design:* Mark Mansbridge, Ed McAvoy; *Kostüme:* Bobbie Read; *Stunt-Koordinator:* Kenny Bates; *Darsteller:* Sean Connery (John Patrick Mason), Nicolas Cage (Dr. Stanley Goodspeed), Ed Harris (General Francis X Humme), John Spencer (Womack Leiter des FBI), David Morse (Major Tom Baxter), William Forsythe, Michael Biehn (Kommandant Anderson), Vanessa Marcil (Carla Pestalozzi), John McGinley (Hauptmann Hendrix), Gregory Sporleder (Hauptmann Frye), Tony Todd (Hauptmann Darrow), Bokeem Woodbine (Unteroffizier Crisp), Jim Maniaci (Soldat Scarpetti), Greg Collins (Soldat Gamble), Brendan Kelly (Cox); *Produktion und Verleih in der ganzen Welt:* Buena Vista; *hergestellt in:* USA, 1995; *Länge:* 110'.

MIT SCHIRM,
CHARME UND MELONE
(The Avengers)

Regie: Jeremiah Chechik; *Produzent:* Jerry

Entrapment

Weintraub; *ausführender Produzent:* Susan Ekins; *Produktionsleitung:* Gerry Toomey; *Idee:* inspiriert von einer Fernsehserie von Thorn Emi; *Drehbuch:* Don MacPherson; *Kamera:* Stuart Craig; *Schnitt:* Mick Audsley; *Musik:* komponiert und orchestriert von Joel McNeely; Thema von 'The Avengers' komponiert von Laurie Johnson; *Visualeffekte-Supervisor:* Nick Davis; *Kostüme:* Anthony Powell; *Casting:* Susie Figgis; *Stunt-Koordinator:* Marc Boyle; *Spezialstunts:* Jamie Edgell, Candice Evans, Gabe Cronnelly, Eunice Huthart; *Ausstatter:* Stephenie McMillian; Vic Armstrong; *erster und zweiter Regieassistent:* Terry Needham, Adam Somner; *Maske:* Jeremy Woodheall; *Spezialeffekte:* Mike Dawson, Brian Morrison, Kevin Mathews; *künstlerischer Leiter der Klangmontage:* Peter Joly; *Digitalkomposition:* Chris Gibson; *3-D Computeranimation:* Charles Cash, Dave Child, Chris George. Das Album der Film-Musik ist bei Warner Sunset Records Atlantic Recording Corp publiziert worden und enthält auch die Lieder 'Raindrops Keep Fallin on My Head' geschrieben von Burt Bacharach und Hal David, 'Storm' geschrieben von Brice Woolley, Chris Elliott, Marius de Vrie und gesungen von Grace Jones mit dem Radio Science Orchestra, 'I Am' geschrieben und interpretiert von Suggs, 'Solve My Problems Today' geschrieben von Chris Holmes und Brian Liesegang und gesungen von Ashtar Command. Gedreht in den Pinewood Studios und Shepperton Studios, London. *Darsteller:* Ralph Fiennes (John Steed), Uma Thurman (Dr. Emma Peel), Sean Connery (Sir August De Wynter), Patrick Macnee (der unsichtbare Jones), Jim Broadbent (Mutter), Fiona Shaw (Vater), Eddie Izzard (Bayley), Eileen Atkins (Alice), John Wood (Trubsham), Carneb Ejogo (Brenda), Keeley Hawes (Tamara), Shaun Ryder (Donovan), Nicholas Woodeson (Doktor Darling), Michael Godley (Hausdiener), Richard Lumsden (Portier), Daniel Crowder (Kofferträger), Nadim Sawalha, Christopher Godwin, David Webber (Ministerrat der ganzen Welt). *Produktion:* Warner Bros.; *Vertrieb auf der ganzen Welt:* Warner Bros; *hergestellt in:* Großbritannien-USA, 1998; *Länge in USA, Großbritannien und anderen Ländern:* 120'.

ENTRAPMENT – VERLOCKENDE FALLE (Entrapment)

Regie: Jon Amiel; *Produzenten:* Sean Connery für die Fountainbridge, Michael Hertzberg für die Regency und Rhonda Toolefson; *ausführende Produzenten:* Iain Smith, Ron Bass, Arnon Milchan; *Vorlage:* Ron Bass und Michael Hertzberg; *Drehbuch:* Ron Bass und William Broyles; *Kamera:* Phil Meheux; *Bauten:* Norman Garwood; *Schnitt:* Terry Rawlings; *Casting:* Michelle Guish und Donna Isaacson; *Musik:* Christopher Young; *Kostümbildner:* Penny Rose; *Stunt-Regie:* Vic Armstrong und Jim Dowdall; *Stuntmen:* Gabe Cronnelly, Eunice Huthart, Wendy Leech, Roy Alon, Tony Smart; *erster und zweiter Regieassistent:* Chris Carreras und Michael Stevenson; *Supervisor Produktion:* Sarah Bradshaw; *Art Directors:* Keith Pain, Michale Boone; *Set-Dekorateur:* Anna Pinnox. *Darsteller:* Sean Connery (Mac), Catherine Zeta-Jones (Gin), Ving Rhames (Thibadeux), Will Patton (Cruz), Maury Chaykin (Conrad Green), Kevin McNally (Haas), Terry O'Neill (Quinn), Madhav Sharma (Sicherheitschef), David Yip (Polizeichef), Tom Potter (Millenium-Mann), David Howars (Doktor), William Marsh (Computertechniker), Tony Xu (Bankangestellter). *Produktion:* 20th Century Fox and Regency Enterprises and Fountainbridge Film; *Vertrieb in den USA, Großbritannien und vielen Ländern:* 20th Century Fox; *Länge:* 120', 1999.

LEBEN UND LIEBEN IN L.A. (Playing by Heart)

Regie: Willard Carroll; *Produktion:* Intermedia Films und Hyperion Studios; *Produzenten:* Willard Carroll, Meg Liberman, Tom Wilhite; *ausführende Produzenten:* Paul Feldsher, Guy East, Nigel Sinclair; *Drehbuch und Autor der Vorlage:* Willard Carroll; *Kamera:* Vilmos Zsigmond; *Bauten:* Missy Stewart; *Kostüme:* April Ferry; *Schnitt:* Pietro Scalia; *Musik:* John Barry; *Darsteller:* Gillian Anderson (Meredith), Ellen Burstyn (Mildred), Sean Connery (Paul), Anthony Edwards (Roger), Angelina Jolie (Joan), Jay Mohr (Mark), Ryan Phillippe (Keenan), Dennis Quaid (Hugh), Gena Rowlands (Hannah), Jon Stewart (Trent), Madeleine Stowe (Gracie); *Produktion und Vertrieb in den USA:* Intermedia; *Länge:* 121', 1998.

FINDING FORRESTER
(Finding Forrester)

Regie: Gus Van Sant; *Produzenent:* Sean Connery, Rhonda Toffelson für die Fountainbridge, Laurence Mark für die Sony Pictures Entertainment Company; *ausführender Produzent:* Dany Wolf; *Drehbuch:* Mike Rich; *Kamera:* Harris Savides; *Musik:* Lisa Jamie, gesungen von Miles Davis, Jimmy Bobbitt, Bill Frisell, Ornette Coleman; *Supervisor der Musik:* Hal Willner, Ken Karman; *Musikschnitte:* Lisa Jamie (Stücke interprtiert von Miles Davis, Jimmy Bobbitt, Bill Frisell, Ornette Coleman); *Schnitt:* Valdis Oskarsdottir; *Ausstattung:* Jane Musky; *Kostüme:* Ann Roth; *Berater für Basketball:* Russel J. Smith; *Darsteller:* Sean Connery (Forrester), Rob Brown (Jamal), F. Murray Abraham (Crawford), Anna Paquin (Claire), Busta Rhymes (Terrell), April Grace (Ms. Joyce), Michael Pit (Coleridge), Michael Nouri (Dr. Spence), Richard Easton (Matthews), Glenn Fitzgerald (Massie), Zane R. Copeland jr. (Damon), Matt Damon (Sanderson), Matt Malloy (Bradley), Damany Mathis (Kenzo), Stephanie Berry (Janice), Jimmy Bobbitt (Rapper), Sophia Wu (Bibliothekarin), Tom Kearns (Garrick); *Produktion:* Fountainbridge und Sony Pictures Entertainment Company; *Vertrieb:* Columbia Pictures; hergestellt in: USA, 2000; *Länge:* 136'.

1988 war Sean Connery außerdem als er selbst in **Memories of me** von Henry Winkler, neben Alan King und Billy Crystal zu sehen. Im März 1965 hat Connery als Erzählstimme an drei Aufnahmen der Decca in London teilgenommen: **Peter und der Wolf** und **Leutnant Kijé** von Sergej Prokofiev und **The Young Person's Guide to the Orchestra** von Benjamin Britten. The Netherlands Radio Philharmonic Orchestra und The Royal Philharmonic Orchestra wurden von Antal Dorati dirigiert. Die Aufnahmen wurden 1996 mit dem 4-Phasen-System auf eine einzige Decca-CD gebrannt.

Playing by Heart

BIBLIOGRAFIE

BÜCHER

Richard Gant *Sean Connery-Gilt Edged Bond,* London, Mayflower, 1967.

Emma Andrews *The Films of Sean Connery*, London, Confucian Press; New York, Beaufort Books, 1982.

Rissik Andrew *The James Bond Man*, London, Elm Tree Books, 1983.

Kenneth Passingham *Sean Connery – A Biography*, New York, St. Martin's Press, 1983.

Jean-Jacques Dupuis *Sean Connery*, Paris, Artefact-Veyrier, 1986.

Robert Sellers *The Films of Sean Connery*, London, Vision Press; New York, Vision Press, New York, St. Martin Press, 1991.

Andrew Yule *Sean Connery*, London, Little Brown and Company; New York, D.I. Fine, 1992.

Lee Pfeiffer und Philip Lisa Secaucus *The Films of Sean Connery*, New Jersey, Carol Pub Group, 1993.

John Parker *Sean Connery*, Chicago, Contemporary Books.

Michael Feeney Callan *Sean Connery – Un Untouchable Hero*, London, Virgin Books, 1993.

ZEITUNGEN UND ZEITSCHRIFTEN

Oriana Fallaci *007* in *Europeo*, 9. Oktober 1965.

Paola Fallaci *007 è arrabbiato* in *Tempo*, September 1966.

Francesco Saverio Alonzo *Ho incontrato Sean Connery in clinica* in *Amica*, 4. März 1967.

Duncan Fallowell *The Man Who Would Be Untouchable* in *Playgirl*, September 1967.

Fabio Galvano *Vi spiego perché ritorno a fare l'agente 007* in *Epoca*, 25. April 1971.

The New Face of 007 in *Time*, 9. Januar 1973.

François Forestier *Le vétéran Sean Connery* in *L'Express*, 31. August 1980.

Alfio Bernabei *007 Licenza di sparire* in *L'Unità*, 28. November 1981.

Vick Vance *Pour moi, il n'y a qu'une James Bond's girl: ma femme* in *Paris Match*, 16. Januar 1981.

Giovanna Grassi *Non dica sciocchezze: lei è James Bond* in *Sette - Corriere della Sera*, 17. Oktober 1981.

Silvia Bizio *Dovevo tornare: Roger Moore uccideva 007* in *L'Unità*, 18. November 1983.

Sophie Lannes *Frère Sean, ermite des greens* in *L'Express*, 2. Januar 1987.

Alessandro Cannavò *Sean Connery eroe della glasnost* in *Corriere della Sera*, 1. November 1989.

Alessandra Venezia *L'ultimo crociato* in *Il Manifesto*, 20. Juni 1989

Indiana – la saga in *Prèmiere*, Oktober 1989.

Lorenzo Soria *Connery: chiamatelo fascino* in *La Stampa*, 11. Dezember 1990.

Richard Schikel *The Hunt for Red October* in *Time*, 5. März 1990.

Eugene Robinson *James Bond* in *Los Angeles Time*, 22. Mai 1990.

Joy Horowitz und Robert Scheer *Sean & Alec Down Deep With the Men of Red October* in *Première* (Usa), April 1990.

Sean Connery in *The Washington Post*, 22. August 1990.

Anne Chabrol *Mr. Bond et Madame* in *Elle*, 14. September 1991.

Loretta Bondi *Connery venuto dal freddo* in *Corriere della Sera*, 13. Februar 1991.

John H. Richardson *Strong Medicine* in *Première* (Usa), Februar 1992.

Emanuela Martini *Il poliziotto tombeur che venne dal nulla* in *Il Sole 24 ore*, 4. Oktober 1992.

Connor and His Kohai in *Preview*, März-April 1993.

Fabio Galvano *Sean Comnery* in *La Stampa*, 5. Mai 1993.

Sean Mitchell *Strangers in a Strange Land* in *Première* (Usa), August 1993.

True Story of Hunt for Red October in *The Sunday Times* 3. Oktober 1993.

Lesley White *Sexiest Man Alive Is Glad To Be Grey* in *The Sunday Times*, 17. Oktober 1993.

Silvia Bizio *Zitta Hollywood – Il cinema contro le nuove lobby* in *La Repubblica*, 29. Oktober 1993.

Julie Burchill *A Star is Shorn* in *The Sunday Times*, 17. Oktober 1993.

Oscar Cosulich *Sono il vostro ultimo divo* in *L'Espresso*, 31. Oktober 1993.

Tony Allen-Mills *Connery Golf* in *The Sunday Times*, 22. Mai 1994,

Andrew Lycett *Broken Bond* in *The Sunday Times*, 1. Oktober 1995.

First Knight in *The Sunday Times*, 18. Juni 1995.

Tom Shone *The Gilt-Edged Bond* in *The Sunday Times*, 19. November 1995.

Rupert Widdicombe *The Men With the Golden Touch* in *The Sunday Times*, 5. November 1995.

Connery Comes Full Circle in *The Hollywood Reporter*, 22. Januar 1996.

Alle Filme eines einzigartigen Filmschaffenden,
Schöpfer eines zauberhaften Universums
voller Reminiszenzen.

192 Seiten – DM 49 € 25,05

INGMAR BERGMAN

DER FILM, DAS THEATER, DIE BÜCHER

Herausgegeben von Roger W. Oliver

Vorwort von
Pier Marco De Santi

GREMESE

Der Regisseur, dessen Ängste und existentielle
Zweifel Anlass für wahrhafte
Meisterwerke waren.

192 Seiten – DM 49   € 25,05